# 社会数字治理信用化与劳动合作共赢货币

周金泉 著

吉林大学出版社
·长春·

## 图书在版编目(CIP)数据

社会数字治理信用化与劳动合作共赢货币 / 周金泉著. -- 长春：吉林大学出版社，2024.10. -- ISBN 978-7-5768-4204-3

Ⅰ．C916；F820.2

中国国家版本馆CIP数据核字第2024LC6533号

书　　名：社会数字治理信用化与劳动合作共赢货币
SHEHUI SHUZI ZHILI XINYONGHUA YU LAODONG HEZUO GONGYING HUOBI

作　　者：周金泉
策划编辑：邵宇彤
责任编辑：李潇潇
责任校对：李婷婷
装帧设计：寒　露
出版发行：吉林大学出版社
社　　址：长春市人民大街4059号
邮政编码：130021
发行电话：0431-89580036/58
网　　址：http://www.jlup.com.cn
电子邮箱：jldxcbs@sina.com
印　　刷：定州启航印刷有限公司
成品尺寸：170mm×240mm　　16开
印　　张：17
字　　数：260千字
版　　次：2025年1月第1版
印　　次：2025年1月第1次
书　　号：ISBN 978-7-5768-4204-3
定　　价：98.00元

版权所有　　翻印必究

# 前　言

治理理论的兴起与官僚制这种组织形式的低效率刚性有关，官僚制作为一种以上治下的管理社会的工具，让一定的法律制度在既定的社会结构内运行。法律制度具有阶级性，是统治阶级管理国家的工具，而资本主义不断完善起来的官僚制具有信息不对称性，是为资产阶级服务的。马克思和列宁认为官僚制是旧国家机器，无法为新生的社会主义所采用。

西方学术界认为，曾经与工业社会相适应的官僚制本身具有合理性。官僚制具有可计算性、追求效率、可预测性等特点。但是随着社会的快速发展，官僚制在计算、效率、可预测性等方面都出现了问题。官僚制淡化了人的主体性，用非人性化的技术来取代人的主体性，以此来获得效率的过程，随着时代的进步不断让其走向它的反面。为此，让官僚制走向理性化变得非常有意义，官僚制的理性化是一个消除神秘主义表面现象、实现理性化的祛魅过程。

在《社会信用体系建设规划纲要（2014—2020年）》中提到"社会信用体系是社会主义市场经济体制和社会治理体制的重要组成部分"，这句话里涉及"信用体系""经济体制""治理体制"三者之间的相互关系，厘清三者之间如何相互影响、相互作用，并使治理体制与经济体制建立起因果联系，可以让社会信用体系建立在更加科学的基础之上。简而言之，社会信用体系成为社会治理的工具是有条件的。首先，对社会治理结构进行规划，来疏通与社会治理和市场经济体制的内在联系；社会治理是在国家制度逻辑下的实践活动，社会治理理论工具需要与社会治理实践活动相结合。治理理论走向实践，必须依靠科学的力量，通过规范市场制度与生产性制度以及规范制度运行本身，去引导社会治理的实践活动走在国家制度逻辑的轨道之上。其次，以科学的方法来证明治理实践的有效性；否则，治理的部分理论就可能沦为空中楼阁、无稽之谈。社会信用体系作为社会治理的工具，其主要任务就是通过调整与组织治理相匹配的组织架构，来发展和推动组织（群体）中与制度诚信相关的人性价值，让组织治理中的各项实践活动运行在制度轨道上。

制度具有价值功能，社会信用体系作为技术工具，为社会治理与经济体制架设桥梁建立联系，并以此来观察分析社会治理中制度的运行效率，涉及经济效率和社会效益等方面的效率测量（社会效益的测量不在本书研究范围之内），从而揭示制度价值的生成过程。

制度价值论是在劳动价值论基础上的深入，这里将劳动分为制度性劳动和生产性劳动。制度推动生产性劳动创造价值，制度性劳动是生产性劳动的必要条件。本书对生产性劳动和制度性劳动的价值分别测度，并将其数字化和货币化，以便用于数据分析，来评判社会治理整体和局部的效能水平，同时，以市场价格对应劳动时间价值，得到制度性劳动与生产性劳动之和的货币增加值，反过来印证社会信用系统工程所构建出来的软硬件生态系统的质量水平。

随着世界经济一体化进程的加快，我国在全球价值链参与度方面呈现增长势头。激烈的竞争环境迫使我国朝着先进制造业和先进服务业方向转型发展，而先进制造业和先进服务业的真正崛起是需要通过制度创新和技术创新来实现的。在制度与技术的互动中，技术的发展需要制度推动，因此获得先进的制度系统变得日益重要。治理理论的发展为获取先进的制度系统提供了新思路，围绕制度关系运用权力与权利之间的合作所形成的合力来规范、引导、控制价值创造的各项活动，以最大限度地增加劳动合作中的共同利益。

然而，任何合作都是有条件的，包括构建共同的目标、利益共享机制、与组织治理相匹配的组织架构、维护秩序的制度等，以及与制度相关的责任与贡献的认定。那么，如何来提高合作质量呢？首先，需要解决激励有效性问题，就要对责任和贡献进行清晰定位。责任和贡献认定与制度构建、运行有关，这个就要重新回到制度问题上去理解，生产性劳动创造价值需要制度性劳动推动，制度性劳动也间接地创造了价值。其次，把握劳动价值形成过程，涉及制度系统理性化设计和制度运行机制的程序化、可计量、可观察、可预测等。伴随资本主义发展而完善的货币制度，在资本逻辑下，以物的形式掩盖了劳动合作中蕴含的制度因素。最后，扬弃资本逻辑下的货币制度，在劳动逻辑下构建新的货币制度。制度的本质是合作，为货币添加制度因素形成劳动合作货币，可以让货币从不完整性走向完整性，必将提高社会整体的合作效率。

作者<br>
2024 年 5 月

# 目 录

绪　论 / 001

**第一章　货币与金融 / 007**

　　第一节　货币与货币起源概述 / 007

　　第二节　货币、金融货币的相关概念 / 015

　　第三节　货币与资本 / 022

　　第四节　金融、货币制度 / 031

　　第五节　金融货币与治理 / 040

**第二章　中西方古文明对社会治理的启示 / 052**

　　第一节　中国古代著名思想家 / 053

　　第二节　中华古代法治文化 / 065

　　第三节　西方古文明及著名思想家 / 075

　　第四节　古代古希腊社会治理思想 / 084

**第三章　社会数字治理信用化下的货币创新 / 095**

　　第一节　社会治理主要包括哪些内容 / 095

　　第二节　社会数字治理信用化 / 107

　　第三节　社会数字治理信用化所涉及的理论工具 / 118

　　第四节　社会数字治理信用化体系下的货币创新理论 / 140

　　第五节　制度劳动贡献货币的提取方法 / 161

## 第四章 社会治理与人类未来货币 / 180

第一节 货币与制度安排和组织治理 / 181

第二节 劳动贡献货币与理性的力量 / 193

第三节 共同富裕 / 209

第四节 劳动共同体与劳动贡献货币 / 222

第五节 世界需要一个统一货币体系 / 238

**参考文献** / 260

# 绪 论

数字信息科技推动了社会生产力的快速发展，经济全球化是社会生产力发展的客观要求和必然结果。经济全球化在为各国经济提供更加广阔的发展空间的同时，也为各国带来了经济主权方面的挑战。货币是经济全球化最重要的核心因素之一，然而，国际金融机构是由发达资本主义国家主导的。货币是一种常用的支付工具，在国际贸易、金融市场、跨境投资方面发挥着关键作用。货币价值如果是主观的人为安排，那么，人为操纵货币价值的可能性就会存在，必然导致社会财富分配上的不公平。国际货币价值体现在国家信用背书和市场支付的接受度上，如果某国缺乏在国际金融机构里的主导权，就难以让该国的货币成为国际货币。掌握了主导权或控制权，就意味着有了参与货币制度规则制定的主导权，参与主体可以在经济运行和货币支付方面规避某些不利因素。目前的货币实际上是以政府信用创造出来的货币，货币价值锚定的是信用制度。这种围绕制度发行的货币，在没有对制度正义性进行全面认证的情况下，其所谓的货币平等只是一种形式上的平等，其实质仍然是不平等的。原因在于伴随资本主义发展而完善起来的货币体系存在着不完整性。

在马克思看来，由资本主义发展而来的货币"用物的形式掩盖了私人劳动的社会性质以及私人劳动者的社会关系"。这种货币形式仅体现了商品的实物属性，而货币反映了一定的生产关系，实际上也是一种社会制度安排。在经济活动中，制度为人与人之间的合作行为规范提供了一种共同知识，用来维护合作与竞争的秩序。制度具有价值功能，它是通过合作与竞争的有效性来体现的。制度规范涉及成本、效率等，还涉及与制度诚信相关的人性价值部分。制度价值论是对马克思劳动价值论的发展，指出劳动创造价值有赖于制度的推动。制度劳动虽然没有直接创造价值，但它间接地创造了价值，理应成为货币价值的一部分。资本是资本主义制度的产物，在货币向货币资本转移过程中，为了掩盖资本剥削制度的不正义性，在资本逻辑下形成的货币，以物的形式掩盖了剥削因素，而没有将合作劳动创造价值需要的与秩序相关的制度因素纳入其中，导致了货币的不完整性。剥削制度的不正义性在于，没有将社会劳动贡献扣除社会管理费用后的部分足额返还劳动者。另外，货币价值锚定信用制度，如果被主观性和掠夺性所主导的话，就会如马克思所说："非人性的最高表现就是货币制度。"[1] 由资本主义发展出来的围绕资本与剥削的货币制度，是资产阶级掠夺雇佣劳动者剩余劳动的工具。这种围绕服务资本的货币制度带给人类的是贫富悬殊、阶级对立、侵略战争、杀戮掠夺等。因此，发展出一种利益博弈均衡的货币制度，就要从货币价值产生的根源入手来满足人类社会对配置资源效率的需求。将劳动价值贡献作为货币价值的源头，那么，货币锚定的是人类的劳动，而不再锚定简单的物或制度。

资本主义发展起来的货币制度存在诸多问题。货币仅反映了生产者之外的物与物之间的关系，而没有完整地体现出货币形成背后的人与人之间的劳动合作的社会关系，缺乏对人性价值的理性思考，是货币异化现象出现的主要原因。货币的异己力量表现在将人的主体性排除在外，导致了支配人、奴役人的社会现象。与商品并存的货币是从具体劳动中衍生出来的，反而凌驾于具体劳动之上，这种本末倒置现象导致了人们决策行为上的偏差。货币的异化不仅控制了人的精神生活和生产活动，还成了资产阶级统治人的一种潜在权力。货币的不完整性导致了产权制度的不完整性。货币反映着一定的生产关系，这里将货币作为一种制度安排来理解，厘清财富贡献者货币持有量与商品（服务）价值产出之间的关系，可以揭示社会财富分配的核心密码。研究货币制度问题，就会涉及社会文化和社会意识形态领域，文化是意识形态的基础。社会意识反映了社会不同群体的利益和价值取向，它系统地、自

---

[1] 中共中央马克思恩格斯列宁斯大林著作编译局.马克思恩格斯全集：第2卷[M].北京：人民出版社，1957：141.

觉地反映社会经济形态和政治制度等思想体系，包括政治思想、法律思想、道德与伦理、文学与艺术、宗教与哲学和其他社会科学等意识形态。而存在于社会中的现行制度结构往往与社会意识形态存在紧密关联，货币制度同样也是如此。这样我们在讨论货币创新问题时，就要沿着社会历史发展的脉络，结合经济环境中发展起来的，与货币形成相关的文化、宗教、经济、政治、法律等进行回顾和归纳。为了让更多的人参与到货币完整性的思考上来，本书对于货币构建的常识性问题进行了简单描述，以使大家能够理解获得货币完整性的重要意义。

20世纪90年代，联合国发表了关于人类可持续发展的相关报告，为全球治理理论的发展作出了贡献。全球治理的核心简单地说就是实现合作共赢。然而，货币作为现代经济的核心，其自身并不具有完整性。如果不能解决货币自身的完整性问题，合作共赢就会存在更多的不确定性。货币内含财富分配权，而财富分配权的公平正义需要与之对应的货币正义制度。货币制度的正义性，是需要在劳动合作秩序中建立起来的，需要有一个实践认证的过程。从国际货币体系的演变来看，伴随着资本主义发展而完善起来的货币体系，其重要特征就是重点服务于"资本"，为了能够让该货币体系顺利运行，发展出一系列有利于资本运行的货币制度。这种货币制度经过数百年的发展，拥有一套资产阶级控制雇佣劳动者的成熟技术，为资本主义经济快速发展作出了贡献，但同时，也要看到这种货币制度的背后始终保护一部分人的利益，它没有使货币内在价值与价值提供主体形成客观的对应关系，而货币内在价值的填充更多地依赖人为设计制度的袒护。由于货币原始价值来源的模糊，货币制度就成为各利益主体之间相互博弈的对象。目前这种博弈仍然处在非合作博弈的层面上，事实上货币制度的不完整是引发国家、群体之间冲突的最根本原因之一。

货币制度完整性的理论内涵，来源于劳动价值论和制度价值论的理论思想。与货币并存的商品价值始于人类无差别的劳动。为了堵住现行货币设计上的漏洞，就要将推动生产性劳动的制度性劳动纳入其中。这里将人类劳动分为制度性劳动和生产性劳动，生产性劳动创造价值依赖制度性劳动的推动，制度性劳动是生产性劳动创造价值的原始力量。制度是维护合作与竞争秩序的基础，制度性劳动主要是维护劳动合作秩序，让各利益主体之间由原来的非合作博弈转换为合作博弈，以提高劳动合作效率。由于主导人的行为方式是个体理性，非合作博弈是常态，而合作博弈是有条件的。构建合作博弈环境，除了通过规则制定为主体之间建立各种平等关系外，最为重要的是通过合作剩余公平分配来构建有效的激励机制，激励机制的有效性能够形成经济增长所需的动力之源。制度性劳动通过制度运行来发挥制度价值功能并实现制度价值。

为了让货币内在价值能够与价值提供主体形成客观的对应关系，需要将抽象劳动与具体劳动进行折叠。抽象劳动创造价值，具体劳动创造使用价值。依据马克思的理论命题，就是总价值等于总价格，利用这个概念将抽象劳动的价值与价格等同起来。价格信息，无论是宏观还是微观层面上的数据都是可以在市场经济中采集到的，不过具体劳动创造使用价值，需要转换为价格后才能使用这些数据，这对于实现货币完整性的研究具有重大意义。货币完整性研究需要进入具体劳动之中，让劳动创造价值的主体直接为货币填充价值，那么，货币价值就锚定了劳动时间。

完成货币完整性的过程涉及许多相关理论，包括马克思主义唯物史观、资本论、货币理论、金融理论、组织与管理、架构理论、系统工程理论、社会治理理论、劳动价值论、制度价值论、制度经济学、信用管理学、法理学、博弈论等。货币完整性过程需要一定软硬件技术的参与。对组织进行架构重组，让组织也有对应的治理结构，使得治理活动能够有序运行；运用计算机区块链技术让与制度相关的信息传递实现飞跃。制度（契约、协议）是组织治理最为关键的软件之一，对于组织来说，它分为外部制度和内部制度。制度的功能是需要在实践中进行检验的。制度关系涉及的内容是丰富的，不仅包括推进生产（服务）类的制度，还包括合作剩余的分配制度等。制度有效性能够带来劳动合作群体之间的信任，而群体中信任的形成是有条件的，需要发展群体中相对于制度而言的诚实和诚信的人性道德观。由于组织治理中与制度相关的诚信能否自动生成存在不确定性，因此，为了获得这种制度诚信，就需要运用信用诚信治理的相关工具来进行褒扬诚信、惩戒失信，以确保制度价值功能能够正常发挥。同时，我们要知道诚信原则已经被纳入《中华人民共和国民法典》（以下简称《民法典》），对于诚信问题认定需要以法律逻辑进行处理。诚信治理是一项具体的实践活动，相关主体运用专业能力的直接参与，让与制度相关的诚信治理为劳动合作群体带来与组织目标和任务相适应的秩序，所以说诚信治理是一门实践知识和实践学问，也是一项技能。对制度有效性的控制和评价，需要运用社会信用体系一系列工具来完成。在诚信（信用）数据的提取方面，需要通过一定的程序并提取出符合质量要求的客观数据，才能为相关决策主体提供决策准确信息，为生产、交换、分配和消费关系的各种制度创新提供依据。

货币作为一种服务于全社会的工具，只有在其获得完整性的情况下，才能更好地服务于全社会。缺乏人性价值的理性思考的货币，终将导致人类社会发展的不可持续性。为此，货币不仅需要包含物化劳动的信息，还应该包含劳动合作"活劳动"人性价值方面的信息。获得货币完整性是建立在严密的逻辑结构之上的，通过开发与组织数字治理信用化的相关工具，来获取符合质量要求的客观数据。社会治理理论走向治理实践是需要有载体的，组织是一切治理活动的载体，每个组织都有它自己的系统和结构。治理理论所描述的是一个上下合作、互助、协调的治理方式，符合这种描述的治理方式所需要的组织环境，必须是在制度面前人人平等的，并且在共同制度下规范和限制所有成员的行为。要把制度建设当作科学来对待，组织制度要与它的治理结构相匹配，使计算机软件与治理结构严丝合缝，让与制度规范相关的信息记录各归其位，各得其所。

制度性劳动通过制度运行为人与人之间的互动合作提供秩序，同时对生产性劳动的劳动合作实现效率负责。制度发挥其价值功能是有条件的，那就是要在组织中发展个体成员与制度相关的诚信能力，德行的力量能够提高人与人之间的合作水平。效率就是投入与产出之间的比率关系，根据需要构建与制度相关的数据指标，这些指标可以从组织治理各项任务和目标中整理选取。制度绩效反映了制度用于组织治理的实施效果，治理是有组织的实践活动。制度的绩效评估是个技术性问题，而绩效评估中效率评价的好处是能够量化或货币化。效率评价虽然不是绩效评估的全部，但可以通过对生产效率和配置效率的评价情况来对组织治理效能水平进行关键性分析。

西方"新解释"学派弗利等认为，马克思劳动价值论也是宏观意义上的货币理论，其货币经济计算（价格）结合市场，将"货币价值"定义为社会活劳动时间的货币表现（货币代表了社会劳动时间）。通常劳动力价值等于货币工资和劳动时间的货币表现（MELT）的比值，MELT=耗费的活劳动/新增货币价值，MELT是一定时期内以即期价格计算的净国内产值（NDP）与生产中活劳动耗费的比值。不过"新解释"不能反映资本积累的过程。"新解释"是通过价格得到劳动时间的，是个事后的结果，没有体现价值和剩余价值生产到实现中间的过程。如何将MELT扩展到剩余价值实现的具体层面等内容，在"新解释"那里没有进一步得到表述。资本主义生产方式下货币以物的方式掩盖了人性价值内涵，揭开神秘面纱的路径，就是要从与生产关系相关的生产、交换、分配和消费关系的各种制度安排入手，只有这样才能为完整性货币的构建提供理论指导。通过劳动价值论的货币理论，围绕劳动价值的分类提取来将劳动价值论理论命题转换为经验命题，主要依据马克思的总价值等于总价格的理论思想来实现这种转换。在治理实践中提取客观数据，并利用这些客观数据来构建劳动合作共赢货币，将劳动合作共赢分为制度贡献货币和劳动合作共赢货币，制度贡献货币镶嵌在劳动合作共赢货币中。

学界对构建全球单一的理性货币的期待由来已久，也将这种货币称为超主权货币，就是全世界人民在一个货币制度下可以共同使用的一种世界通用的货币。关于这方面的书籍和相关文献不少，但是都没有拆除资本利益固化的藩篱，致使探讨了半个多世纪的全球单一货币，仍然深陷在一个乌托邦的世界里。本书对货币价值来源进行系统性层层剖析，以此来完成货币完整性的构想。世界需要一种服务于全体劳动者的新货币，这是由于货币价值来自劳动人民的双手，直接以劳动创造价值贡献来为货币充值。将制度积极因素纳入货币中，让货币自身能够体现理性与公平的内在道德属性，也让货币本身具有纠正偏差的智慧。

# 第一章 货币与金融

货币是从商品中分离出来固定充当一般等价物的商品,货币本身还体现了一种社会关系。古人之所以选择金银充当货币,是由于金银内含诚实的劳动价值。16世纪下半叶以后,西方的资产阶级革命成功地废除了封建制度,为资本主义经济发展扫清了障碍,货币制度也随着资本主义制度的完善而建立起来。随着资本主义的发展,社会财富不断增加,在黄金货币存量的增长跟不上社会财富增长和流通速度的情况下,黄金货币逐步被信用货币所取代。信用货币的大量使用是资本主义制度创新的产物。这种围绕"资本"发展起来的货币和金融制度,成为货币资本剥削劳动的工具。社会主义是比资本主义更高一级的社会形态,其社会制度比资本主义制度更先进。社会主义是造福人民的伟大事业,需要有与之相应的先进的货币,以劳动为中心来服务劳动大众。

## 第一节 货币与货币起源概述

### 一、什么是货币和货币起源

马克思对货币的定义:"作为价值尺度并因而以自身或通过代表作为流通

手段来执行职能的商品。"① 货币是充当一切商品的等价物的特殊商品。货币是价值的一般代表，可以购买任何别的商品。

货币起源是货币历史学家研究的课题，可以追溯到新石器时代，这一时间概念名称是英国考古学家卢伯克于1865年首先提出的。新石器时代（neolithic）是考古学家设定的一个时间区段，开始时间在距今一万多年前，结束时间从距今五千多年至四千多年。以使用磨制石器为标志的新石器时代后期，人类由于劳动生产力水平低下，劳动创造的成果依旧非常匮乏，还没有充裕的劳动产品拿出来进行交易。当时的劳动是社会劳动，而且所获的劳动成果归部族所有，部族成员之间平均分配劳动成果。到了新石器时代末期，人类文明的曙光逐步出现，人类开始有能力通过劳动活动来制造和使用金属器具，主要是从青铜器逐步向更高级的金属器具过渡。这一时期原始农业和原始畜牧业得到了不断进步，人类也开始出现第一次社会分工，主要标志就是游牧部落开始从原来的部落中分离出来。第二次社会分工是手工业与农业之间的分工，这次社会分工，由于社会生产力的提高，出现了个体劳动，提高了人们劳动的积极性，劳动创造的劳动产品成果逐渐丰富，为使多余的劳动产品能够顺利交换，实物货币出现了。随着劳动产品交换活动的频繁，私有财产开始出现。劳动产品成为商品，商品交换由低级向高级不断发展，进而产生了货币，货币让商品交换变得简单和方便。

## 二、多种货币起源说

马克思货币起源说。关于货币的起源，马克思在《1844年经济学哲学手稿》中指出，货币不是人们相互之间协商产生的，也不是人们先验地形成的观念的实现。"货币是从交换中和在交换中自然产生的，是交换的产物。"② 可见，货币是商品内部矛盾运动形成的必然结果。对于货币的起源与发展，马克思是从商品交换关系中分析并逐步阐明的，他认为货币起源于商品交换，

---

① 马克思.资本论：第一卷[M].北京：人民出版社，1975：149.
② 中共中央马克思恩格斯列宁斯大林著作编译局.马克思恩格斯全集：第45卷·上册[M].北京：人民出版社，1961：112.

是商品交换过程发展的必然结果。货币是固定充当一般等价物的特殊商品，并始终围绕着商品的内在矛盾及其外化这一中心来展开。

中国古代的货币起源说。恩格斯指出："货币圣王创制论的时代，是中国古代农业社会的时代。农业是全部古代世界的一个决定性的生产部门。"①中国农业起源于距今一万年左右的新石器时代，农业文明最早诞生于中国的黄河流域。随着农业的发展，农产品的商品化比例也在提高，货币也伴随而来。"圣王创制论是中国古代对货币起源的一种主要观点，认为货币是圣王为解决民间交换的困难而人为创造出来的，帝王应该控制货币的制造、流通等环节，通过适当的货币政策发展经济、增强国力。"②中国古代货币萌芽于夏代，起源于商代，货币到了东周得到了很大发展，最后统一于秦朝。"在我国历史上，最初是用牲畜作为货币来进行交换的；随着商业的发展与扩大，才改用水贝作为货币，同时还有用布、刀以及其他金属作为货币的；随着生产力的提高、交换的扩大，金属货币逐渐成为货币的主要形式。"③

在西方货币体系的起源与早中期演进分析研究中，有一种货币起源信任说。伦敦经济学院的教授清泷信宏和约翰·穆尔为货币的产生和起源提供了新的解释，这种令人吃惊的解释是"货币来源于罪恶"。而清泷信宏和约翰·穆尔认为这种解释只是强调了"接受"货币的好处，而忽略了货币起源的根本问题——人们的信任问题。④货币充当一般等价物的背后是人与人之间的一种社会关系，人与人之间的任何价值交换都需要信任，信任需求是一种社会资本。如果货币被视为一种信任系统，那么人们对某种货币信任的依据是什么？解决这个问题，要么是国家权力加入印制的纸币标准的人造物，以国家信用来保障；要么就是那种特殊商品，如黄金之类依赖稀缺自然属性

---

① 中共中央马克思恩格斯列宁斯大林著作编译局.马克思恩格斯选集：第4卷[M].北京：人民出版社，1972：145.
② 李琳，杨会晏.圣王创制论的起源及影响——中国古代关于货币起源的一种主要观点[J].经济问题探索，2010（10）：100-104.
③ 李绍珊.谈我国古代货币的起源及其发展变化[J].济宁师专学报，1995（4）：28-30.
④ 阮达，何玉，庄毓敏.货币起源"信任说"对人民币国际化的启示[J].现代管理科学，2015（5）：9-11.

的自身纯净度、重量等来衡量自身的价值，让其能够充当一般等价物。现实社会中就是有了这么一个信任系统，才解决了货币流通过程中的"信任度"问题。近年来兴起的各种类型的数字货币，就是利用了信息时代的技术优势，创新构建了一个基于互联网的分布式的"信任"账户系统，来拓展货币"信任"能力这个概念。数字货币是金融技术创新的一部分，底层逻辑是在原有的基础上强化"信任"功能，从而降低社会整体治理（管理）费用。信任从低到高连接的顺序是这样的：信任、诚信、信用、制度、法律、宪法。社会治理信用化最主要的目标之一，就是在社会范围内建立起人与人之间的相互信任关系，而人们能否建立起互相信任的关系，取决于法律制度的有效性。

### 三、货币起源与商品相伴

要解开货币之谜，必须走进与货币并存的商品世界，从商品价值的源头入手。商品是为了出售而生产的劳动成果，它是人类社会生产力发展到一定历史阶段的产物。商品是用于交换的劳动产品，是为了出售而生产的劳动成果，随着商品经济的产生而产生、商品经济的发展而发展。随着社会生产力的发展，频繁的商品交换引发了市场对货币的需求，货币的起源与商品相辅相成、不可分离。货币是历史发展的产物。随着社会经济的进一步发展，许多自然资源以及非劳动产品也进入了交换领域。商品是用于交换的具有使用价值的劳动产品。一般在市场上能够买卖的各种物品（服务）都可以称为商品。随着社会经济的发展，无形的服务也被纳入商品的概念中，如制度具有使用价值也可以纳入商品范畴之内。

在原始社会，随着生产力水平的逐步提高，人们劳动生产的多余的劳动产品成为商品，可用于与其他的商品进行交换。到了原始社会后期，社会生产力得到了进一步的发展，商品交换活动逐渐变成经常性的行为。但是，直接一物对另一物的交换中，部分商品交换流转变得困难，必然要求有一个一般等价物作为交换的媒介。货币是在商品交换长期发展过程中被分离出来的一种特殊商品。当一种商品能够固定充当一般等价物的特殊商品时，货币就出现了。货币的形成是商品交换发展的自然结果。比较有代表性的金属货币是金银，它由于具有容易携带、分割且不易毁损的特点而成为人们共同认同的一般等价物。在《资本论》中，马克思说，货币的根源在于商品本身，一切商品都凝结着人类劳动即价值。一切商品作为价值都是对象化的人类劳动，从而本身可以通约。商品价值的货币表现是价格，货币让商品的内在价值以外在价格的形式表现出来。"马克思认为金属货币是使用价值和自然价值的统一，纸币的价值来源于其背后的金银或者商品的信用，他也指出不论财富的社会形式如何，使用价值构成了财富的物质基础。"[①]

随着人类社会生产力的不断发展和社会分工的不断细化，手工业、制造业和商业等部门内部的分工也进一步细化，社会分工导致了商品和服务交换活动的广泛进行，促进了社会经济的发展。在商品交换的过程中，频繁的商品交换活动，必然要求有一种可以充当商品一般等价物的工具，作为商品与商品之间交换的媒介。在漫长的商品交换过程中，经过不断筛选和尝试，一般等价物逐渐被固定到某种商品上，这种被筛选出来的商品就成了货币。随着社会经济的不断发展，货币自身的形态也从商品货币、一般等价物货币、代用货币，发展到了今天的信用货币。那么下一站，货币将发展到什么形态呢？我们拭目以待吧。

## 四、货币本质、职能、制度

从货币的外观或概念上来说，货币大约经历了实物货币（商品）、金属货币（一般等价物）、金本位货币（纸币）、信用货币（纸币）、数字货币（去中心化商品电子货币）阶段，某些国家央行发行的数字货币，其实应该纳入信用制度货币范围之内。看似眼花缭乱的货币名称，其实还是停留在商品、制度二组概念之下，货币的创新发展还是在原地踏步。

马克思明确指出："只要理解了货币的根源在于商品本身，货币分析中的

---

① 阮达，何玉，庄毓敏.货币起源"信任说"对人民币国际化的启示[J].现代管理科学，2015（5）：9-11.

主要困难就克服了。"① 因此，对货币的本质的理解还是要回到商品的概念上。"货币的本质：货币是固定地充当一般等价物的特殊商品，同时体现为一定的生产关系。①货币是商品，具有商品的基本属性，即具有商品的价值和使用价值。②货币是特殊的商品，具有特殊的使用价值。一是货币能够表现一切商品的价值，二是具有同一切商品直接交换的能力。"②

货币职能是由货币本质所决定的货币的内在功能的具体体现。货币本质的具体表现形式随着商品经济的发展而逐渐完备起来。货币职能也就是货币在人们经济生产、生活中所起的不同作用。在商品经济条件下，货币依次具有五种职能：价值尺度、流通手段、贮藏手段、支付手段和世界货币。其中，价值尺度和流通手段是货币的基本职能，其他三种职能是在商品经济发展中陆续出现的，货币的五个职能是相互联系的。

货币制度是国家法律确定的货币流通的结构和组织形式，它使货币流通的各因素结合为一个统一体。完善的货币制度是随着资本主义制度的建立而建立起来的。货币制度的主要构成内容包括规定货币金属，确定货币单位，规定各种通货的铸造、发行及流通程序，黄金准备制度等。20世纪，世界范围内的社会主义国家兴起货币制度创新，从历史维度上看，社会主义货币制度创新与资本主义货币制度创新相比，并没有形成绝对优势。美国著名人类学家和货币史学家杰克·韦瑟福德指出："控制货币是一场伟大的斗争，控制货币的发行和分配就是为了控制财富、资源和全人类。"③ 为此，社会主义国家要在发展社会生产力方面实现对资本主义国家的超越，必须有一种符合和促进社会主义国家生产力快速发展的创新货币制度，社会主义国家必须重视货币制度创新及货币技术创新的相关工作。

## 五、信用经济和契约精神

市场经济是信用经济，也是契约经济。没有一整套信用运行机制，市场

---

① 马克思.政治经济学批评[M].北京：人民出版社，1976：48.
② 才凤玲，冷丽莲.货币银行学[M].北京：清华大学出版社，2012：18.
③ 宋鸿兵.货币战争2：金权天下[M].北京：中华工商联合出版社，2009：285.

经济就无法有序进行。在商品交易过程中，商品等价交换、赊销让渡以及货币流通执行支付手段职能时，信用经济关系也就随之产生了。信用的概念有广义和狭义之分。研究信用问题要从研究多学科交叉融合开始。很多人将信用与诚信当成一回事，其实它们也存在一定区别：信用一般与法律、制度、契约相联系，而诚信主要与人的道德行为联系起来，一般属于广义信用的概念。诚信缺失所引发的人与人之间的互不信任，增加了社会管理成本，造成了巨大的社会资源浪费。为此，诚信治理可以为信用活动提供保障，降低社会管理风险，促进社会经济增长。销售货物或货币借贷中的履约能力、偿付能力等一般属于狭义的信用概念。

信用经济是法治经济，法治经济是以法律制度为前提的，要让法治经济走得更远，需要在法律制度执行方面进行诚信治理。制度和技术相互促进，制度推动技术进步，是通过制度性劳动来实现的，而制度性劳动能力与运行制度的诚信行为相关。

随着现代社会分工的不断细化，脑力劳动比重相对于体力劳动越来越高，在劳动所创造的精神产品的社会消费规模上升的同时，其所包含的产品价值量也在不断提升。社会分工的细化，也对组织的协调合作提出了更高的要求，劳动的协调与合作的效率，来自良好的制度和理性的制度运行行为。理性能够让权力运行在法治的轨道上。为了让制度价值功能得以体现，就要发展组织中与诚信相关的道德文化。诚信让制度创造价值，成为组织可持续发展的基石。

信用（诚信）管理是经济学研究的一个方向，它涉及的是信用制度和组织诚信治理等相关技术问题。随着信用（诚信）相关业务的不断拓展，社会各主体之间的与合作相关的信息越来越透明，这使得社会成员之间的信任度不断提高，有利于降低整体社会经济活动中的交易费用。信用经济必须是法治经济，法治经济首先需要同"人治"经济相区别。法治经济是通过国家制定法律、法规、标准、契约来调整经济关系、规范经济行为的。而让经济运行在制度轨道上，是需要通过诚信治理来维护经济秩序的。为了让各经济主体的经济活动按照法律制度预定程序来发展，就要发展服务于法治经济的信用（诚信）知识、技术，让各经济主体通过信用（诚信）治理走上法治经济的快速通道，让经济主体之间、主体中的个体之间实现合作共赢，充分促进社会各种资源和资金的合理利用。

社会信用体系建设的不断完善，将促进现代信用经济快速发展，有利于多元化信用信息的获得，可以优化全社会资源配置。社会信用体系建设，从服务法治经济的视角来看，信用不再紧紧围绕以物为代表的"资本"展开的各项服务，还要围绕以人为本的与制度诚信治理相关的内容开展各项服务。发展法治经济就需要培育契约精神和法治意识。市场经济的本质是法治经济，契约精神宣传教育是一个方面，但是，比较直接而有效的方法是通过制度诚信治理来实现。

从法的角度看契约（或合约），它是双方当事人基于对立合致的意思表示而成立的法律行为，为私法自治的主要表现。[①] 契约能够成为社会治理很好的分析工具，在于各主体之间在公平、公正的法律框架下，自愿达成的有效契约，它的关键在于可以明确双方当事人之间的权利和义务关系，以便在契约执行出现偏差时，对失信主体进行责任定位。

现代契约理论分为完全契约理论和不完全契约理论。完全契约是指结缔契约双方能够完全预见契约期内可能发生的事件，愿意履行契约内相关约定的契约条款，而且契约也能够通过第三方得到强制执行。不完全契约是结缔契约的双方，由于信息的不对称，无法完全预见契约履行期内可能出现的各种情况。当这种信息不对称是主观因素造成的时候，就被称为道德风险。

不完全契约理论认为，人们的有限理性、信息的不完全性及交易事项的不确定性，使得明晰所有的特殊权力的成本过高，拟定完全契约是不可能的，不完全契约是必然和经常存在的。不过人的有限理性问题是个关键，是社会诚信治理的一个重要方面。

信用经济是法治经济，而法治经济需要契约精神。契约精神所体现出来的是一种社会价值观，不会主动自发地建立起来，而是需要通过诚信教育和社会诚信治理来实现。诚信是一个道德范畴，是为人处世的道德准则。保障

---

① 刘建民，杨明佳.契约理论视野中的"全球契约"[J].经济研究导刊，2010（25）：11–13.

经济高质量发展需要法治经济，而法治经济是围绕法律制度展开的。对法律制度的遵循和尊崇，需要发展与诚信相关的伦理道德文化。契约关系中的伦理道德问题将被纳入诚信治理中，契约中已经存在的事先约定，其诚信的表现形式，就是要遵守自己事先做出的承诺。

## 第二节　货币、金融货币的相关概念

### 一、我国货币历史简述和未来货币

中国使用货币的历史长达5000年之久，是世界上最早使用货币的国家之一。我国古代货币也是从自然货币（如贝币等），逐步向人工货币演化的。在春秋战国时期，有四大货币体系，分别为布币、刀币、圜钱、蚁鼻钱。看名称就能联想到那时的货币形状是杂乱的。秦始皇统一六国后，确定了统一的法律、度量衡、货币和文字等。一种叫"半两钱"的货币成为我国最早统一的货币。半两钱的形制特点是圆形方孔，分黄金与铜钱两种金属材质。该钱币肩负了秦国统一货币的使命，经历了由地方私人铸币向政府垄断铸币的演变。到了唐宋时期，货币又有了新的发展和演变，如从唐代的通宝钱制（开元通宝）发展到宋元时期的纸币"交子"。"交子"不仅是中国最早的纸币，也是世界上最早使用的纸币。最初，"交子"的背后有足额金属本位作为后盾，也算是一种商业信用制度货币，这也为今天不兑换货币的产生奠定了基础。

货币是与商品相伴而生的商品的一般等价物，商品交换的实质是交换人们的劳动价值，它在由低级向高级发展的过程中必然产生货币。马克思说过："金银天然不是货币，货币天然是金银。""金银天然不是货币"的意思是指金和银本身并不是货币，它只是一种普通的商品。"货币天然是金银"是指作为货币，要求它的尺寸和体积要小，容易保存、不易损坏且容易分割，所以金银最适合作为货币的材料，为此，金银有充当货币的属性。黄金不像空气、水、土壤那样，可以不通过劳动就能获取，获取黄金的过程需要付出辛勤的劳动。就黄金而言，它自古以来被世界各地域、各民族视为金属里最为珍贵的装饰用料，同时，黄金在历史文化的长河中、在人们心目中还象征着财富和权力。时至今日，黄金依然被人们视为一种"准货币"，被世界各国和人民所接受。

黄金成为货币的历史十分悠久。黄金作为金属在自然界中以游离状态存在，目前还不能通过相对低价的化学方法来人工合成黄金这种天然产物，只能在物理实验室里通过"点石成金"的方法制造，但是制造的费用远超黄金的价格。从物理特性方面来看，黄金具有很好的化学稳定性，密度为 $19.32g/cm^3$，熔点为 1063℃，质地柔软适中，易锻造和延展，但也有易磨损的弱点。同时，黄金是热和电的良好导体，除了经常被人们作为装饰品，以及金融相关领域将黄金商品作为储备货币外，还会被用在一些高端电子仪器设备制造上。黄金一直以来能够保持着"准货币"的地位，其原因在于黄金不仅稀缺而且品质特殊，目前自然界中的黄金开采难度和成本都非常高。只要黄金的人工制造成本没有大幅度下降，那么其所扮演的特殊的货币角色的地位就难以撼动。

黄金象征着财富和权力，为了争夺黄金，人类社会几度陷入飘忽不定的黑暗时代，在争夺和搜刮黄金的过程中，巧取豪夺、阴谋、腐败、战争等轮番上演，黄金因此被绑在了罄竹难书的被告席，在黄金金光闪闪的背后隐藏着肮脏的、血淋淋的、不道义的罪恶。为了追求黄金所带来的权力，部分人的社会道德伦理底线被击破，世界历史文明一次又一次被摧毁。当然，我们目前所使用的主权信用货币，在主权国家的主权信用担保下也一样具有黄金的功能。但是，黄金的特殊性在于，它可以不依赖于任何国家主权信用担保和承诺直接变现，而且黄金作为价值储藏工具还有一个好处就是其不会变质、不会损耗等。

从人类社会未来的可持续发展来看，货币体系需要对货币制度进行创新，获取货币权力的过程，从道义上来讲要能够实现公平正义。我们常常听说"法律面前人人平等"，但没有听说"获取货币权力面前人人平等"。真正意义上的法律平等，应该能够与获取货币权力方面的人人平等相对应，这也是有关人人平等方面的最为重要的一环。

使用价值是指商品能够满足人们某种需要的属性，价值是凝结在商品中的无差别的人类劳动。比如，在黄金这种商品中同样凝结着无差别的人类劳动。从人类社会的货币发展史来看，无论是商品货币、金本位货币还是信用货币都还停留在以商品为中心的物的层面，就算是信用货币也是制度和商品的结合体。货币发行锚定在商品层面，如果将货币内在价值的锚定商品属性转移到人类劳动价值创造的最初原点，也就是货币创造直接锚定在人类劳动上，劳动与货币直接对接，那么在每个劳动者的劳动价值创造完成的同时，货币也就被创造出来了。它必将比黄金更为金光灿烂，是能够给世界带来永久光明的全新货币。以人类文明道德伦理为基石的货币体系，将能够改变一个国家的命运，乃至大幅提升整个人类社会人与人之间的信任指数，合作共赢将成为最好的选择，从根本上重构起新型的人与人之间真诚的合作关系，并对未来社会产生深远的影响。

## 二、经济学中对货币供给量 M0、M1、M2、M3 的理解

在商品经济中，货币作为一般等价物，可以和一切商品进行交换，其实质是人与人之间交换劳动的关系，所以货币也反映了人与人之间的社会关系。研究货币理论主要是研究货币供给和需求关系，它们之间是相互作用的，涉及宏观和微观的货币供需均衡关系。研究金融货币需要从不同的角度去研究。在金融学中，国际货币基金组织（IMF）根据货币涵盖范围的大小和流动性的差别，一般把货币供应量分为四个层次，依据货币流动性的强弱程度排列分别为 M0、M1、M2、M3。其中，M0 也叫基础货币，在货币供应量中流动性最强，也具有最强的购买力；M1 也叫狭义货币供应量，是现金 + 活期存款，可以反映经济中的实际购买能力，购买力弱于 M0；M2 叫广义货币供应量，流动性相对于 M0、M1 都要弱些，它反映现实购买力以及潜在购买力；M3 主要用于货币供应量的变化和未来的压力状况分析，其流动性相比于前面三种更弱些。

世界金融组织对 M0、M1、M2、M3 的货币流动性的计算方法如下。

M0：一般指的是流通中的现金，也就是在银行体系之外正在流通中的现金，包括各种组织财务部门的库存现金和居民的手持现金，但存放在银行金库的现金不能算在其中。M0 流动性最强，随时可以购买商品、服务等。

M1：M1 = M0 + 企业活期存款（支票存款以及转账信用卡存款），能够反映居民和企业资金变化情况，利用这种变化建立指标来预测经济相关的波动周期。随着网络银行电子收、付款业务的发展，活期存款如同现金付款一样方便。

M2：M2 = M1 + 准货币（企业定期储蓄存款 + 居民储蓄存款 + 其他储蓄存款）。M2 相比 M0、M1 的流动性偏弱，不仅反映现实的购买力，还反映潜在的购买力。通过分析 M2 与 M1 增速之间的变化，可以判断市场资金的活跃程度，从而预判社会总需求的变化，进一步判断未来通货膨胀或紧缩的状况。

M3：M3 = M2 + 金融债券 + 商业票据 + 大额可转让定期存单等。M3 可以伴随着金融工具的不断创新而进行调整重新制定。

我国的现行货币供给层次以 M0、M1、M2 为主。

我国在 1984 年开始对货币供给层次划分进行研究，并于 1994 年第三季度开始正式公布货币供应量的统计监测指标。按照 IMF 的要求，现阶段我国货币供应量层次如下：

M0 = 流通中现金，即我们习称的现金，指不兑现的银行券和辅币；

M1 = M0 + 活期存款（支票存款），即狭义货币供应量；

M2 = M1 + 定期存款 + 储蓄存款 + 其他存款 + 证券公司客户保证金，即广义货币供应量。

另外，M2 − M1 的差值即为准备币。

货币流动性，通常是指这种货币或金融资产的变现能力。也就是说，你手上持有的货币能不能马上变成现金，以及所持有的货币变现能力的难易程度。根据货币的流动性来判断和划分货币层次，流动性越强的货币转变为货币现金的成本越低，它的货币流动层次也就越高。

## 三、货币政策

货币政策包括广义和狭义两种：广义的货币政策指政府、央行和其他经济部门发布的所有与货币相关的各种规定和采取的影响货币供给的各项措施；狭义的货币政策是指央行为了实现特定的经济目标所采取的控制和调节货币供应量以及信用、利率等的政策和措施的总和。

根据最新版《中华人民共和国中国人民银行法》第三条规定，中国货币政策的最终目标为"保持货币币值的稳定，并以此促进经济的增长"。货币政策的最终目标主要包括稳定物价、充分就业、经济增长、国际收支平衡等。如果将货币政策的最终目标内容展开的话，很多都与社会治理直接或间接相关，比如，社会收入公平问题、借贷双方诚信（信用）问题、经济秩序维护问题、创造社会就业机会问题等。

货币政策工具是中央银行为达到货币政策目标而采取的手段。货币政策工具分为三类：一般性工具、选择性工具、补充性政策工具。

所谓一般性工具，指中央银行所采用的、对整个商业金融系统的货币信用扩张与紧缩产生全面性或一般性影响的手段，是最主要的货币政策工具。

所谓选择性工具，是指中央银行针对某些特殊的信贷或某些特殊的经济领域而采用的工具，以某些商业银行的资产运用与负债经营活动或整个商业银行资产运用与负债经营活力为对象，侧重于对银行业务活动质量的方面进行控制，是一般性货币政策工具的必要补充。

所谓补充性政策工具，主要包括对信用进行直接控制和间接控制。

有关国际国内的货币政策是非常复杂的，这里仅简单介绍。

## 四、通货膨胀、通货紧缩

所谓通货膨胀，就是流通在市场上的纸币比较多，商品供应量相对有限。货币的供应量大于商品流通量，就会引起一般商品物价水平以不同的形式上涨的经济现象。

通货膨胀会对社会生产、商品流通、人员收入分配和消费造成非常大的影响。尤其是快速的通货膨胀，导致货币通货膨胀率快速上涨、货币购买力下降、货币币值不稳定、商业银行利率波动等，影响货币的贮藏职能中的财富保值功能。快速通货膨胀纸币已经失去执行贮藏手段的职能。社会经济增长表现为商品与服务的生产总量增加，货币数量的增幅要与商品和服务增加速度相适应。通货膨胀对社会经济发展的影响非常复杂，政策、制度、规范等也涉及货币政策因素，最终还是要归结于相关人员的制度创新和制度执行的能力问题，所以通货膨胀也是社会治理的重点领域，社会数字治理信用化要力争为货币政策制定提供更为直接的有价值的数字资源，从而促使货币政策和政策制度执行不断优化。

研究宏观经济的时候，经济增长和通货膨胀之间存在着复杂而微妙的关系。经济增长往往导致原材料价格的上涨，从而导致生活用品价格上涨。所以通货膨胀的原因是复杂的，需要一定量的经济数据才能得到准确的分析结果。在研究通货膨胀的时候，可以用 CPI 和 PPI 这两个数据来评估。

CPI 的全称为居民消费价格指数，该指数反映了一些日常消费品和服务的价格变化。CPI 是用来统计零售价的，主要衡量的是消费品和服务终端物价，因此它对老百姓钱袋子的影响程度更为敏感。PPI 的全称为生产价格指数，表示工业生产出厂价格变化。PPI 是用来统计出厂批发价的。

什么是通货紧缩？所谓通货紧缩，就是在市场上的国家央行发行的纸币数量小于实际所需要的货币量，从而使得市场上商品物价下跌、货币升值的现象。通货紧缩形成的原因也是复杂的，如果某一产品生产数量多，那么与之对应的商品价格也可能走低，这是以往的观念。但是在互联网电商时代，资本利用互联网电商平台，有意压低商品售价，用资金数量优势组织大批量生产来压价，通过薄利多销实现竞争上的优势，同样可以获取丰厚的利润。然而，这种利用大数据技术获取商业信息的做法，会损害许多中小生产商利益，并且这些商品也没有什么技术含量，总体上看对国家经济高质量发展没有什么大的促进作用。但有可能造成地区间经济发展不平衡的问题，因此也要对其加以重视。另外，通货紧缩还涉及居民储蓄率等问题。要区分哪个经济领域通货紧缩是好的，哪个经济领域通货紧缩是没有必要的。为了调节通货紧缩的松紧程度，促进社会经济高质量发展，需要利用以大数据、工业互联网、人工智能等为依托的数字治理新技术，可以从广度与深度上沿着不同经济领域，以行业部门的分类为入口，将通货紧缩治理要素植入相关的生产和服务的节点上，及时获取相关数据。这样，就能够让国家政策的制定、相关组织制度的建立有足够的针对性，让市场组织、政府组织对市场的响应更为迅疾与灵敏。要优化组织治理结构，培养与刺激消费动能，精准均衡供给与需求，让通货膨胀和通货紧缩成为调节和化解市场风险的一种工具。

总之，通货膨胀与通货紧缩是一组相对立的概念。如果 M1 过高而 M2 过低，表明需求强劲、投资不足，存在通货膨胀风险；如果 M2 过高而 M1 过低，表明投资过热、需求不旺，存在资产泡沫风险等。通货紧缩和通货膨胀一样也是需要进行治理的。

### 五、主要货币类型及数字货币

国家主权货币（法定货币），以货币发行国的国家法律为货币权来源，又称主权信用货币。主权货币是指国家有权确定本国的货币制度政策。各国主权货币的价值来源于政府的信用、财政收入以及政治、文化和军事等国家综合能力。一国货币制度包括货币材料、货币单位、金属货币的铸造权、本位币和辅币的确定、货币的偿付能力、准备金制度等，主要分为信用货币制度、金属货币制度、数字货币制度。

信用货币是由政府或银行通过创新信用程序来发行的，能够独立发挥货币职能的信用工具。世界各国政府发行的纸币是典型的信用货币，受国家政治制度和货币政策影响很大。政府印发的信用货币以政府信用为基础，具有强制流通、域内可兑换的特征。信用货币的材料一般是纸质的，在纸质货币制度下，价格标准主要通过货币的购买力来体现。

金属货币是指以金属为货币材料，充当一般等价物的货币。很多金属如金、银、铜、铁（钢）、铝、镍、锡、锌、锑等，只要国家制度允许，都能够成为铸造货币的材料。历史上流通过的金属货币，多以铜、银、金的金属材质为主。金属货币之所以能够在货币流通使用中逐渐取代自然物货币和其他商品货币，是因为它具有自然物货币和其他商品货币所不具备的优点。第一，金属质地的货币坚固耐磨、不易腐蚀、体积小、便于流通，也有利于保存。第二，金属货币，尤其是黄、银材质的金属货币质地均匀，便于任意分割再塑形。通常像金、银材质的金属货币，价格标准以货币所含金属量来体现购买力。第三，随着知识经济和数字经济的不断发展，数字货币出现了，虽然数字货币能够充分凸显货币的社会属性的光辉一面，但以黄金为代表的金属货币因其高贵的特有的自然属性，在人们心目中仍然具有至高无上的地位。

数字货币简称 DIGICCY，是英文"Digital Currency"（数字货币）的缩写，是电子货币形式的替代货币。数字货币是继商品货币、贵金属货币、信用货币之后出现的一种新货币形态。

通常将数字货币分为央行数字货币（也称"数字主权货币"）和私人数字货币两种。现代计算机的算力不断提高，带动了以大数据、人工智能及区块链等数字技术为基础的数字经济的高速发展，许多国家和地区依托计算机区块链技术的加持，开始重视对数字货币的研究。数字货币分为中心或部分去中心化、去中心化两种。目前中国央行发行的数字人民币，是部分去中心化的数字货币。去中心化的数字货币，主要代表是私人的比特币。

## 第三节　货币与资本

### 一、货币与经济和政治制度

在经济社会不断发展的今天，货币以其特有的渗透力，已经从经济学领域逐步影响渗透到社会政治学、社会学等领域。通过对货币的制度创新和技术创新，可以解决社会主义市场经济条件下的经济、科技、文化等高质量发展可能遇到的瓶颈和难题。

货币是商品生产和商品交换发展到一定历史阶段的必然产物。从货币经济学来说，货币是指在商品交易服务中或债务清偿中，被普遍接受的东西。劳动力成为商品是货币转化为资本的前提条件。这是因为人的劳动是价值的源泉，合作劳动过程中能够产生比单个劳动力更大的价值，在资本主义生产方式下，货币所有者通过这种方式获得剩余价值，货币也就转化成了货币资本。

"从表面上看，货币无非是一种设计精巧的经济工具，但在历史的火炬照射下，你就会看到，货币问题的背后，是政治利益的博弈。"① 货币背后存在着对利益分配主导权的争夺，政治行为试图影响利益分配。政治服务于经济，用制度来规范政治利益博弈变得非常有意义。马克思主义认为，政治是阶级社会的产物，是以经济为基础的上层建筑，是经济的集中表现，是以政权为核心的阶级关系和人民内部的全局性关系。芝加哥学派的创始人之一拉斯维尔也认为："研究政治就是研究权力的形成和分配，政治行为就是人们为权力而进行的活动。"② 政治包含两层含义，就是管理、治理。在组织行为学中，将组织内的政治行为定义为在组织里职责所需之外进行的，但影响或试图影响组织中利益分配的活动。货币问题背后存在政治利益的博弈，当这种利益博弈脱离了制度轨迹，显然会给利益分配公平性带来不确定性。

马克思认为，货币的来源是和交换联系在一起的，货币是价值形成的完成形态，"因为只有在发达的货币制度下交换价值才能实现，或者反过来也一样，所以货币制度实际上只能是这种自由和平等制度的实现"③。货币作为经济工具与政治的结合，就会存在如下的运行轨迹：政治服务于经济，需要有货币政策、货币制度相配套，政治行为要遵循货币政策和货币制度的相关规定性。从微观层面上看，货币是从活劳动中衍生出来的，完整的货币制度就需要与活劳动之间叠加起来的交换价值联系起来，为创新完整而平等的货币制度提供思路。与完整而平等的货币制度相配套的组织制度，可以规范组织内部与利益分配相关的政治行为。但实现这一目标是有条件的，就是要克服多层次组织内部的信息不对称问题。

---

① 何帆.货币即政治[J].首席财务官，2011（12）：96.
② 邹健.问责制中政治责任内涵的四维审视[J].四川行政学院学报，2006（2）：25-28.
③ 中共中央马克思恩格斯列宁斯大林著作编译局.马克思恩格斯全集：第30卷[M].北京：人民出版社，1995：201.

## 二、资本和货币资本

在马克思著作中有关于"资本"的论述，资本是能够带来剩余价值的价值。资本存在是有条件的，只有当货币或生产资料被资本家用作剥削雇佣工人手段并创造剩余价值时，它们才转化为资本。剩余价值转化为资本，一般以货币资本形式出现。资本的称呼很多，有不变资本、可变资本等。资本有时也被称为"资金"，如在社会主义市场经济条件下，公有制经济投入企业生产和经营活动的固定资金和流动资金，不体现剥削与被剥削关系。会计学中的资本，一般指所有者权益。资产负债表的三个要素分别为资产、负债和所有者权益。

货币同资本既有区别又有联系。它们的区别是，货币是固定充当一般等价物的特殊商品，资本是能够带来剩余价值的价值。货币反映的是商品生产者互相交换劳动的关系，资本在资本主义条件下反映剥削关系。它们之间的联系是，资本最初总是表现为一定数量的货币，货币在一定条件下转化为资本，即当它能带来剩余价值时，货币就转化为资本。

资本在经济学、金融学、会计学等领域有不同的解释。经济学领域所说的资本，是指基本生产要素，即资金、厂房、设备、材料等物质资源。而在金融、会计领域，资本通常指金融财富，在账本上所显示的是商业组织、企业组织的金融资产。广义上的资本是人类创造物质财富和精神财富的各种社会经济资源的总称。用马克思的剩余价值理论来分析，资本来源于剩余劳动，社会各种经济资源来源于社会劳动的财富创造。随着社会经济的不断发展，人们对资本的称呼也越来越多。除了有形资本（物质）外，又有人力资本、信用资本、制度资本、虚拟资本以及生产关系资本等。

人力资本是与人相关的知识、技能、品质、诚信行为及社会关系等各种因素的综合。从人力资本可以联想到与人的体力劳动和脑力劳动相关的活劳动，它将人的学习能力、创新能力、劳动实践能力等进行资本化，是针对劳动力为经济增值和对经济的贡献来说的。

信用资本："信用是获得信任的资本。界定为资本，表明信用是有价值的，可以通过经济活动与经济利益实现结果；强调信任，表明这个资本是人文赋予的，是通过信用主体的基础素质在社会活动与社会关系中积累与凝结的。"[1] 信用是从属于商品交换和货币流通的一种经济关系，是商品货币关系发展的必然产物，也是伴随着市场经济中商品货币关系的发展以及货币支付职能的产生而形成的。信用作为"资本"，从资本定义来看，是资本的持有者可以用于直接投入的"经营工商业等的本钱"，从而能带来剩余价值。信用资本之所以内含价值，是由于信用资本实际上是一种由社会经济关系中人与人之间的信任所形成的信任价值，信任能够增强群体和个体之间的合作关系，从而给相关主体带来经济利益。社会（或组织）中信任不会自动形成，实现的途径是让法律制度变得有效。为了让制度变得有效，需要构建社会信用体系。这是一个非常具体的问题，通过对不同的社会群体、个体与制度规则相关的信用（诚信）治理来获取制度所应有的价值。

制度资本："制度资本是嵌入制度环境中的能够加强企业资源配置能力和提高企业竞争力的资本。"[2] 柯武刚、史漫飞赋予"制度"以资本的特质，将"共同体内建立在信心、信任基础上的制度视为一种宝贵的生产性资产，称其为制度资本（institutional capital）"[3]。制度资本就是将制度作为一种资源，投入组织的生产或服务中去。制度作为一种无形的软价值，具有无形资产的特性，其运作是通过组织治理的形式来实现组织中人与人之间的合作关系。

虚拟资本：马克思在《资本论》中对虚拟资本进行了定义，即虚拟资本是指以有价证券形式存在并能给持有者带来一定收入的资本，是货币资本化和信用制度的产物。虚拟资本作为自在的资本具有脱离实体的特性，因此，虚拟资本对社会经济发展有正面效应也有负面效应，一定量且比例适当的虚拟资本，可以促进社会经济繁荣。

生产关系资本：生产的社会关系就是生产关系。"资本也是一种社会生产关系。这是资产阶级的生产关系，是资产阶级社会的生产关系。构成资本

---

[1] 吴晶妹.人力资本与信用资本相融共建[J].中国金融，2021（23）：98-100.
[2] 周阳敏，赵亚莉.制度环境、制度资本与企业绩效关系的实证检验[J].统计与决策，2019（22）：180-183.
[3] 柯武刚，史漫飞.制度经济学[M].北京：商务印书馆，2002：144.

的生活资料、劳动工具和原料，难道不是在一定的社会条件下，不是在一定的社会关系下生产出来和积累起来的吗？"① 生产关系是人类在生产过程中结成的关系，是人类社会关系中最基本的关系。在学术上，生产关系是一个经济学、社会学名词。在马克思主义哲学著作中，生产关系这个名词，其实属于表达社会内部人与人之间社会关系的哲学范畴。所谓社会关系，是指在人类社会活动中，人们在生产和共同生活的过程中彼此形成的人与人之间的关系。马克思在《资本论》第三卷中重申了资本的本质在于其所具有的社会关系属性："资本不是物，而是一定的、社会的、属于一定历史社会形态的生产关系。它体现在一个物上，并赋予这个物以特有的社会性质。"② 这样看来，资本存在方式只有在一定的社会关系中才能成为资本，而且以物为媒介的人与人之间的社会关系资本，也有其内在矛盾逻辑。

资本不是一种物，而是一种以"物"为媒介的实质性构成内容，它就是商品。商品以物的形式出现，商品交换以资本的形式表现出来，而商品这个物，其存在自身的内在矛盾，它是一种颠倒的社会关系即主客体之间颠倒易位，这样也让资本取代了人的主体性地位，从而使得资本在一定的社会关系中取得了经济支配的权力。一定的社会关系中，在这种失控的经济支配权力的驱使下，资本的逐利性失去理性，商品生产目的就是资本增值，获取剩余价值。

## 三、货币转化为资本

货币如何转化为资本？这一问题在政治经济学中占有重要地位，对于准确地理解经典马克思主义的资本理论非常重要。资本主义是以私有制为基础的经济制度，劳动力成为商品是货币转化为资本的前提。劳动力成为商品有两个基本条件：首先，劳动者必须具有人身自由；其次，劳动者除了自己的劳动力外不占有生产资料。

---

① 中共中央马克思恩格斯列宁斯大林著作编译局. 马克思恩格斯文集：第 1 卷 [M]. 北京：人民出版社，2009：345.

② 中共中央马克思恩格斯列宁斯大林著作编译局. 马克思恩格斯全集：第 25 卷 [M]. 北京：人民出版社，1974：920.

劳动力商品的使用价值和价值。劳动力商品的使用价值是价值的源泉，劳动力商品具备使用价值，就需要劳动者进行生产劳动，只有让劳动者进行生产劳动才能创造价值。消费劳动力的过程能够创造出比劳动力本身的价值更大的新增价值。新增价值即剩余价值，一旦货币购买的劳动力带来剩余价值，货币也就变成了货币资本。劳动力的价值由生产和再生产劳动力所需要的社会必要劳动时间所决定。劳动力的价值通常包括三个组成部分：一是维持劳动者本人生存所必需的生活资料的价值；二是维持劳动者家属成员生存所必需的生活资料的价值，延续劳动力商品的市场供给；三是劳动者接受教育培训和技能训练所支出的各种费用。

货币是商品流通的最后产物，是资本的最初表现形式。资本是能带来剩余价值的价值，货币不是生来就是资本，只有当它能够带来剩余价值时才能够成为资本。货币转化为资本的关键是劳动力转化为特殊商品，资本的积累是通过货币购买劳动力并占有其劳动实现的，资本家在组织生产中消费劳动力的使用价值来创造剩余价值，剩余价值的实现是货币转化资本的重要步骤。货币转化为资本是资本扩大再生产的主要源泉。

## 四、无形资源、无形资产与制度

在会计学中，资源英文为 resources，是指企业拥有的有形的和无形的、账里的和账外的财产，类似于资产，分为自然资源和社会资源两大类，前者如阳光、空气、水、土地、森林、草原、动物、矿藏等，后者包括人力资源、信息资源以及经过劳动创造的各种物质财富。

资产英文为 assets，是指过去的交易事项形成并由企业拥有或者控制的资源，该资源预期会给企业带来经济利益。资产的三个基本特征：其一，资产是企业因为过去的交易或事项所形成的；其二，资产是某一企业拥有或控制的经济资源；其三，也是最重要的特征——资产预期会给企业带来经济利益。

无形资源：会计学中对于无形资源的定义是，企业长期积累的、没有实物形态的，甚至无法用货币精确度量的资源，通常包括品牌、商誉、技术、专利、商标、企业文化以及组织经验等。组织中的无形资源，有些是在组织壮大和发展过程中逐渐积累起来的，伴随组织的成长而以独特的方式存在于组织中；有些是组织治理文化的一部分，是不易被竞争对手所了解和模仿的无形资源或资产。这类资产的外在特点是无形的，看不见且摸不着，有些已经融入组织集体意识里，但其存在是可以被人意会和感知到的。比如，促进群体合作的知识与技能、制度的执行能力、所形成的信任环境和声誉等。这些资源一般都可归类为无形资源。

制度资源是人文社会资源，具有无形资源属性，一旦能够用特殊方法计算、以货币的形式反映其价值量时，就具有无形资产的特性。由于制度具有价值功能，所以需要及时清理无效制度、垃圾制度，及时进行制度创新来寻找更有价值的制度。

无形资产：会计学中对于无形资产的定义是，企业为生产商品、提供劳务、出租给他人，或为管理目的而持有的，没有实物形态的非货币性长期资产。无形资产分为可辨认无形资产和不可辨认无形资产两类。可辨认无形资产主要包括专利权、非专利技术、商标权、著作权、土地使用权、特许权等，不可辨认无形资产有商誉等。企业的一项资产作为无形资产被加以确认，需要满足无形资产定义及确认的两个条件，即与该无形资产有关的经济利益很可能流入企业，同时该无形资产的成本能够可靠地计量。也有人认为，无形资产就是无形资源，知识产权是无形资源的核心内容。按照我国《资产评估准则——无形资产》的规定，无形资产包括专利权、非专利技术、商标权、著作权、土地使用权、特许权和商誉七项。无形资产不仅具有使用价值，而且具有商品属性。无形资源包括无形资产，无形资产是无形资源的一个组成部分。制度是一种资源，可以让群体合作形成共识，使得合作变得有序，从而提高劳动合作效率。制度具有比较典型的无形资源特征，通过对其提炼，可以让与制度相关的无形资源变得可量化和货币化。

对各种资源、资产进行价值分析让其货币化，是现代社会数字经济发展的需要。社会数字治理要迎合社会数字经济发展的需求，为社会治理效能的提升提供各种分析和解决问题的数据资源，从而为社会数字治理的大数据分析提供数据来源。

## 五、生产要素再认识

2019年党的十九届四中全会《中共中央关于坚持和完善中国特色社会主义制度 推进国家治理体系和治理能力现代化若干重大问题的决定》，涉及坚持和完善社会主义基本经济制度，推动经济高质量发展这部分内容，指出"坚持按劳分配为主体、多种分配方式并存。坚持多劳多得，着重保护劳动所得，增加劳动者特别是一线劳动者劳动报酬，提高劳动报酬在初次分配中的比重。健全劳动、资本、土地、知识、技术、管理、数据等生产要素由市场评价贡献、按贡献决定报酬的机制"。下面对生产各要素进行再认识。

生产要素中的"劳动"，在劳动经济学名词解释中就是指"劳动力"。处在流动状态中为进行产品生产或提供服务的劳动，一般指的是"活劳动"，活劳动和过去的物化劳动相区别。劳动参与分配一般是按劳动时间来进行的，还要考虑劳动的复杂程度以及劳动的有效性等。在经济学或者会计学里，比较重视劳动有效性因素，对劳动效率进行客观评价，并将其货币化以数字形式表达，发展数字货币技术伦理道德化，以适应数字经济时代的多层次需求。对劳动者贡献进行客观性定位，并且让这种贡献得到社会广泛认同，也是数字货币技术伦理道德化具体表现的一个重要方面，这对于社会资源的有效配置具有积极意义，可以为社会、组织制定有效激励方案提供数据资源，从而全面解决社会经济增长的动力问题。

生产要素中的资本，包括现金、机器、厂房、办公用房、原材料、库存商品、库存产品等能够用于生产和服务的各种物质资源。

生产要素中的土地，用于承载厂房、仓库、办公楼等地面建筑物，流转实物，以及种植经济农作物等，是生产基本要素之一，这部分一般都已经以货币化形式出现，好处是市场价格相对容易获取，方便计量。

生产要素中的知识。知识来源于人们在实践活动中逐步积累起来的认识和经验，由一种或多种信息元素构成，通常所说某种道理、某种判断能力、经验、技能、素养、社会交往能力等都属于知识的一部分。知识如果要参与分配，其性质就同资产一样，需要对其进行评估让其货币化来反映它的价值量，这就要求对参与要素分配的知识的内在价值进行资产价值评估。

生产要素中的技术。技术参与分配，这使得技术具有了资产的属性。技术一般可以通过资产评估来获得货币反映的价值量。

生产要素中的管理。管理参与分配，也让管理有了资产属性，然而，管理职能一般与制度知识相结合，本质是一种与软知识、经验、技能相结合的制度性劳动能力。

生产要素中的数据。社会生产、服务、生活、消费积累下来的各种各样的数据记录，这些数据被开发出来并具有使用价值时，就如同商品一样具有了商业价值，这样的数据可以称为资产（资源）。

管理通常会与管理者联系起来，还会与企业家相联系。企业家从不确定性的商业环境中发现商机，通过与管理者的配合，让不确定性的商机变成确定性的目标，他们通过其职位和知识对组织未来发展负有责任，这个过程可能涉及制度、技术创新等。工商业活动是需要承担法律责任的，为此，不管是企业家还是管理者，都要能够深刻理解相关法律制度的内涵。制度为组织目标服务时，一般是管理者依据制度条款来行使管理职能，让制度价值功能得到发挥。不过要让制度价值功能得到发挥，是需要被管理者配合的，因为制度的本质是认同与合作。制度性劳动主要由管理者来承担，但是，被管理者有维护制度权威的责任和义务，当被管理者维护制度的权威性时，也应该将其作为制度性劳动来看待。

随着社会经济的高速发展，制度作为一种知识，其重要性越来越被人们所认识。从19世纪末到第二次世界大战期间，对制度理论的研究，被称为旧制度经济学，主要代表人物有凡勃伦、康芒斯等。20世纪70年代以后，新制度经济学兴起。新制度经济学的代表人物主要包括科斯、诺斯、威廉姆森等。制度经济学里面有一个重要的概念——产权，还有就是交易成本（费用）和资源配置等概念。随着制度经济学理论的不断发展，将制度作为独立的生产要素来构建它的理论框架和分析体系成为可能。近年来我国的学者徐晋在他的《后古典经济学原理——离散主义、量化理性与制度价值论》著作中，阐述了劳动创造价值的前提必须依附于制度的相关理论。

## 第四节 金融、货币制度

### 一、金融制度

金融学是从经济学分离出来的，以金融制度为研究对象的理论。金融制度主要指一个国家以法律形式所确定的金融体系结构，以及组成该体系的各类金融机构的职责分工和相互关系的总和。金融制度内容涉及各金融机构职能及相互之间的关系、金融市场的结构和运作机制，金融监管制度主要包括组织形式、运作机制，法律、法规、制度等。金融学也是研究政府、营利性组织、个人及其他机构如何招募和投资资金的学科。制度金融学就是以金融活动以及与之相关的系统性制度为研究对象，通过对与金融制度相关的效率标准和制度选择、绩效定位等指标的分析，来描述真实金融市场的状况的学科。

2005年，美国经济学家默顿和博迪首次在理论史上明确提及并定义了新制度金融学（NIF）。新制度经济学所关注的是我们这个真实的世界，即一个存在交易费用的社会。在交易费用不为零的情况下，不同金融制度的安排会形成不同的金融效率，这样制度就显得尤为重要。新制度经济学对人的行为特征的假设有三个，即非财富最大化动机、有限理性、机会主义行为倾向。还有市场信息的不完全等，都是这个"真实的世界"的构成要素。"我们亦可将金融交易费用划分为市场型交易费用、管理型交易费用和政治型交易费用。在此基础上进行逆推，不难发现，金融交易费用源自市场金融交易中的信息搜索、合约谈判、监督与执行，源自金融组织的建立、维持或改变及运行的费用，源自金融制度框架的建立、运行和调整。"① 上述的各种交易费用，其实也是新制度经济学研究的对象。降低交易费用，首先需要找到合适的交

---

① 王煜宇，何松龄.制度金融学理论与中国金融法治发展：理论述评[J].经济问题探索，2017（4）：155-162.

易费用测量方法，但目前关于测量交易费用，虽然有些文献表示取得了一些进展，但是交易费用的测量总的来说是比较困难的。如果能够低成本测量出交易费用，那么就可以提高制度经济学相关理论、概念的解释力。更为重要的是，利用这些数据，可以为相关的经济活动主体提供有效激励。然而，实际情况并不乐观。由于科层制组织结构和组织内外的信息存在不对称性，部分制度资本的价值转移路径不明朗，因此金融制度本身的好与坏、优与劣也就难以分辨。与制度相关的有效激励是有条件的，首先就是要解决信息不对称性问题。

## 二、金融制度创新

经济学研究的是资源配置问题，不仅研究资源配置的效率问题，还研究资源配置的公平问题。新制度经济学是相对于近代经济学而言的，把制度作为经济学的研究对象。新制度经济学认为，决定经济增长与否的是制度因素，制度对经济活动起着决定性的作用。它把资源配置的优化问题与既定经济社会的激励结构问题结合起来。新制度金融学，就是以金融制度为切入点，通过对金融制度的分析来解释某一项、某一组金融制度所提供的经济价值。

"制度金融学对制度本身持均衡观的看法，认为制度是参与其中的理性经济主体力量博弈的结果，是一种博弈均衡，并处于不断的动态变化过程之中。"[①] 博弈均衡有多种，博弈均衡不是"帕累托最优"。一般情况下，博弈中的信息是不对称的，消除信息不对称是有条件的，有条件的合作博弈成为最佳选择。这对准确获取制度相关信息提出了新要求，如果能够测量到执行制度博弈的结果，就能够让制度更好地发挥作用，形成节约资源、提升效率、降低成本等增加效益的结果。某些组织机构构建了完善的金融制度，希望这些制度能够发挥作用，实现其价值，不过再好的制度也是需要人来运行的，有效的制度运行，需要有与制度诚信相对应的诚信治理能力。消除制度传递上的信息不对称是主体之间有效合作的前提。

---

① 周治富.理解中国金融改革——一个制度金融学范式的解释框架[J].金融监管研究，2017（2）：93-108.

制度可以成为博弈的工具，制度竞争是国家、组织间最根本的竞争。也可以将制度竞争作为一个战略性问题来研究，就是要准确找到未来竞争点在哪里，利用人的抽象思维与目前的竞争环境对未来进行推演，并事先用战略性制度进行布局。成功的战略与决策，是由人的高级智慧所触发的复杂劳动，能够得到更多倍数劳动价值创造。制度竞争的成败事关一个国家、组织的前途和命运。在国家之间的金融制度博弈过程中，要想争取主动、获得金融决策方面的话语权，就需要认清金融制度内含的势能是客观存在的，犹如物理世界里看不见的哼哈二将——动能和势能。为此，通过制度创新获取制度的力量是一个持续的过程，需要不断在制度中寻找高势能制度来为我所用。金融制度创新是个无中生有的过程，到底能够给哪些主体带来利益暂且不说，但是，能够率先成为制度创新的国家、组织，能够为本国、本组织创造更多的获利机会是肯定的。在必要时，将这些金融制度包装成救世主也是有可能的，最终，金融制度创新可以为这些率先创新制度的相关个人、组织或国家争取更多利益机会。

金融制度的独立性是国家主权的重要标志之一。金融制度具有资产属性，内含一定价值量，提升制度价值维度等级，必须拥有前瞻性的战略眼光，在收集足够充分的金融相关数据资源的基础上，不断推陈出新制定出更有价值的金融制度。金融制度创新必然与货币制度的创新存在关联，创造出一个具有价值高度上的稀缺性，加上一个美好寓意以及被赋予共识的力量就等于高价值。

### 三、货币制度简述

"货币制度是国家法律确定的货币流通的结构和组织形式，它使货币流通各因素结合为一个统一体。完善的货币制度是随着资本主义制度建立而建立的。"[①] 从政治制度层面上说，国家的根本属性具有阶级性，资本主义发展起来的货币制度，首先是为了维护资产阶级自己的利益。由此可见，一个阶

---

① 才凤玲，冷丽莲.货币银行学原理[M].北京：清华大学出版社，2012：9.

级要维护本阶级的利益，就必须发展起能够维护本阶级利益的货币制度。从经济技术层面上说，货币制度可以简称为"币制"，是国家重要的金融手段。为了实现对货币的有效控制或操纵，各国政府需要在制度和技术层面做出不同的选择，来维护货币的秩序和稳定，以达到有利于社会经济健康发展的目标。货币制度与商品经济的发展存在密切联系，货币制度随着商品经济的发展而不断发展。货币制度主要包括币材选择、货币重量等内容，例如，金属货币是用铜、金还是银等；后期发展出来的纸币，还要考虑纸的材质等。货币制度还包括货币单位、货币种类、货币的铸造工艺、怎样发行货币、如何在市场上进行流通等。随着社会经济的发展，商品贸易从国内贸易拓展到国际贸易，一国的货币制度将影响贸易往来国的货币制度。近代以来国际贸易得到了进一步发展，在贸易往来中货币制度创新也变得越来越重要，形成了与货币输入输出相关的货币制度。比如，国家的外汇风险管理制度、国际汇率风险管理制度等。可见，货币制度的形成和发展也是经过了一个漫长的历史变迁过程。现阶段，各国政府对货币制度背后隐藏着的财富分配权力越来越重视。货币制度体系要发挥作用往往需要一定的技术支持。

从构建世界近代货币制度体系来看，西方资本主义国家的工业革命促成了生产力的巨大进步，使工商业突飞猛进。那时候的手工业经济、自然经济迅速被大机器生产所取代。第一次工业革命开始于18世纪60年代，发源于英格兰中部地区，标志是蒸汽机被广泛使用。第二次工业革命是在19世纪60年代后期，欧洲和美国、日本的资产阶级革命相继完成，电力的发明和广泛应用促进了社会生产力和经济的发展。第三次工业革命开始于20世纪四五十年代，发生地点在美国的硅谷，西欧、日本、韩国等紧跟其后，然后是一些新兴经济体，包括中国大陆也参与其中，主要以原子能、电子计算机、空间技术和生物工程的应用为标志。

货币政策制定和制度建设不应只着眼于国内的状况，还要放眼世界来对货币制度进行规划。货币制度随着资本主义制度的建立而完善，可以说以资本为中心的现代货币制度，是资本主义制度逐渐发展的产物。对社会主义国家来说，要摒弃以资本为中心的货币制度，需要有符合社会主义国家发展需要的创新货币制度。

西方的工业革命促进了经济快速增长，金银成为固定地充当一般等价物的特殊商品。1944年，44个国家的代表在美国新罕布什尔州布雷顿森林镇召开了著名的布雷顿森林会议，之后20世纪的布雷顿森林货币体系形成。该体系是以美元与黄金为基础的金汇兑本位制，从此一种以美元为中心的国际货币体系建立了起来。但是，金属货币价值在生产总量上，已经不能跟上经济增长所创造的商品价值总量的上涨速度，随之而来的就是金银货币出现大幅波动，造成金银货币的各项职能难以充分发挥作用。由于黄金本位物品的总量与社会财富的增长总量相比存在严重不足，在实际的货币运作中，美元的供给刚性使美元同黄金的可兑换性难以得到维持。1971年，国际性的金融货币制度发生了重大改革，时任美国总统尼克松单方面宣布美元跟黄金脱钩，布雷顿森林体系随即崩溃。但是，布雷顿森林体系时期所建立起来的一系列货币制度和金融机构组织，在布雷顿森林体系崩溃后继续发挥作用，这也是美元在国际货币体系中依然处于主导地位的原因之一。在布雷顿森林体系崩溃后，1976年国际货币基金组织（国际货币制度临时委员会）达成了"牙买加协定"，也就是现行的国际货币制度牙买加体系，不兑现信用货币制度在国际货币体系中得到不断发展。随着世界经济的发展，不兑现信用货币制度的缺陷越来越明显，主要是信用货币内含的价值量与实际商品和服务的价值量相背离，货币制度对货币调控依据也存在盲区，导致在资本主义国家通货膨胀和通货紧缩时有发生并扩散到世界各国。

现代市场经济活动中，仿佛很难找到与货币没有任何联系的事物。一个地方只要有市场经济，就必定离不开货币。因此，就目前而言，一切谋求取消货币的行为，都是不可取的。在人类历史上曾经出现过的计划经济时代，货币制度建设严重落后，严重影响了商品流通，进而一度严重影响社会生产力的发展。今天，知识经济时代已经到来，同样需要审视货币制度创新能力问题，审视是不是也存在和过去计划经济时代一样的货币制度建设落后的问题。一旦体悟到问题的所在——创新货币制度，我们就必须迎头赶上、绝不迟疑。

## 四、货币制度的不断创新

哲学大师柏拉图曾经尝试创新货币制度。他向统治者建议的货币政策引发了通货膨胀，导致了所在地区经济社会的混乱，让自己成为货币创新的牺牲品。公元前388年，40岁的柏拉图拜访古希腊殖民地塞拉库斯的统治者专制君主狄奥尼修斯，并建议他发行面值超过实际价值4倍的锡币，来增加他急需的财政收入，并实施严刑峻法（包括死刑）强迫居民接受价值被严重高估的铸币。狄奥尼修斯采纳了柏拉图的货币政策，导致了希腊殖民地塞拉库斯的货币体系和经济体系陷入混乱，并最终崩溃。狄奥尼修斯把柏拉图发配到奴隶市场等候拍卖，幸运的是，柏拉图遇到了几位哲学家朋友的慷慨解囊，他们为他赎回了自由。柏拉图主张的货币理论和货币政策，就是让国家控制货币发行权，然后让货币贬值（通货膨胀）来征收铸币税。这和今天由政府发行的信用货币差不多。随着政府发行的信用货币越来越多，持有货币者手中的货币越来越不值钱。从柏拉图时期到现代社会一直如此，信用纸币这种特性一直没有改变。在人类货币发展史上，无论是后来的封建国家，还是近代的资本主义国家，通过超发货币，变本加厉地搜刮国民财富的这一陋习，一直在世界各地不断重演。黄金虽然现在不作为货币来使用，但是，在黄金的历史记忆里，黄金兼有的多种属性让人们认同黄金仍然具有货币属性。黄金内含价值不是子虚乌有的，而是黄金内含社会劳动的价值量；而信用纸币所对应的是，通过国家主权信用来对信用纸币的价值进行充值，它没有黄金内含价值量那样稳定。人们信赖黄金的货币属性体现为价值量的客观性。然而，黄金产量增长率与经济增长率所创造出来的财富不能保持一致，这是黄金被信用货币取代的主要原因之一。

"货币不是一种机制，它是一种人类的制度，是最非凡的人类制度之一。应当看到，货币制度尽管十分精巧和经济，但也很不稳定，甚至相当脆弱，因为它的正常运行需要借助信用或者人们之间的相互信任。"[①] 实际上，人类社会的货币发展、演化一直被货币制度牵制着。金属货币时代，国家政府控

---

① 张杰.制度金融学的起源：从门格尔到克洛尔[J].东岳论丛，2010（10）：83-96.

制黄金、白银、铜等币材及货币发行等；纸币时代也是国家控制发行权，目的是让货币为政权服务。为此人们应从国家政治、利益分配权、权力的博弈等方面去认识货币。货币制度形成的背后存在着复杂生成逻辑及其衍生出来的丰富内涵，这也为货币制度在创新方面设立了很高的门槛。

目前正处于数字经济引领创新、以数字信息化为基础来重构国家核心竞争力的新阶段，通过制度创新和技术创新的战略部署，新一轮数字信息技术革命正悄然而来。由于制度与技术在某些方面具有替代性，因此制度创新需要与技术创新相互协调，让技术创新走在制度创新的框架内，这样才不至于让国家层面上的制度与基层组织制度之间顾此失彼。

货币制度作为一种与人类生活、生产密切相关的关键性制度，也应该随着社会经济的发展而发展。技术进步促进了社会分工与合作的进一步细化，原先陈旧的货币制度，对于促进社会经济快速发展具有负面效应。今天世界各国的央行都在研究数字货币，其实就是对原有信用货币的一种回应，其目的是希望创造新的货币理念来获得某种话语权，以维护本国的利益。

数字人民币不等于数字货币或虚拟货币，数字人民币是货币制度创新的产物，如果能够赋予其更多的有积极意义的信息，将会改变目前的金融生态，对此我们拭目以待。数字人民币是由中国人民银行发行的数字形式的法定货币，在这点上它同人民币现金是具有同样的效力的，是数字化的人民币，使用时和人民币纸币差别不大。数字人民币由指定运营机构参与运营并向公众兑换，以广义账户体系为基础，支持银行账户松耦合功能，与纸钞硬币等价，具有价值特征和法偿性，支持可控匿名。

虚拟数字货币是一种依托数字形式，以节点网络和数字加密算法技术拟合而成的去中心化的货币新形态，是商品价值的货币数字化的表示。虚拟数字货币没有国家信用背书，没有与法定货币一样的标准兑换机制，不具有法偿性。目前虚拟数字货币还不是主要由国家央行或某些当局发行，还没有与法定货币挂钩。某种数字货币如果能够在一定范围内的群体中形成共识，并被接受其是有价值的，就可以通过网络在共识人群中流通并作为支付手段，也可以通过电子转移形式实现该数字货币的存储或交易。

除比特币外，当前数字货币家族快速发展壮大，还有一些数字货币试图在比特币的算法基础上进行创新。目前从总体趋势上看，数字货币的参与者人数越来越多，数字货币的种类也越来越多，其中包括以太币、以太坊、ZEC币、狗狗币、莱特币、比特股、瑞波币、元宝币、点点币等。但虚拟数字货币市场规范和指导有点混乱，各种以套利为目的的"山寨币"数量也开始激增。虚拟数字货币不是由货币当局发行，不具有法偿性和强制性等货币属性，也不具有货币的法律地位，投资和交易波动很大，其稳定性不受法律保护。

货币伴随人类历史发展而来，其本身就是一种制度，无论是封建官僚体制还是资本主义官僚体制的经济主体，在和民营或私人经济主体之间的竞争方面，在制度创新和技术创新方面各自的优缺点是不同的，在有些创新方面民营或私人经济主体或许更胜一筹。所以货币的发行也一直存在私人发行的情况。只要政府对其进行规范和制度化，并且拥有一支能够诚信执行制度的队伍就能够为国家服务。"小政府大社会"是我国改革开放后出现的重要改革理念之一，臃肿的科层制（官僚体制）僵化、刚性、责任定位不清，已经成为世人的共识，需要广开智路进行创新来推动改革转型谋求发展。在货币制度创新方面，也可以考虑让民营和个体参与其中，这也是一种不错的选择。

国家经济正常运行和发展，离不开货币来维系和调节，货币制度创新能力事关国家命运与前途。西方发达国家在私人参与货币创新方面的包容度值得国人深刻思考，这对于如何进行货币创新也具有借鉴价值。

## 五、货币制度竞争和博弈

为谋取利益而进行的博弈无处不在、无时不在。古人博弈背后的利益算计和破局方法，往往是通过战争来简单和粗暴地获取自己的最大利益。然而，博弈各方的利弊得失难以获得可靠的预期结果，通过战争实现利益最大化，需要决策者和相关群体承担很大的风险。20世纪始发于欧洲的第二次世界大战，其结果不仅破坏了各交战国的社会经济和生态环境，还破坏了社会生产力，造成了各交战国各种资源的浪费和人民财富的流失等，给交战各国人民带来了极大的痛苦和损失。为此，人们意识到，利用法治手段参与博弈是解决各种争端最好的办法。

政治服务于经济，经济对政治有推动作用。国家、组织之间的政治行动，往往与它们所关心的利益有关，政治行动对利益分配活动具有影响力。从制度与政治的关系来看，制度是政治的一部分。制度的设计是多方利益博弈共同作用的结果。美国能够获得美元的霸权地位，与美国国内庞大的市场背后的利益输出有关，利益让渡的同时也可能蜕变成一种可支配的权力。在这种权力的加持下，美国就有了主导其他国家的利益交换权，比如，税收豁免政策、贸易最惠国待遇（分为无条件和有条件最惠国待遇）等。这些林林总总大小不等的制度规则，都成为美国手中用于为博弈争取主动的棋子。让渡自己部分利益让其成为诱饵，让所有其他国家、地区、组织之间形成彼此竞争。在各种利益让渡的诱惑下，美国能够很容易地建立起由美国支配的利益共同体，用以支持美国的货币制度及与货币制度相关政策的落实。从权力与制度的关系上看，美国在让渡利益的同时，获得了制度规则制定的主导权，权力服从制度性的规范，从而让与制度相关的主导权转化为一种支配性力量。

英国著名经济学家凯恩斯曾经说过："若要推翻目前人类的社会基础，破坏它的通货体系乃是最精妙、最有效的方法。"也就是说，如果博弈各方是主权国家，若要推翻博弈敌对国的社会基础，就要从破坏它的通货（流通中的货币）体系开始。这无非是让博弈对手的货币相比于自己国家的货币处于弱势地位，有了这个基础，在必要时才有可能破坏对手的通货。从近百年货币发展历史来看，西方资本主义国家之间为了争夺货币主导权的竞争与博弈从来没有消停过，美国则想继续利用美元的优势地位，希望别国的货币体系依附于美元货币体系，为了维护既得利益把持国际货币制度主导权就是不放，可见控制世界货币制度的竞争与博弈永远在路上。

从长期来看，世界各国之间的为了争夺货币主导权的博弈，最终将会演变为一场零和博弈。由于伴随着资本主义发展起来的货币制度，其本身具有局限性，它能够带来战争、环境破坏、人的道德沦陷、人们之间彼此互不信任等，因此，货币制度的竞争与博弈必须回到公平与理性的轨道上来，那就是需要对现行货币进行道德改良，为货币注入人性价值的德性的元素。货币代表着人们对社会财富的索取权，而这种索取权的合理性、正义性的依据是什么？社会财富来源于社会劳动的价值创造，只有当社会劳动是价值的唯一源泉时，与劳动贡献相对应的索取权才具有合理性与正义性。正义是客观存在的，当货币制度的构建走在正义的道路上时，正义会通过制度注入货币之中，这时人们围绕着正义的货币进行博弈，这样的货币才能为全人类进步事业作出更大的贡献。

## 第五节　金融货币与治理

### 一、金融系统

金融体系一般是指在一个主权国家内的经济体中，资金在一个事先预设好的基本框架内流动，在这个基本框架内有一系列的与金融相关的制度规则，在这些制度规则之下，需要结合与资金（金融资产）流动相关的一系列技术（软件、硬件、平台）工具。金融系统有不同的市场参与者参与其中，主要包括个人、机构和政府部门等各种不同的交易者。金融系统一般是由众多实体组织机构共同组建的，为社会经济发展所需的资金融通等提供各项服务，在促进货币资金和物资流通的同时，也促进了实体或虚拟经济的快速增长。为了保障金融体系健康运行，必须构建起与社会经济发展相适应的金融服务所需要的软硬件基础设施。完善金融基础设施和培养与之配套的、具有专业素养的服务人员，是保障和促进国家经济繁荣富强的前提条件。

金融系统内有大大小小的不同的交易平台，为市场参与者提供各项软硬件服务，使各种金融活动能够顺利进行。这样看来，金融体系实际上是一个众多金融要素紧密联系的综合体。金融系统是现代市场经济的核心，是国家现代化的重要组成部分。完整的金融体系是一个现代国家发展经济必须具备的条件。金融系统是一种准公共产品，政府相关职能部门必须参与相应的管理（治理）。

金融系统主要是由三个部分构成的：央行、商业机构、监管机构。金融系统主要包括央行控制的金融体系（在国内一般是以中国人民银行及其派出机构为主）、商业金融体系（银行、保险、证券、信托等相关组织）、按照金融制度进行监管的金融监管体系（银监会、证监会、保监会等）、各市场主体参与的金融体系等。

## 二、国际金融体系

国际货币金融体系是由国际货币体系、国际金融组织体系和国际金融监管体系组成的。国际货币体系就是各国政府为适应国际贸易与国际支付的需要，对货币在国际范围内发挥世界货币职能所确定的原则、采取的措施和建立的组织形式的总称。根据互联网百度等收集来的信息，国际货币体系分为以下几个组成部分：国际汇率制度、国际储备及国际收支调节、一国货币的兑换性及外汇管制、国际支付与结算原则、国际金融组织等。

国际货币体系的作用简单地说有以下几点：一是确定国际清算和支付的手段；二是确定国际收支的调节，涉及汇率机制、对于逆差国的资金融通、对货币发行国的国际收支约束机制；三是确立有关国际货币的协商、监督机制。

国际货币体系的演变。19世纪是英镑的世纪，而第一次世界大战摧毁了以英镑为核心的国际金本位制，美元成了国际强势货币。第二次世界大战彻底改变了世界政治经济格局，美国倚仗强大的经济、军事实力与遭到战争重创的英国展开争夺世界货币霸权的斗争，最终于1944年达成了布雷顿森林协定，确立了以美元为核心的国际货币体系。到20世纪末，美元在国际外汇储备中的比重仍占据着2/3的分量，20世纪是美元的世纪。进入21世纪，欧元横空出世，打破了美元独霸天下的局面，经过短短10年的发展，欧元大大挤压了美元的国际空间。

国际金融监管体系是全球金融体系的重要组成部分，包括巴塞尔银行监管委员会、国际证监会组织（IOSCO）、国际保险监督官协会（IAIS）等。

国际金融组织的概念有狭义和广义之分。"狭义上的国际金融组织是指政府间国际金融组织，即两个或两个以上国家的政府为了实现共同的经济金融目标，依共同缔结的条约或协定而建立的具有特定金融职能的常设性组织实体。广义的国际金融组织还包括各种民间国际金融组织。"①

### 三、国际金融、货币体系形成与回顾

从金本位制、布雷顿森林体系、牙买加体系（后布雷顿森林体系）几个方面介绍。

第一阶段：1870—1914年的金本位制。世界上首次出现的国际货币制度是国际金本位制度，国际金本位制度是以黄金为国际储备货币或国际本位货币的国际货币制度。金本位制通行了约100年就崩溃了。由于第一次世界大战爆发，帝国主义国家军费开支激增，大量发行银行券，并纷纷停止金币铸造和金币与纸币之间的兑换，禁止黄金输出和输入。黄金兑换困难、流动受限，是金本位制度崩溃的主要原因。

第二阶段：1914—1944年的空位期。1914年到1918年第一次世界大战爆发，各国军费开支激增，纷纷发行不兑现的纸币，而禁止黄金流通，导致金铸币流通的基础遭到破坏，各国纷纷放弃汇率的战时约束，通过竞争性货币贬值手段，以期获得资源争夺上的竞争优势。1929年美国股市大崩盘，殃及各国银行系统，大量银行倒闭；随后在1929年到1933年世界性经济危机的冲击下，1931年英国宣布放弃金本位，各国纷纷实行了不兑现信用货币制度，在此前提下各国进一步放弃了金本位制。

第三阶段：1944—1971年的布雷顿森林体系。金本位制崩溃后，英国的地位迅速衰落，世界国际货币体系的货币制度创新迎来了新的机遇期。美国通过货币制度创新，强化了美元的信用本位属性，让黄金等贵金属不断地流入美国，大大增强了美国的综合国力，为美国未来主导世界货币的金汇兑本位打下了基础。第二次世界大战后，美国抓住了主导货币制度创新的机遇，原来英国主导的世界货币体系转为美国主导的世界货币体系。1944年5月，美国邀请参加筹建联合国的44国政府的代表在美国新罕布什的布雷顿森林举

---

① 李仁真.国际金融法[M].武汉：武汉大学出版社，2011：10.

行会议，经过激烈的争论后各方签订了布雷顿森林协议，协议的结果确立了以美元为中心的国际货币体系，建立了两大国际组织——国际货币基金组织和国际复兴开发银行即世界银行，这是金本位制崩溃后一个新的国际货币体系。以美元为中心的核心是金汇兑本位，就是美元与黄金挂钩，双方形成了美元的信用本位的货币制度创新，并以此双挂钩为特征。美元与黄金挂钩，确定每盎司黄金价值为 35 美元（即黄金官价），让其他国家的货币与美元挂钩，由此美元成为主要的国际储备和支付手段。

但是要维持以美元为中心的国际货币的稳定地位，必须具备以下三个基本条件：一是美国国际收支保持顺差，美元对外价值波动稳定；二是美国央行应该有充足的黄金储备，能够保持美元对黄金的有限兑换性；三是黄金价格可以维持在官价水平上。作为国际储备货币的美元难以维系以上三个条件，是雷顿森林体系崩溃的主要原因。

第四阶段：1973 年以来的牙买加体系（后布雷顿森林体系）。

布雷顿森林体系崩溃的原因，从表象上看有两个：一是美元停止兑换成黄金，二是美元的固定汇率波动幅度扩大。

布雷顿森林体系崩溃的内在原因有三个。首先，布雷顿森林体系内部存在着一对难以调和的矛盾—清偿力和信心之间的矛盾，即特里芬难题。其次，货币本身是一种制度，美国制定的布雷顿森林协议中有两个责任：一是保证美元按官价兑换黄金，二是维持各国对美元的信心。实际上美元无法承担以上两项责任和义务。最后，美元不能提供足够的国际清偿力，以及主要发达国家之间通货膨胀程度的悬殊，导致美元解决国际收支平衡的能力有限。

由于上述种种原因布雷顿森林体系崩溃，1973 年后，以浮动汇率制度为主导的牙买加体系出现。1976 年，国际货币基金组织（IMF）在牙买加召开会议，建立了新的国际货币体系即牙买加体系。在该体系下实行浮动汇率制，打破了美元作为唯一外汇储备的情形，使得国际货币金融体系出现了新的格局，出现了西德马克、日本日元等新的国际储备货币。新的国际货币金融体系反映了资本主义世界经济领域的新变化。国际货币体系进入了"牙买加体系"时代，其主要特点是切断了货币和黄金之间的联系，黄金不再作为各国货币定值的标准；废除黄金的官价，黄金成为非货币化的商品。从此，黄金商品在国际经济中再难以执行货币的职能，黄金商品加速退出了货币体系的历史舞台。汇率浮动频率加大，目前汇率风险成为金融市场上最重要的风险之一。牙买加体系仍然以美元为主导。国际货币体系的会员国之间及基金组织之间，取消以黄金商品清算债权债务的义务等，美国政府也不再承诺美元与黄金同样可靠。由于世界主要货币与黄金脱钩，就没有了像黄金这种特殊来锚定价值的商品，仅靠国家信用来支持，而货币信用与共识度不一致时，国与国之间的主权信用货币就开始了它的无序竞争。

以信用货币为核心的美元霸权，带给世界的是强权政治，这种强权政治的背后是金融垄断资本集团控制了货币资本，利用货币资本的经济权力，让资本主义国家的政府依托自身强大的经济力、军事力、科技力等，谋求控制、支配、统治、奴役弱小国家的政策与行为。世界范围内局部冲突与战争，其背后都与冲突各方的利益集团索取不正义的利益相关。避免冲突和战争的唯一方法，就是要让全世界广大劳动者团结起来，收回他们劳动创造出来的货币权。

### 四、经济领域的博弈

"战略"一词来源于希腊语 strategos，它是由 stratos（军队）和 ago（领导）合并而来的，其含义是"将军指挥军队的艺术"。克劳塞维茨在其《战争论》一书中指出："战略是为了达到战争的目的而对战斗的运用。"在线新华字典对战略的基本解释：①指导战争全局的计划和策略；②泛指国家、政党对全局性问题的谋划，在一定历史时期内具有相对稳定性，通过策略手段逐步实现。对战略的另一种基本解释：①局戏和围棋，局戏也是古代弈棋之类的游戏；②指赌博，如"这伙人出为盗贼，聚为博弈"。可见博弈是战略的一部分。博弈的基本意思是弈棋，为谋取利益相关的竞争等。战略将点、线、面连成一个整体，来研究从简单到复杂系统的与不同环节可能存在的博弈上整体性问题。以色列经济学家、博弈论大师阿里尔·鲁宾斯坦说过："一个博弈模型是我们关于现实的观念的近似，而不是现实的客观描述的近似。"所以说，构建博弈模型是需要到实践中验证的。将战略与博弈联系起来就成为战略博弈，用战略博弈来处理一个复杂系统，需要事先规划收集数据的科学方法，一般需要从点到线再到面上收集能够实现战略目标的各项微观数据和宏观数据，来预测和把握与战略目标相关的未来发展趋势。

金融和货币是经济领域的核心，其本质都是信用，不过它们之间也是有明显区别的。货币一般以现金形式出现，直接作为一般等价物来使用；而金融产品一般以股票、债券、存款等形式出现，一般与理财和融资所形成的未来现金流量有关。信用与人的道德品性有关，也与制度和规则有关，它将人的道德品性与制度和规则组合在一个范畴之内。

从政治上说，资本主义是一种以生产资料私有制为基础的社会制度。资产阶级为了维护本阶级的利益，就利用私人金融资本控制国家、政府官员和本国民众，同时，金融资本无孔不入的逐利性，会越过国界向其他国家渗透，希望控制他国政府、政府官员等。这种控制行为，就是为了服务以资产阶级为代表的金融资本家的利益。金融资本为了实现控制一切的目的，就会希望获取在制定货币、金融制度上的主导权。这样国与国之间在经济领域的博弈，就会让货币与金融相关领域成为博弈的重点。

货币体系是由多种货币组成的一套运行货币系统的机制，它是随着商品经济发展起来的产物。货币体系镶嵌在多层次的商品经济结构中，为国家经济的发展提供服务。货币运行在金融体系之间，金融体系包括金融机构、金融市场、金融制度及金融基础设施等内容。经济主体之间的资金融通是需要运用金融工具（信用工具）来实现的。金融工具的类型是复杂多样的。货币体系与金融体系相通相融，依托货币、金融制度来实现各自的目标，它们之间的运行，一般是将信用制度通过一定格式做成具有法律（契约）效力的书面文件，来具体规定债务人和债权人各自的权利、责任、义务。

今天的国际金融体系，一般也是围绕信用制度规则展开博弈。就目前来看，国际金融组织主要是在西方发达资本主义国家主导下建立起来的，因此它们在设计金融制度时具有先发优势，一般会优先考虑自己的利益。由于博弈规则是围绕金融制度规则展开的，因此没有参与制度设计的后来者对金融制度解释力存在弱项。1945年，国际货币基金组织（IMF）在美国成立，中国在20世纪80年代才加入国际货币基金组织，这也让我们在国际金融领域的影响力相比欧美国家较弱，往往处于被动防守的态势。但是，我国经过40多年的改革开放，成绩斐然，尤其在经济领域取得了突飞猛进的成就。我国货物贸易实现跨越式发展，这让我们很快融入世界经济体系之中，对世界经济发展的贡献度也越来越大。2021年8月，来自我国商务部的消息称，我国已成为全球第二大消费市场、第一贸易大国。这也说明中国作为制造业大国实力非同一般。为了防范金融结算方面的风险，中国人民银行早在2012年起就开始在世界范围内进行布局，设立人民币跨境支付系统（CIPS），现在人民币结算业务已经覆盖近200个国家和地区，世界各国的约3500家银行法人机构参与其中。在之前有个国际支付清算金融体系，是在1973年由以美国为首的欧美国家建立的，全称叫"环球银行金融电信协会（SWIFT）"，是非营利性的国际银行间金融合作组织机构。公开文献资料显示，SWIFT为200多个国家和地区的11000多家银行、金融证券机构、组织机构提供资金结算服务。在该金融组织机构中设有的25个董事席位里，欧美国家占据了19席，中国仅占有1个席位，这与我国世界贸易大国地位极其不匹配，为我们构建人民币跨境支付系统提供了契机。如今，我国已经成功运行的人民币跨境支付系统，为我们以后的世界金融制度创新预留了一定的空间。金融系统是个复杂的综合性系统，国际资金结算服务仅是其中的一部分，金融结算系统的博弈仅反映在金融系统某一方面，其核心还是金融制度，但重要性不容小觑，是金融领域博弈争取话语权的重要一环。我们能否在金融领域的战略博弈中占据优势地位，直接关系到全球性金融制度的设计对我们是否公平，关系到我们能否在国际金融组织内主持公道等。

货币制度创新是金融制度创新的基础，创新竞争是战略博弈关键。博弈论作为经济学的一个重要分支，在一定条件下能够与数学建立联系，构建起决策者需要的数学分析模型，博弈论在这方面的优势已经被学术界广泛重视。通过建立博弈网状结构的矩阵图来收集客观信息，用以分析参与博弈的各方在一定状态下可能做出的合作和非合作等各种选项。一国在金融体系博弈中能够取得优势，必将给该国的货币稳定带来利好。

1997年，东南亚金融危机爆发，主要影响国家包括泰国、印度尼西亚、马来西亚、新加坡、菲律宾等，金融危机之所以发生在这些国家，很大程度上是由于这些国家的金融体系建设不完善，一直沿用他国创新出来的金融制度。20世纪80年代美日爆发的那场贸易战争，其本质就是一次美日金融战争。现代世界经济不断交融互动，国与国之间在金融上的战略博弈无时不在，我们一刻也不能松懈。

金融博弈不是近代才有的，它早在我国古代就已经出现。2700年前，齐国有个名相叫管仲，也被称为管子，是春秋时期著名政治家、经济学家。管子的经典金融货币战被称为"衡山之谋"，在《管子·轻重戊》篇中有记载。货币博弈的对象就是当时盛产兵器的衡山国，衡山国的兵器制造技术在当时有"衡山利剑、天下无双"的美誉。如果齐国用军事手段武力强攻，管仲认为不但耗时耗力，也可能杀敌一千、自损八百，最终让齐国的国力严重受损，所以管仲决定用金融货币战来巧取。"衡山之谋"就是用经济博弈的手段，借助齐国的货币——齐刀，以高价诱使衡山国放弃原本拥有的一个均衡的国家产业，通过金融货币手段让其失之偏颇地去追求某种产业的高额投机利润，最终造成衡山国国内经济产业失衡，经济体系瘫痪，最终齐国兵不血刃地拿下了衡山国。这就是2700多年前的中国古代一次经典金融战的实战运用。

无论是现代还是古代，国与国之间与货币相关的金融战略博弈，都与制度创新有关。要想获得经济领域的主导权，就要重视在货币和金融领域的制度创新、技术创新。制度创新要从制度的正义性入手，技术创新要与科学技术相结合来提高效率。这些都需要运用到战略博弈思维。首先，要明确未来的战略目标；其次，要思考如何来实现目标。古人云："知己知彼，百战不殆。"不仅要了解自己，还要知道对方的信息，只有在这种情况下，才能判断出自己设计出来的战略博弈方案是不是具备了足够的理性。

### 五、货币制度正义与世界单一货币体系

货币权力属性的合法性是什么？我们知道生产关系是指人们在物质资料的生产过程中形成的社会关系。"货币不是东西，而是一种社会关系。"[①] 货币是商品交换发展到一定阶段的产物，是在商品交换过程中从商品世界分离出来的固定地充当一般等价物的商品。商品交换的实质是商品生产者交换彼此的劳动，体现的是一种人与人的社会关系。货币作为一般等价物的商品，主要功能包括度量商品价格工具、商品流通媒介、贮藏财富手段等，也是在市场上商品所有者之间关于商品交换权的契约，本质上是商品所有者之间默认的约定。当我们追问货币作为一种索取权的合法性到底来自哪里时，我们可以从劳动价值论里找到线索。

亚当·斯密在《国富论》中认为劳动创造价值，分工与合作可以增加劳动价值，他认为劳动是第一价格，是最原始的货币；李嘉图在《政治经济学及赋税原理》中认为一切价值都是由劳动产生的；马克思在前人劳动价值论的基础上，将劳动价值理论变为了科学理论。马克思劳动价值论的核心在于揭示了价值的唯一源泉是活的无差别的人类劳动。商品的价值是由生产该商品的社会必要劳动时间所决定的。商品价值是价格的基础，商品价格是价值的表现形式；商品价值决定价格，商品价格围绕价值上下波动。货币是用来衡量商品价值量大小的工具，不过货币作为衡量商品价值尺度的工具，仅衡量了商品价值的外在尺度，商品价值的货币表现是价格。目前商品的内在价值通过货币表现为外在价格，这种表现方式其实并不全面。马克思说："只有商品价格的分析才导致价值量的决定，只有商品共同的货币表现才导致商品的价值性质的确定。但是，正是商品世界的这个完成的形式——货币形式，用物的形式掩盖了私人劳动的社会性质以及私人劳动者的社会关系，而不是把它们揭示出来。"[②] 社会性质涉及在不同的社会制度下统治阶级对社会的管

---

[①] 中共中央马克思恩格斯列宁斯大林编译局.马克思恩格斯全集：第 4 卷 [M]. 北京：人民出版社，1958：119.

[②] 中共中央马克思恩格斯列宁斯大林编译局.马克思恩格斯文集：第 5 卷 [M]. 北京：人民出版社，2009：93.

理（治理），由于不同统治阶级政治利益诉求不同，不同社会所适用的制度具有选择性；社会性质不同，社会制度也不同，对人们在物质和精神生活过程中所结成的相互关系形成不同影响。用物的形式掩盖私人劳动的社会性质和私人劳动者的社会关系，是资产阶级维护自身利益的需要。这就告诉我们一个事实：现代货币缺乏内在的正义制度和人的德性等内涵。因此，构建完整的现代货币体系，应该植入制度和品德因素。

马克思认为资本是一种占统治地位的社会生产关系。生产关系包括所有制形式、人们在生产过程中形成的地位及相互关系，以及由此形成的分配、交换、消费关系。资本是资本主义私有制下的产物，资本主义制度决定了货币制度服务于资本，并将资本置于劳动之上。这种服务于资本的货币制度所衍生出来的货币形式，主要以物的形式对社会合作劳动中与各种制度和品德相关的因素进行了掩盖。保持货币的完整性，需要强调劳动的社会性，并在社会劳动过程中对各种与劳动相关的制度诚信进行揭示。

马克思也承认资本主义生产方式下的生产力水平，超越了以往一切生产方式下的生产力水平，这与资本主义制度激励了一部分资产阶级有关，但是，资本主义制度无法完成对更大群体即广大劳动大众的激励，因此，资本主义制度存在局限性。社会主义制度逻辑，就是在更大范围内，对广大劳动群体形成激励，而不是一小部分资产阶级。

14～15世纪在欧洲逐步形成的资本主义生产方式，已经存在了500多年。随着资本主义生产方式的延续，金融资本主导了世界，其特征是原始资本不断积累，让资本权力越来越集中。但是，资本为了争夺更大的利益，始终让利益博弈集中在各利益集团之间，而且多以零和博弈策略为主，没有将博弈方式转移到合作博弈方式上来，更没有将直接创造财富的劳动者之间的合作博弈纳入社会治理规划中。诺贝尔文学奖获得者海明威（1899—1961）在1932年曾经说过一句话："管理不善的国家的第一剂万能良药就是通货膨胀，第二就是战争。二者都会带来短暂的繁荣，都会造成永久的伤害。但是二者都是政治和经济机会主义的避难所。"可见，围绕资本展开的五花八门的零和博弈，导致所在国以及国际社会的时局持续动荡。通货膨胀就是通过货币贬值掠夺人民手中的财富，战争就是直接以暴力手段抢夺他国劳动人民长期积攒下来的财富。金融垄断利益集团因其谋划出来的一场又一场金融战争已经成为全世界人民的公敌。

在过去的500多年时间里，随着资本主义制度的完善，服务于资产阶级利益的货币制度也建立了起来。20世纪40年代建立起来的布雷顿森林货币体系，其特点是将黄金作为货币的基础，各国货币也与黄金挂钩，并且相互之间的汇率保持固定不变。但是，全球经济增长的速度要比黄金生产的速度快得多，导致黄金货币不能承担完整的货币职能。1971年宣布暂停美元与黄金之间的自由兑换，随之而来的是布雷顿森林体系的终结。这一结果导致了货币由商品属性的货币转变为一种制度性的信用货币（纸币）。一个国家的货币制度的制定，会直接受到该国政治的制约和影响，并使得货币制度更有利于服务本国政治。原来货币之所以与黄金挂钩，是因为黄金内含的劳动价值量相对稳定。但是，信用货币内含的价值量，通过制度设计被注入了人为因素，让信用货币与商品价值相对应关系有时处在剧烈的波动状态，导致各国之间的货币结算会形成不同的汇兑比率，货币的汇率往往会受到国内国际政治、经济形势以及国内的外汇储备、黄金储备等因素影响。由此可见，信用货币（纸币）存在很多的缺点。为此，近年来学术界、金融界频频呼吁，世界需要一个能够超越主权国家的服务于全人类的稳定世界货币。主权国家的信用货币能不能成为世界单一货币？以往的经济学家已经给出了否定的回答。1960年，美国经济学家罗伯特·特里芬在其著作《黄金与美元危机——自由兑换的未来》中提出了"特里芬难题"。主要是指黄金生产的速度无法与全球经济增长速度形成对等关系。在布雷顿森林体系下，美元储备的供给取决于美国的国际收支变动状况。当美元的国际收支顺差时，其他国家的美元就会短缺；相反，当美元的国际收支保持逆差时，其他国家的美元就会过剩。这样就导致了美国无法维持美元兑换黄金的承诺。主权国家的信用货币，仅对等于本国的经济增长的总量，而一国经济增长总量不可能与世界各国的经济增长的总量相等，因此，无论以一个国家的财政税收作抵押，还是发行远期国债等都是徒劳的。"特里芬难题"也间接地告诉世人，美元不能成为世界货币。

在20世纪60年代，著名诺贝尔经济学奖获得者、欧元之父罗伯特·蒙代尔和英国经济学家J.马库斯·弗莱明在开放经济条件下，给出了蒙代尔－弗莱明模型，即通常所说的经典M-F模型。1999年，美国经济学家保罗·克鲁格曼根据上述模型画出了一个三角形，他称其为"永恒的三角形"，其含义是，在开放经济条件下，本国货币政策的独立性、汇率的稳定性、资本的完全流动性最多只能同时满足两个目标。这就是著名的三元悖论，又称三难选择。实现世界单一货币构想，货币汇率必须是稳定的，资本完全可以自由流动，那么，各国必须同时放弃货币政策，各国政府要在把握世界经济大循环整体性和全局性的基础上，制定相关的经济政策来引导社会供需关系趋于均衡。解决三元悖论的难点在于汇率的稳定，这就又要回到黄金货币的概念上，即黄金商品之所以被人们信任，主要是由于黄金内含的劳动价值量具有稳定性，但黄金的产量增长又无法与世界经济增长相匹配。为此，就要找到一种既能够像黄金一样内含稳定价值量来替代黄金的这一功能，又要能够与全球经济增长的速度保持一致的新概念。这样就可以同时解决"特里芬难题"和"三元悖论"。

那到底如何走向世界单一完整性货币？还是要从客观存在的正义与货币制度创新相结合入手，将货币制度纳入正义的轨道上进行论证。正义的货币制度，就是通过向货币注入与制度诚信相关的人性价值元素，来填补原本货币的不完整性，货币的完整性将为提升人的德性提供助力。而新货币的生成逻辑，是通过发展先进的组织治理架构，提升劳动合作组织中与制度相关的主体的诚信能力，并通过专业技术的介入对相关主体进行责任成本和贡献收益定位。制度具有价值属性，制度和品德存在相互关系，制度的价值功能发挥作用是需要人的德行来保障的。制度提高劳动合作效率创造更多的合作价值，是制度与品德共同作用的结果，这里的"品德"更大的是指制度诚信。制度是推动生产性合作劳动增加价值的前提，制度虽然没有直接创造价值，但它间接为生产性劳动价值实现创造了条件，因此，制度诚信的价值可以成为完整性货币的一部分，也为世界单一完整性货币的形成提供了一种新思路。

# 第二章　中西方古文明对社会治理的启示

　　唯物史观认为，推动物质世界进步的根本动力源于生产力与生产关系的矛盾。人民群众是推动社会历史前进的根本动力。社会的发展是有规律的，是从低级向高级社会形态发展，社会发展的高级形态是共产主义社会。社会意识具有相对的独立性，落后的社会意识对社会的发展起阻碍作用。中华文明从商朝算起，完成了由以奴隶主贵族为主的政治体制向封建君主专制的中央集权制度的过渡，建立了以国王为首的封建官僚政府。

　　爱琴文明是古代欧洲文明的源头，该文明发源地存在于地中海东部的爱琴海各岛。随着希腊工商业经济的兴起，奴隶主贵族、奴隶、市民阶层出现。为了适应奴隶主工商业经济发展的需要，民主制度在古希腊城邦之间得到了发展。在希腊城邦之外，罗马在地中海北岸台伯河畔建立了城邦共和国。公元476年，西罗马帝国灭亡，西欧开始由奴隶制度逐步向封建制度过渡。

　　在社会发展过程中，某些历史人物的伟大思想被记载下来，古代西方的先贤们更多地考虑的是人与自然的关系，而古代中国的先贤们更多地考虑的是人与人的社会关系。先贤们在人类发展不同的时间窗口里，为推动那个时代的进步作出了贡献。

## 第一节 中国古代著名思想家

### 一、儒家思想

孔子（公元前551年9月—公元前479年4月），名丘，字仲尼，祖籍宋国栗邑（今河南省商丘市夏邑县），生于春秋时期鲁国陬邑（今山东省曲阜市）。据传孔子远祖为殷商贵族，其父名纥，字叔梁，是当时鲁国有名的武士，其母姓颜，名徵在。孔子幼年父亡，生活贫困，17岁母亲去世后生活更加困苦。孔子少年聪慧好学，20岁时成为鲁国季氏管理粮仓和牛羊的小官吏，22岁开始兴办私学，系中国历史上首创。之后他在鲁国做过地方官中的都宰，由于政绩显著被提拔为司空，后来又被提拔为大司寇。孔子50岁时，开始代理鲁国宰相。孔子生活的年代社会动荡，周朝国家权力衰微，之前所建立起来的封建制度土崩瓦解，诸侯各国纷纷脱离周王实际控制，形成封建割据的诸侯各国。诸侯各国政治、经济等不稳定，为了各自的利益，国与国彼此征战不休，这给当时的社会道德带来很多负面影响。面对这样的社会大环境，孔子的政治抱负难以施展，于是在他55岁时，他开始了长达14年的艰辛的周游列国的生涯，希望重建社会道德秩序，促进国家政治清明和社会稳定。孔子出生在没落的官僚家庭，是个比较典型的寒门子弟。同时，他本身所处的社会阶层也是官僚统治阶层，他在对国家经济、政治、法律、军事以及社会治理等方面都有过亲身实践，就当时社会治理而言，孔子具有深厚的理论基础与实践体验[①]。

孔子是我国古代著名的思想家和教育家，儒家学派的创始人。儒家思想的核心，首先是"仁"，用今天的话来说，就是做事讲道德；其次是"礼"，就是一种规则和秩序。孔子的学生樊迟问老师什么叫仁，孔子只告诉他两个字——"爱人"，就是爱他人就叫仁。"仁"需要克制自己的私欲，只有这样

---

① 王晓朝，李磊. 宗教学导论[M]. 北京：首都经济贸易大学出版社，2011：43-48.

才能"爱"人并转化为"善"。"礼"是社会伦理纲常，是当时社会需要的规则。"礼"也与为人处世时的理性有关，处世恰到好处，就能体现其可贵之处。现在看来，"礼"其实就指群体、社会中的礼法，它是外在的体现，而情感是内在的。礼是规则的一种，礼仪有多种名目。在中国封建时代，礼法对每个人都有一定的约束力。相关研究文献认为，中国古代的旧法律来源于儒学，是由儒家的"礼治"演化而来的。如今，孔子的影响力早已跃出国门。在美国联邦最高法院的大门上，自左向右依次雕刻了中国、犹太和古希腊的三位先贤的圣像，他们分别为中国的孔子、犹太的摩西和古希腊的梭伦。儒家的主要典籍是《论语》《孟子》，其观点主要有两方面：一是"为国以礼"，即礼治；二是"为政以德"，即德治。孟子又进行了总结，归结为"以德行仁"的王道。孔孟主张"人性本善"，以"仁政"方式进行社会治理，期望可以息乱止争。

信，是诚信最直观的行为表现和检验标准。距今已经有 2570 多年的孔子对此阐述了自己的观点。子曰："人而无信，不知其可也。"用今天的话来说，就是如果一个人不守信用，在社会上是无法与人相处的。孔子云："言必诚信，行必忠正。"意思是说，说的话一定是诚实守信的，要有可信度，做的事一定是忠贞的，中正不偏。《春秋左传》又名《左传》，旧时相传是春秋末年左丘明为解释孔子的《春秋》而作。"信"对国家、对个人都极为重要，《左传》中就说，"信，国之宝也"，信用是国家的重宝。《论语》中也有关于治国理政的内容。《论语·颜渊》中："子贡问政。子曰：'足食，足兵，民信之矣。'"[①]。子贡问如何治理国家，孔子回答，粮食充足、兵力充足、人民能信任政府，这就是治理政事之要。孔子治理国家的政治主张可以归结为德政。儒家讲以德治国，崇尚道德模范作用。注重"礼治"，也就是对礼仪规则的治理，提倡"德治"，在此前提下，重视有条件的"人治"。儒家的"德治"就是主张以自己的道德言行去感化教育人。儒家还重视"人治"。人治是与法治相对立的，又多指"贤人政治"。贤人就是德才兼备的贤能之人，贤能之人参与国家治理的权力来源需要具有合法性，一般通过选贤任能的渠

---

① 李申. 论语精粹解读[M]. 北京：中华书局，2002：332.

道获得与其德行相匹配的职位等级，是中国儒家国家治理思想的一个组成部分。儒家学说中的"人治"是依靠执政者个人的贤明治理国家的治国方式和理论主张。由于古代中国政治权力集中，孔子认为为政之人需要具有良好的品德，只有为政之人具备了良好的品德，才有可能获得良好的社会治理绩效。"人治"中的这个"人"，更多的也是指国家的君王。孔子认同王权至上的体制，认为君主权威（王权）高于法律。但是，前提要求是君王具备良好的品德，这样的人在古代的现实生活中是不存在的，孔子理想中的"圣人之治"是带有主观理想成分的。所以说孔子学说中的"人治"之学，不是一般意义上的"人治"，而是"仁治"，即仁政之学。

孔子所说的"仁者"是一种以"仁"的思想行为境界来实现群体理性的方法，孔子社会治理的核心内涵，体现在"外礼内仁"的治国战略思想上。孔子毕其一生都在宣扬自己领悟到的仁政治国思想，通过升华"礼"的内涵，来实现"仁"的理性，即"礼"是"仁"的外在表现，"仁"是"礼"的理性内涵，"德"只不过是"仁"的一个组成部分，表现"仁"的"礼"则是客观的伦理，不能包含主观的成分。将"礼"和"仁"治国方略作为治理全社会思想的根本，这样，古老中国的礼治就变成了法律，礼治也成为制定法律的尺度。

道德是仁政的组成部分，它体现在群体、组织中，因为组织目标的实现需要合作、协调、沟通、公平、伙伴关系等，因此，存在于组织中的个体自律的道德的尺度，因职业岗位的不同而相异。孔子认为有聪明才智的人，不一定具备仁义道德。但是，推动社会生产力发展的往往是具备聪明才智的那部分人。因此，盲目地强调礼治规范下的道德个体自律，而不去建立与公平竞争、相互合作等相关的法律制度，意味着社会将止步不前。而高质量的法治社会构建，首先需要考虑的是，如何通过制度来清除那些阻碍公平竞争的非法的、抵制社会主义法律制度的"人治"行为，以建立起法律面前人人平等的社会治理环境。

## 二、外儒内法

儒家和法家思想皆产生于战乱不断的春秋战国时期，儒家与法家是相对立的流派。韩非子是法家重要代表人物，著有《韩非子》其主张"法治"和"霸道"。儒家指的是以孔孟为代表的学派。孔子儒家思想讲的是"仁政"，强调以仁义道德原则为统治施政的根据，要求统治者用道德来感化人民，并适当改善其生活，以得民心，统治天下。具体内容包括给农民以固定的土地、减轻赋税、设立学校、提倡孝悌等。这一思想对后世影响很大。法家主要是指以韩非、李斯等为代表的学派，法家提出富国强兵的策略，以法治国，重用酷吏，刑罚苛刻，通过具体的刑名、赏罚来实现国家治理。法家主张一切以法为准则，要求人们的行动合乎规定的法式；官吏严格责任制，循名责实，决定赏罚，这样赏与罚便成为管理社会的一种手段。汉武帝时期推崇"外儒内法"，对外的儒家思想也是制度化、法律化了的儒家思想学说，主要目的是迷惑人民。在这种思想下，大部分人思想愚化，很难做到思想上的开放。内部的法家思想有利于管理社会、稳定秩序，使社会能够集中力量做一些事情，包括对外战争、修筑工程等[①]。但是这种以法治国，把君主置于法律之上，法律只是用于治理人民的，和今天我们所说的依法治国是两码事。

古代法家的核心思想之一，就是"民弱国强"。《商君书·弱民》中说："民弱国强，国强民弱。"意思是，人民弱则国家强，人民强则国家弱。当时统治阶级认为自己是国家的主人，而这个国家的人民是统治阶级的奴隶，这就造成了"君民对立"。统治阶级认为，治国的策略应该弱民，目的是加强皇权统治，因为这个国家是属于帝王、权贵们的。法家代表人物认为，只有老百姓精神孱弱、物质匮乏才能便于对他们进行控制。法家控制老百姓的办法，可以从《韩非子·外储说右上·说一》中略知一二，书中这样说："夫驯乌者断其下翎，则必恃人而食，焉得不驯乎？"韩非子的意思是说，驯乌鸦的人，是如何才能驯服乌鸦的呢？办法很简单，只要将乌鸦的翅膀上的羽毛剪除，它就没有办法起飞去自己找食物吃了，只能依靠训乌鸦的人喂食，这

---

① 崔欣欣. 汉武帝外儒内法的治国思想 [J]. 中国民族博览，2019（1）：88-89.

样的话，还怕它不被驯服吗？封建帝王权贵就是沿着这个思路发展起来的。封建社会的人身依附关系，老百姓像被剪掉羽毛的乌鸦，不被投喂食物就会饿死，为了生存就只能依附投喂食物的人，封建社会资源都被封建贵族、地主所控制，所以百姓只能依附于他们。其实所谓的"明儒暗法""外儒内法"都是在坑害老百姓，表面上宣传的是儒家的仁政爱民思想，实际上就是暗地里推行法家的那一套，通过严酷的刑法，将老百姓的各种人身自由限制住，不能有半点批评统治者的声音，使老百姓完全服从于皇权专制压迫，服从于君王贵族封建阶级的统治意志。弱民政策是法家实行的一种驾驭人民、使人民服从自己的意志的统治权术和策略。中国的封建社会以小农经济为主体，在此基础上，建立起等级森严的压榨底层人民的官本位体系，农民作为社会被治理的对象，依附于封建地主阶级。在有些书中，被管理统治的人民被叫作"牧民"，就是把被统治的人民当作放养在草地上的牛、羊这类牲口看待。

儒家的"礼"是规范人们行为的制度规则，也是一种承接"法"的形式。它是维护古代宗法等级制的重要措施，如果有谁违反了"礼"的规范，就要受到相应"刑"的惩罚。可以看出在古代封建社会治理中，所谓的"法治"其实也就是变相的"人治"，法律不是服务于老百姓的，而是为封建统治阶级压迫人民服务的。

外儒内法是目前世界上大多数国家，包括发达的资本主义国家采用的或曾经采用的社会治理方法，"外儒"需要研究他们的宪法，"内法"需要研究法律执行时是否公平公正。

### 三、管子古代社会治理思想

管仲（约公元前723年—公元前645年），姬姓，管氏，名夷吾，字仲，谥敬。管仲是周穆王后代，出身贫寒以商贾为业，他是春秋时期齐国杰出的经济学家、政治家、军事家，法家代表人物，被称为管子、管敬仲等。管仲被"春秋五霸"之一齐桓公任命为齐国宰相，在担任齐国宰相期间，他不仅在国家行政管理和用人方面都有所建树，还主张国家官员遵纪守法、实事求是地为国家人民办事。他在经济、外交、军事等各个领域都建立了相关制度，有些制度还一直沿用至今。管仲重视法治社会建设和经济发展，在社会治理方面重视德治与法治相结合。管仲的法治思想博大精深，学习其法治思想，对于现代社会治理仍然具有重要意义。

管仲认为，"法者，天下之程式也，万事之仪表也"（《管子·明法解》），是说法是天下的社会规则程序和行事准则，万事都要有个制度规则，治理天下民众，也需要设立标准和规范。管仲认为，法要有明示性，通过公开颁布法令来明示天下；另外，法令需要有客观标准、公正性、稳定性。管子将德与法视为同等重要，他还重视对德的教化，认为这样更能让民众遵纪守法，并认为君主立法首先需要约束自己的行为，这样能够起到榜样和示范作用，以引导民众更加敬畏法律。

管仲在《法法》篇中，对依法治国也做出了陈述：法分为法令的本身和法令的精神、法令运行规则及技能手段。《法法》篇主要论述了法令混乱和不能有效执行的原因，主要涉及法令制定不够缜密、赏罚的度没有把握好，造成赏罚太重太轻等情况，这样就不能达到赏罚的目的；还有就是赏罚执行不到位的情况，这与领导者不作为有关。管仲的法治思想，对法律的重要性以及法律执行的重要性的阐述和我们现代法治思想很相似。

《管子·君臣上》中说："主身者，正德之本也；官（治）者，耳目之制也。身立而民化，德正而官治。治官化民，其要在上。"简单地说，这里的"德"，是指人的道德品质。为政之德，指的是从政为官要有职业伦理和道德。从政为官之人须讲政德、修政德。从政者注重自身的道德修养，是提升和端正民众德行的有效方法。君主管理好自身的德行修养，树立起榜样，从政者和民众自然会效仿君主的德行。管子认为，从政者不应首先要求民众端正德行，而应从治理官吏的德行入手，官吏德正就能作为榜样教化和端正民众的德行。《管子》记载，一次齐桓公问管仲什么是王霸之本，管仲说，"齐国百姓，公之本也"。就是说，争夺天下其实就是在争民心，国家富强依靠的是民众，"争天下者，必先争人"，争人就是先要争民心，这样民众才会集聚到得民心的国家里，治理天下也要得到民众的拥护。这个前提条件就是掌管社会治理的君主德行端正。

关于问责制度，管仲早在2000多年前的春秋战国时期就已经将其建立。管仲的问责思想在当时比较具有可操作性。《管子牧民·十一经》指出："明必死之路，开必得之门。"要让民众知道触犯法律是必死之路，并且要向他们敞开建功立业必然得到奖赏的大门。"凡将举事，令必先出。曰事将为，其赏罚之数，必先明之。"（《管子·立政》）凡是要举办国家重大事情时，政令必须先行。在办事之前，一定要拟定明确赏罚的尺度。作为一种重要的激励工具，奖赏不明确就不能达到激励的效果。另外，就是要设立与奖赏对立的惩罚，没有惩罚就不能给人以威慑力，必须做到赏罚分明。

《管子·牧民》指出："政之所兴，在顺民心。政之所废，在逆民心。"用今天的话来说就是政权之所以兴盛，政令之所以被民众响应，关键在于顺应民心；政权之所以衰败，是因为违背民心。儒家出身的荀子曾言："君者，舟也；庶人者，水也。水则载舟，水则覆舟。"（《荀子·哀公》）意思是，民众可拥护君主，也能推翻昏庸无为的君主。

关于"按劳分配"思想，在《管子·权修》中有详细陈述："凡牧民者，以其所积者食之，不可不审也。其积多者其食多，其积寡者其食寡，无积者不食。或有积而不食者，则民离上。有积多而食寡者，则民不力。有积寡而食多者，则民多诈。有无积而徒食者，则民偷幸。故离上、不力、多诈、偷幸，举事不成，应敌不成，应敌不用。故曰：察能授官，班禄赐予，使民之机也。"用今天的话说就是"治理人民，要按照劳动对应的功绩给予奖赏，对待奖赏问题须严谨，劳动绩效高的要多赏，反之，劳动绩效或低或无，则少赏或不赏。假如有劳绩而不赏，人们就会离心离德；劳绩多而赏少，就会让人们消极怠工；劳绩少而赏多，人们就会弄虚作假；无劳绩而空得赏，人们就会滋生侥幸心理。凡是离心离德、工作不力、弄虚作假、贪图侥幸的人，无法办成大事，对敌作战，就没有人会尽力。所以说，依据人的能力授予官职，按照劳动功绩的高低赐予奖赏，这是治理用人的关键"。

《管子·权修》中还说："法者，将用民力者也；将用民力者，则禄赏不可不重也。禄赏加于无功，则民轻其禄赏；民轻其禄赏，则上无以劝民；上无以劝民，则令不行矣。"就是说，"法律，是驱使人民出力的。驱使人民出力，须重视禄赏。如果禄赏给了无功之人，人民就漠视禄赏；人民漠视禄赏，君主无法勉励人民出力；君主就无法劝勉人民，国家的政策命令也就无法推行了"。这段文字描述了发挥人民群众的聪明才智是有条件的，阐述了准确运用按劳分配原则的重要性。这里的"法"，也可以理解为今天的组织制度等。如果制度构建得不好，或者制度执行得不好，就无法激发群体智慧。因此需要客观考核领导的绩效，由第三方用科学技术手段进行考核与评价。另外，《管子·权修》中，还体现出生产性劳动需要通过制度来推动的思想。

《管子·治国》对"治国道理，首先是要富民"思想是这样阐述的："凡治国之道，必先富民。民富则易治也，民贫则难治也。奚以知其然也？民富则安乡重家，安乡重家则敬上畏罪，敬上畏罪则易治也。"就是说，"大凡治国的方法，先要使人民富裕，人民富裕就容易治理，贫穷了就难以治理。为何这么说呢？人民富裕就安心待在家乡并珍惜家园，安心待在家乡而珍惜家园就会对君上恭敬并畏惧刑罪，有了敬上畏罪之心就容易治理了"。

富民是治理国家的根本，贫穷的国家通常是动乱纷争多发的国家。善于治理国家的从政者，先要解决国民的贫穷问题，然后逐步推行国家后续的更高层次上的治理，要善待自己的国家，强国富民是治国从政的一个最为基本的目标。快速富起来的秘诀，就是充分发挥国家政治制度的价值功能来推动经济快速发展。

## 四、墨子古代社会治理思想

墨子（公元前468年—公元前376年），姓墨名翟，春秋末战国初期宋国（今河南商丘）人，另有一说是鲁国（今山东滕州）人，早年曾接受过儒学教育，是战国时期著名的科学家、思想家、教育家、军事家，哲学家。墨子是墨家学派的创始人，在先秦时期墨家与儒家学派并驾齐驱，其"兼爱""非攻"等主张构建了和谐理想社会的蓝图。墨子站在普通民众的立场构建了一套系统的政治理论，提出了兼爱互利、公平正义等思想。墨家的核心思想是兼爱利他、以墨爱人，其政治理想是主张追求最大多数人的幸福。后来墨子的弟子及其追随者收集其政治、道德和经济等思想,形成了《墨子》这部传世之著。墨子是中国历史上唯一一个农民出身的哲学家,墨家学派对儒学进行了批判和反思,认为孔子对君主和民众所说的"仁义",在现实中并不能为国家和人民解决实际问题,相反,有蛊惑人心的意思。由于墨子并不完全认可儒学"礼""德"等贵族文化,因此《墨子》中充满了对儒家学说的批评和驳斥,主要用"兼相爱"来驳"爱有差异",用"交相利"来驳"罕言利",用"非命论"来驳"天命",用"事鬼神"来驳"不事鬼神",用"节葬"来驳"厚葬",用"非乐"驳形式主义的"礼乐"。墨家学说通过逻辑思辨的方式对儒学核心学说进行了驳斥和改造,成为我国国学精粹中的重要内容。

墨子思想包罗万象,从自然科学、逻辑学、认识论到教育学,从社会伦理到国家治理,以及与社会和谐相关的理论等都有涉及。这里重点关注墨子思想中的个人修身、社会伦理、国家治理思想主张。墨子是有平民阶层生活经历的历史人物,属于当时手工业阶层中的知识分子,注重具体的内容和实质。墨子的思想是求真务实的,因此,墨家学说对于发展我们的社会治理理论有着重要的参考价值。墨家学说认为,社会治理是自上而下与自下而上相结合的治理过程,是发动民众的共同参与过程,全体民众要为建设共同富裕的社会而共同努力。建设共同富裕社会是追求大多数人幸福的系统性工程,这与2000多年前墨子的政治理想非常接近。

"对于墨子其人,后人给予了很高的评价。世纪伟人毛泽东称他是'比孔子高明的圣人';大作家鲁迅誉之为'中国的脊梁';大学者胡适说'墨子是中国出现过的最伟大人物'。"[①]

墨子认为,人与人之间的不相爱、自私自利,导致了国家之间的征战和上层社会对下层民众的剥削,要消除社会混乱的局面,人们之间需要"兼爱互利、公平正义"。

《墨子》中体现了选人用人的重要观点。《墨子·亲士》中说:"入国而不存其士,则亡国矣。见贤而不急,则缓其君矣。非贤无急,非士无与虑国。

---

① 陈星.墨家学派的创始人——墨子[J].基础教育论坛,2013(18):69.

缓贤忘士，而能以其国存者，未曾有也。"意思是，治理国家不重用贤良且有才能的人，国家就会有亡国之忧。发现贤良且有才能的人，不抓紧时间去聘用他们，他们就会懈怠轻忽他们的国君。没有比任用贤良且有才能的人更急迫的事了，若没有贤良且有才能的人，就没有人为国家大事出谋划策和为国出力。懈怠轻忽贤良且有才能的人，而又能使国家长治久安的，还不曾有过这样的事。

中国古代社会文化中的"士"，是对社会上各种有实际能力的、有各种技能和专业知识人士的称呼。"士"的范围非常广泛。国君和各级行政官员需要这些"士"参与治理才能发挥治理的效能，所以管理好、任用好"士"，就能够为人民办好事，为国家办好事。老百姓中的精英代表就是"士"，也就是老百姓参与治理国家的具体行为，是通过"士"这一平民精英阶层的直接参与来实现的。这是墨子平民精英政治思想的体现。这一思想对于我们今天的社会治理与自治理论的拓展具有指导意义。

《墨子·亲士》中说："臣下重其爵位而不言，近臣则喑，远臣则吟，怨结于民心。谄谀在侧，善议障塞，则国危矣。"用今天的话来说，如果臣子只关心他们自己的爵位俸禄，而不去用心为国家的事发表自己的意见，那么君王身边的近臣就可能缄默不言，远臣也就只能私下暗自叹息，于是老百姓的怨恨就会郁结于心中。围绕在君王身边的全是谄谀阿奉之人，正确建议的路径就会被他们阻塞，那么国家的发展前景也就危险了[①]。

其实，无论是宏观层次的国家治理，还是微观层次的组织治理，都要警惕和防范类似的凶险人物。组织中高价值岗位具有稀缺性，那些占着组织中高价值岗位，满脑子算计着自己个人利益，嘴上讲仁义肚里藏诡计，将自己包装成"高大上"的贤者，出工不出力，压制和坑害贤能义士，阻断贤能义士贡献于组织的通道，让这些贤能义士离开组织的凶险人物，其最终目的就是挤走贤能义士。当组织中能干的贤人都被他们赶跑后，凶险人物就成了唯一仅存的"能人"，就可以让组织最高决策层依赖他们。《墨子·法仪》中阐述了关于法度、准则的观点："天下从事者，不可以无法仪；无法仪而其

---

① 吴毓江.墨子校注[M].孙启治，校注.北京：中华书局，1993.

事能成者，无有也。虽至士之为将相者，皆有法。虽至百工从事者，亦皆有法。……故百工从事，皆有法所度。今大者治天下，其次治大国，而无法所度，此不若百工辩也。"墨子所说这段话的意思是，所有天下办事的人，是不能没有法规制度规范的；没有法规制度的规范，而又能够把事情做好，是从来没有过的事。即使是有名的贤良且有才能的人做了将军、臣相等，做事也要有法规制度的规范。即使是从事各种行业的工匠（技术相关人员），也都有自己的法规制度。……所以工匠们制造物件时，都有法则可循。现在大如治天下，小如治大国，却没有法则，这是不如工匠们能明辨事理。因此，我们今天所说的社会治理和组织治理，也都离不开有效的制度法规。墨子认为社会生活中的每一件事，都需要遵循法度。而这种法度的构建，不是什么人都可以提出并可以建立起来的，法度是代表上天的效法，用现在的话来说，就是代表天下人共同认可的公平正义的法律、制度等规范，这样就能够用这些制度法规解决现实社会生活中的实际问题。

在《墨子·尚贤上》中，墨子提出贤良且有才能的人与政治的关系问题，这个问题对于国家治理成败至关重要。其主张统治当局打破原先以贵族血统为主的界限，从社会各个阶层中选用有真才实干的、才能出众的人才，为他们提供权力和社会地位，同时，将那些无能的、德不配位的贵族老爷全部撤职罢免。

在《墨子·天志上》中，墨子认为，天就像人一样，也有一种意志。但是这个意志比国君更加高一个等级。而且，"天志"这个意志喜欢"义"。这里的"义"有点类似于我们今天所说的"正义"。而且"天志"是憎恶不义的。所以说，所谓"天志"实际是墨子推行自己学说的一种策略，但同时我们要看到墨子是站在平民阶层立场的，为平民阶层争取与贵族阶级平等的政治权力。另外，天下百姓喜欢"仁义"之事，"天志"实际上就代表着人民的意志。

总之，墨家学说中关于国家治理的目标，是要建立一个"兼相爱，交相利"的理性社会，这也是建立和谐社会的前提和基础。理性社会的建立，首先，需要选拔贤能人才来担当社会治理的重任。墨子在尚贤的基础上，大胆地提出了"官无常贵，民无终贱"的思想，就是要打破阶层固化，与现在提出的干部能上能下的思想相似，通过这些措施实现人人平等以实现社会机会平等。墨子在《尚同》篇里描述了思想统一的概念，这个概念不是来自自上而下的灌输和督导，而是一种自下而上思想的统一，它是一个自下而上传导的汲取有价值意见的过程，这种思想统一是在大家都认同的基础上形成的，然后通过上与下的协同，实现合作共赢的社会治理模式。其次，社会治理需要建立与社会治理相关的法律制度，让社会治理的实践者有衡量准绳。这种法律制度超越任何政治家自我意志，也就是墨子所认为的能够代表天的意志的"法度"，其实也就是能够代表天下人民意志的正义的法律制度。在制度规范的范围内，按照兼爱与互助、互利的原则，实事求是地去办好每件事。只有这样，墨家学说所提出的和谐而又美好的理想社会才能实现。

### 五、韩非子法治思想

韩非（也称韩非子）（约公元前280年—公元前233年），战国末期著名思想家，法家代表人物。他继承并发展了法家思想，成为战国末年法家思想之集大成者。韩非子师从荀卿（荀子），他所处的年代诸侯争霸，战乱频繁，时局动荡。荀子认为人性本恶，作为弟子的韩非子在人性本恶的基础上，发展出了人性本私和人的能力有限的思想。韩非子在《韩非子·有度》中提出了法治强国的理念。他否定了圣贤治国的儒家学说，反对仁政和德治的人治，要求君王通过监督法律实施来实现对国家的无为而治。在韩国与秦国的交战中，韩国常常处于下风，并屡战屡败。韩非身为韩国公子（韩桓惠王子）目睹韩国国力日趋衰弱，曾多次向韩王上书进谏，希望韩王能够励精图治变法图强，但是韩王均置若罔闻，始终未能采纳韩非子的思想。这使韩非子非常悲愤和失望，后来写下了《内外储》《孤愤》《说难》《五蠹》《说林》等十余万字的代表法家思想的经典著作。法家思想家在当时触及了权贵阶层的利益，法家学派遭到了权贵阶层的打压，很多人都死于非命，没有得到善终。韩非子后来也被秦朝丞相李斯谗言所害。

荀子是儒家代表人物，但他的思想中有很多有别于儒家的观念，其中最特别的应该是他的"性恶论"①。人性是不以人的意志为转移的,这是千百年来的规律,在没有一定的理论学习和行为训练的前提下,它不是你想改变就改变的。韩非子作为荀子的学生,其人性观中,对于人性有性本善、人性本恶、人性兼有善恶三种选择,由于受到老师荀子思想的影响,韩非子的法家理论首先考虑到的是"人性本私"的问题,这是对老师荀子"性恶论"的继承与超越。

## 第二节 中华古代法治文化

### 一、中国古代中央集权国家的确立

学术界认为公元前221年秦始皇吞并六国统一天下,标志着封建社会基本确定,直到1840年的鸦片战争,封建社会发展停顿,封建经济逐步解体。1840年鸦片战争后,中国逐步沦为半殖民地半封建社会。

对封建社会的解释:一种社会形态特征,地主占有土地,农民只有很少土地或全无土地,只能耕种地主的土地,绝大部分产品被地主剥夺。封建社会比奴隶社会前进了一步,农民可以有自己的个体经济,但终身依附土地,实际上仍无人身自由。

"封建"的意思是分封、建立封国,"分封建国,以为屏藩",而后册立宗族,建立藩国。这与欧洲中世纪君主把爵位、土地分赐亲戚、功臣、亲信,使之在各区域内建立邦国的形式相似。在古代中国,这种政治制度在周代已经出现了。不过学术界对古代中国的封建社会有着不同的看法。对于社会形态分类,有一种意见认为,自秦汉以来的"封建制度"在古代中国并不存在。在他们看来,"封建社会"应该是"皇权社会"。

秦国统一六国前各国一般是以分封制为主,分封制是以血缘关系为基

---

① 在线汉语字典对人性的解释:①人的各种特性或属性的总和与概括;②指人的正常的情感理性。

础的，诸侯王位世袭另外还有封地。分封出来的诸侯国非常独立，容易形成与王权对立的割据势力。秦国统一六国后，统一文字，焚书坑儒，发展和形成了有利于封建专制集权统治的郡县制。郡县制是按地域来划分的。郡县制的官员由皇帝任免调遣，官位不世袭，官员只接受俸禄，没有封地。郡县制是地方行政机构，受中央集权统一管理。秦汉以来，中国长期延续的社会主流，不是已居次要的"封建制"，而是由宗法制、地主制、官僚政治综合而成的"皇权社会"[①]。

关于宗法制、地主制、官僚政治。宗法制是以血统远近来区别亲疏的制度。该制度是由氏族社会父系家长制演变而来的，确立于夏朝，发展于商朝，完备于周朝。宗法制在战国时期走向崩溃。宗法制的贵族血缘组织瓦解后，转化为专制主义中央集权政治。进入封建社会后，它以一种新的形象继续影响着中国政治和人民生活。封建皇家贵族利用血缘的亲疏远近关系，继续希望分配国家权力。古代中国各个封建皇权专制王朝的统治者，对宗法制度不断改造和完善，逐渐建立了由政权、族权、神权、夫权组成的封建宗法制。封建宗法制度的特点是，将宗族组织和国家组织合二为一，宗法等级和政治等级完全一致。

地主制，要从土地关系的角度来区分。秦汉以前的封建社会是封建领主制，而秦汉以后的封建皇权社会则是封建地主制。地主制是地主土地私有制，也就是地主拥有土地资源，是封建中央专制集权下的一种主要土地制度，也是封建统治者统治社会的经济基础。地主土地与农业劳动者相结合，主要是以雇农、佃农为主的农民租地主的田地耕种，然后以实物交租，租地的农民对地主有不同程度的人身依附关系[②]。

官僚政治一般指封建中央专制集权自上而下的政治组织形式。德国的社会学家马克斯·韦伯对古代中国封建社会有另一种看法："韦伯对封建社会制

---

[①] 冯天瑜.厘清"封建"概念与中国"封建社会"定位[J].湖北社会科学，2009（9）：114-117.

[②] 李根蟠.中国"封建"概念的演变和"封建地主制"理论的形成[J].历史研究，2004（3）：146-172，192.

度的理解完全是西方式的,将中国古代社会分为封建主义时期和家产制官僚国家时期。前者是'公元前9到公元前3世纪之间,是一个各自独立的采邑国家并存的时代';后者始于公元前221年,秦始皇统一中国,'从而建立了一个真正的专制制度,取代了古代的神权封建秩序',这便是'家产制'。"①

1939年毛泽东撰写了《中国革命与中国共产党》,肯定中国的封建制度"自周秦以来一直延续了三千年左右"。"如果说,秦以前的一个时代是诸侯称雄封建国家,那么,自秦始皇统一中国以后,就建立了专制主义的中央集权的封建国家;同时在某种程度上保留着封建割据的状态。"②

在中国封建社会,由于政权家族化、家族政权化,家族与政权具有相同的构建。政治上的从属奴役关系被歪曲为温情脉脉的父母与子女关系的同时,家族也被赋予部分的政治功能……③

中国特有的封建社会,推行的是君主集权的封建专制体制,自上而下的皇权控制是以郡县制为基础的。郡县制是中国古代分封制度之后出现的以郡统县的两级地方管理行政制度。起源于春秋战国时期的郡县制,以郡直属中央,设郡守、郡尉、监御史,分掌行政、兵事、监察职责。县隶属于郡。县以下设乡、里两级地方基层行政机构,还有负责地方治安的亭。郡县长官由皇帝任免调动,不得世袭。这样就形成了中央垂直管理地方的形式,是中央集权制形成过程中的重要环节,也是官僚政治取代贵族政治的重要标志。

郡县制解决了分封制下君主权力在国家结构上的有限性问题。秦统一六国后建立起来的郡县制,是以郡统县的两级地方管理行政制度,是以家天下思想建立起来的封建专制集权国家机器。法律制度规则成为封建统治者以上治下的工具,封建专制统治者可以凭借自己的好恶来选人用人,封建君王权力不受法律限制。在野蛮的人治社会里,权力置于法律之上,人治权力变成一种复杂的学问,当这种学问沿着独断专行的方向发展时,社会治理成本变得很高,社会中群体之间的合作变得困难,人人自危,内斗在所难免,统治

---

① 齐涛.中国通史教程:古代卷[M].济南:山东大学出版社,2015:466.
② 毛泽东.中国革命与中国共产党[M].兰州:甘肃人民出版社,1951.
③ 毛泽东.毛泽东选集:第1卷[M].北京:人民出版社,1992:76.

阶级漠视规则崇尚权力，在权力不受规则约束的情况下，推动社会文明与进步的步伐就会停止。人治权力被驯服的最好办法，是建立以法律至上对随心所欲的权力进行制衡的多层次的责任中心。

## 二、中国古代政治制度特点

古代封建王朝夏、商、周后，公元前230年至公元前221年，秦灭六国完成统一，以"家天下"王位世袭制取代了禅让制，宗法制将血缘纽带与政治结合，开启了漫长的封建专制主义中央集权制统治时期。

什么是专制主义中央集权制度？它的基本特征是什么？简单地说，它是把国家一切政治权力，诸如行政权、军权、司法权、立法权、财政权、监察权、选拔人才及用人权等，高度集中到中央政府，最后集中到封建国家的最高统治者——皇帝手里。皇权衍生出皇族血亲关系，自然会以宗族血缘纽带来影响国家政治制度的构建。在春秋战国时期，君王及贵族统治者为了更进一步强化对政治权力的控制，采取了中央集权的政治制度；经过历朝历代对君主专制制度的巩固，中央集权专制制度得到不断强化。一直到了晚清政府时期，在人民不断地反抗起义下，再加上帝国主义势力的入侵，专制主义中央集权制逐步走向衰亡。

封建专制主义中央集权制度，一方面，体现为皇帝帝位终身制、皇位传位世袭制，这与宗法制的原则有关；另一方面，体现为皇帝的权力至高无上，皇帝独揽国家的立法权、行政权、用人权、军事权等于一身，这样就能确立君王个人的绝对权威。专制主义中央集权制度让地方政府在政治上、经济上、军事上、官吏任用权等方面失去独立性，必须严格服从中央政府以皇帝名义下的各种政令。

为了强化封建专制主义的中央集权，统治者注重对官吏的监察，建立了从中央到地方的监察制度。秦代开始监察制度形成，此后成为历朝历代的一项重要政治制度。为了强化封建集权的专制统治，统治者重视吸纳官吏人才来执行封建统治集团的各种决策。为了提高统治集团的行政效率，统治者采取各种措施对官吏人才进行选拔和使用，先后有察举制和科举制。察举制是公元前 134 年由汉武帝于元光元年确立的一种选拔官吏的制度。它是一种由下向上即由官吏察访合适的人才，向中央推荐予以任用的选官制度。科举制一般认为是从隋朝时期兴起的，是一种通过考试选拔政府官吏的制度。隋文帝开皇七年（公元 587 年）设"志行修谨""清平干济"两科。隋炀帝时始置进士科，因为是分科取士所以名为"科举"，标志着中国古代封建科举制度的最终确立，由此形成了读书、应考、任官三位一体的选官办法。科举制打破了世族门阀的限制，为朝廷提供了符合统治阶级需要的人才。随后的封建王朝开始沿用公开考试的方法，并不断创新选拔官吏的制度，来甄别人才高下，从而量才录用。科举制一直到清朝光绪三十一年（公元 1905 年）举行最后一科进士考试为止。

官僚政治是封建专制主义的派生物，是封建中央专制集团自上而下施行管理的政治组织机构，各级主要官吏的职位由君主皇帝钦点，所有政府上下官员都得听命于皇帝号令，皇帝的号令、讲话记录等置于法律之上，因此，中国封建官僚政治具有浓厚的人治色彩。这就使得中国社会管理几千年来一直盛行人治传统，所设烦琐的法律条款是自上而下统治人民的工具。历史久远的人治传统文化，对构建现代法治社会形成很大的阻力。

从封建专制主义中央集权国家的权力结构来看，最上面的一层是独裁专权的皇帝，最下面的一层主要是一盘散沙的依附地主阶级的贫穷农民，中间一层是层次不同的封建官吏，执行皇帝独裁下的律法制度、决策命令等。封建官吏就是根据皇帝意志来代皇帝管理广大的平民百姓的，皇帝所做的一切事情都是为了维护自己的封建专制统治，封建皇帝的目标就是守住前辈通过暴力争夺来的江山，关心如何控制天下臣民，以维护自己在政治、经济、军事上的各种特权。封建专制主义中央集权制度也不是一无是处，它有利于维护多民族国家的统一。同时，封建皇权至上的独断性，扼杀了社会民主思想，迟滞了完善的法治社会的形成；采取自上而下的人治为主的管理模式，在缺乏规则制约的情况下，上位者多以个人好恶来处理相关事务，随意性很大。法律制度形同虚设，很多官员托人找关系，寻找势力更大的官僚做后台，逐渐变成官场内斗，成为一种腐败形式。官吏贡献程度由主观意志决定,使得古代中国社会科技落后于西方社会。古代中国不断发展的封建专制制度,皇帝权力的极度膨胀,一人独裁的一言堂,导致国人重人治轻法治,限制了民众的民主法治思想和批判性思维的发展,严重扼杀了社会的创造力。

### 三、中国古代社会经济特点

自秦汉以后,中国封建社会农业经济形式属于地主制下的小农经济形态,地主制经济是中国封建社会的基本经济制度。在重农抑商政策下,封建社会经济主要生产主体是农民,经营规模小,生产能力低下,其劳动产品数量少,商品率低,大多数用来满足生产者自己的消费需要。

小农经济构成特点是以种植业为主,以家禽畜饲养业为辅。

在生产技术方面,小农经济生产运输或牵引农具等依靠的是牲畜的力量,通过改良的生产工具、生产技术,农田的精耕细作的生产方式得到改善。

小农经济生产方式是,以农业家庭为基本单位,农业生产和家庭手工业相结合,实现自给自足的自然经济,这是中国古代封建社会农业生产的基本模式。"男耕女织"式的小农经济是我国古代农业经济的一个特点。在小农经济模式下,农民拥有一定的生产资料,具有一定的生产积极性。

中国封建社会的小农经济同样具有一般封建社会小农经济的共同特征:一是以个体家庭为生产和消费单位,物质再生产和人口再生产结合在个体家庭之中;二是直接生产者以满足自身的消费为其生产的基本目的,小农业与家庭手工业相结合;三是受社会上占主导地位的生产关系的支配,对贵族势力、地主阶级存在着不同程度的依附性;四是分散而缺乏联系,生产技术上墨守成规,劳动生产率低下[①]。

古代中国地主制经济的特征是,土地可分为私有土地、公有土地,土地能够进行自由买卖。私有土地一般由地主阶级控制,而公有土地大都由中央

---

① 齐涛.中国通史教程(古代卷)[M].济南:山东大学出版社,2015:383.

政府来控制,一部分私有土地为个体农民自有地。封建中央集权国家的财政收入主要来源于土地上的收入和依附在土地上的农民。

中国古代封建社会赋役制度的主要内容:一是以人口为依据的人头税和以人丁为依据的丁税;二是以户为依据的财产税;三是以田亩为依据的土地税(田租);四是以成年男子为依据的徭役、兵役和其他苛捐杂税。

赋役指赋税和徭役。中国古代封建国家历朝历代的统治阶级,利用国家机器强制性地向人民征收各种实物、金银货币等赋税;徭役指中国古代政府规定平民无偿提供的劳役,如在筑城、开河、建造皇宫及陵寝的工程中从事繁重劳动,到边境去服兵役或劳役,名目繁多。历朝历代都有规定,男子18～60岁每年都要服一定时期的劳役。赋役制度不仅是封建国家生存和发展的经济基础,而且是封建生产关系的重要组成部分。社会经济过于依赖土地经济,再加上产权制度的不发达,严重阻碍了近代中国资本主义的发展进程。

## 四、中国古代城市的功能

古代中国城市文化底蕴深厚,自秦汉以来,统治阶级确立了中央集权制度,随之而来的是郡县制的出现。秦代推行郡县制,将天下分为三十六郡,郡下设若干县。郡县制是一种郡、县二级政权的地方行政制度,都由中央政府委派的官吏来管理地方各项事务。秦汉时期的城市最主要的还是以军事重镇和行政中心为主的城市。古代中国社会受到儒教礼法等级制度与宗教的影响,在城市布局方面也融入了礼教由人有高低贵贱之别的元素,同时结合了道教方面的风水、阴阳五行思想。城市一般外围筑有城墙,内建行政办公用的宫殿、手工业作坊,还有商业活动的街坊、城镇居民住宅等。汉代开始实行郡、国并行制,郡由朝廷直接管辖,并在实行郡国并行制的前提下采用了州制[①]。中国古代封建城市兴起,一般与诸侯国都、战略要地、政治中心、军事据点相关。秦汉以后城镇大量出现,但由于采取郡县制这种行政管理制

---

① 张震,康肃丽.浅析中国古代城市的特征[J].民营科技,2009(1):68.

度，所以这些新出现的城市主要还是中央集权封建国家的政治中心和军事据点。这种情况一直延续到明清时代，大部分新增城市的功能和作用仍是作为政治中心和军事据点①。随着城市商业经济的发展，城市人口增多，城市的规模也在不断扩大，城市的经济功能开始得到增强，有不少城市成为全国的经济中心。

在农耕文明发达的古代中国，"男耕女织"式的小农经济是我国古代农业经济的一个特点。土地私有可以自由买卖的经济模式，为农业经济发展带来了更大的自由度，农民人身也相对自由，这些都促进了城乡之间人口的流动，对城市经济的发展也起到了促进作用。

古代中国封建城市发展出了繁荣的商品交换市场和劳务市场等，其繁荣程度远超同时期的西欧城市，并且比西欧中世纪出现的城市要早许多。"秦朝统一全国后，随着社会经济的发展和中央集权制度的演进，历代都城及各重要政治、经济中心城市的人口数量迅速增长；汉朝都城长安的人口已达四五十万；唐朝长安城估计不少于 80 万人，鼎盛时期则可能超过 100 万。"②不过中国封建城市的形成，不是封建专制集权国家鼓励城市工商业经济发展的结果，而是封建专制统治集团为统治和奴役人民促成的，这些城市也是服务于统治阶级的工具。在城市经济发展过程中，由于受到封建专制思想的影响，官商勾结垄断商品、商品市场的现象较为普遍，工商业相关主体之间的公平竞争并不普遍。封建城市中人们之间等级森严，工商业者对于各项权利的诉求是由封建官员裁定的，而不是由工商业行会组织、市民组织等共同参与诉讼过程，并对诉求结果进行评判。封建专制主义的人治环境下，各主体之间的政治地位不对等，在封建专制统治的严密控制之下，城市地方官府有绝对的话语权。

总之，中国古代城市的功能原本主要是作为政治中心、军事防御中心、经济交流中心和文化中心，但是城市人口总量的不断增加，进一步促进了商

---

① 高立迎.浅析中国封建城市的经济特点[J].山西财经大学学报（高等教育版），2004（3）：75-76.

② 马继武，于云瀚.中国封建时代的城市人口[J].学术研究，2004（1）：90-94.

品经济的发展，使得城市的规模和数量不断增加，工商业城市的商业功能也进一步得到了强化。

## 五、中国古代社会的法治思想

中国古代封建社会自秦汉到明清，历朝历代的封建皇帝都拥有至高无上的权力，实行个人独裁统治。皇帝既是最高法律制定者，又是最高的司法审判官。历朝皇帝都会对法律相关内容进行增减修订，法律法典上的各种内容体现了皇帝个人意志，以刑法为主，兼有诉讼、民事、行政等方面的内容。这种诸法合体混合编纂形式贯穿于封建社会各个朝代。封建社会的法典及相关文献的颁布都要经过皇帝的批准审核，古代中国历朝历代的封建帝王都将个人意志凌驾于法律之上。

将城市作为封建专制集权的统治中心，为了确保君主权力的集中，人治高于法治，古代法律条文不可谓不多，且每朝每代几乎都进行了制定和修订，但中国封建政治制度的主流是人治而不是法治。君主的言论凌驾于法律之上，是"金口玉言"，无人敢违。人治的实质是权治、官治，是专制与独裁，也是儒教礼治的伦理纲常思想的延续，即调整伦理关系与等级秩序礼制之间的交互，将其思想灌入行政法中并与封建专制的政治制度相结合，形成典型的封建主义官僚政治，法律制度缺乏明晰度和独立性，必将导致严重的官民对立现象[1]。"中国古代家国一体的社会结构对形成中华法系的伦理法特质的影响也是不可低估的，天子以四海为家，家事即国事，家国相通，家为国之基础。与此相适应，家族伦理与国家法律之间就存在着密切的关联，滋生于家庭或家族母体里的许多家族伦理成为国家伦理、社会伦理，孝移作忠。"[2] 封建专制皇权社会，君主将天下都纳入家的范围，家就是国，国就是家，家国相通，家长制社会形态也有了存在的基础，形成了中国古代封建社会几千年以人治为主的治理模式。由于封建专制集权下的人治模式是依靠权

---

[1] 齐涛.中国通史教程（古代卷）[M].济南：山东大学出版社，2015：370-371.
[2] 周子良，王华.中华法系伦理法特质衍生的社会基础[J].山西大学学报（哲学社会科学版），2007（5）：86-90.

力来治理的，法律条款在衙门官吏的嘴上，仅是一种摆设，对于被治方（民众）的意义不大。

孔子的儒家学说最初就是代表奴隶主利益的，后来也被封建地主阶级所推崇和利用。儒学创立之后经过与王权的结合，逐步成为协助皇帝专制教化民众和统治民众的社会治理工具。董仲舒（公元前179年—公元前104年）提出了"罢黜百家，独尊儒术"的思想，其中的"'儒术'经过他的改造，吸收了《中庸》的'屈民以伸君，屈君以伸天'、墨家的'君主法天'、道家的'阴阳结合'等思想，提出'刑者，德之辅；阴者，阳之助也''大其德而小其刑'；在立法中实行德刑结合，先用德礼进行教化，教化无效再辅以刑罚"[①]。董仲舒以儒家精神为标准衡量是否犯罪，这一主张被封建统治者所采纳，成为当时中国古代封建统治阶级律法思想的重要来源，从此，拉开了中国古代法律儒家化的序幕。"法律思想是法律制度背后的理论支撑，影响着法制的发展走向和具体内容，儒家思想被立为正统后，中国的法律制度被导向了儒家化的轨道，儒家思想以维护专制君主的权威、宗族内部的等级秩序和社会生活中的等级秩序为主要任务，因此，汉律全面贯彻儒家思想的核心内容'三纲'，严惩触犯'三纲'的行为。"[②]

儒家将治理方式分为两种：以德治国和以法治国。德治即礼治。以后封建统治阶级逐步将改良后的儒学思想融入封建国家的法律思想中，将德礼作为政治教化的根本，刑罚是政治教化的辅助手段，二者相辅相成。以礼为先导，来教化民众，以法为补充，来进行刑惩。其中，对法律条文也要按礼法合一的思想进行解释。以礼入法，使法律道德化，同时法律规范也是在执行与道德相关的职能。

总之，封建专制国家的法律出于皇权，是为了维护皇权而制定的；以德礼为先导、以法律为补充，实现礼法结合，这种德法结合的社会治理思想，是从儒家思想发展而来的；封建官僚、封建贵族地主等统治阶级享有法定特权。诸法合体、混合并用，司法隶属于行政，无独立审判权。

---

① 黄汉章，田密.浅谈中国封建法律儒家化的进程[J].法制与社会，2007（7）：706.
② 田莉姝.论汉朝法律儒家化的体现[J].贵州大学学报（社会科学版），2005（3）：79-82.

## 第三节　西方古文明及著名思想家

### 一、古希腊

古希腊地处地中海的东部，它的地理范围比现在的希腊共和国要大，大致包括希腊半岛、爱琴海大小岛屿、爱奥尼亚群岛和小亚细亚半岛西部沿海一带。古希腊也被历史学家称为人类海洋文明以及工商业文明发源地之一。古希腊的历史可以追溯到公元前30—公元前20世纪左右，到公元前1世纪古希腊被古罗马征服为止，经历了长达2000—3000年的历史，古希腊文化最终融入古罗马的文化体系，成为近代、现代西方文明的源头。古希腊克里特岛是最早出现（克里特或米诺斯）文明的区域，古希腊文明由于早期文字记录少，是由后来的考古学家、历史学家推测出来的，精确性有待考古进一步认证。公元前16世纪的迈锡尼文明，奴隶主为了维护其统治，逐步建立了奴隶制国家。与奴隶主相对应的被统治阶级就是奴隶，奴隶主不但占有物质生产资料，而且作为生产者的奴隶也作为奴隶主的生产资料，是奴隶主的私有财产的一部分。这种将奴隶也作为生产资料的社会形态就是奴隶社会，所建立起来的国家就是奴隶主国家。奴隶是指失去人身自由，为奴隶主做事或劳动的人，可以被奴隶主任意驱使、惩罚、买卖，甚至可以由他们的主人决定生死。

古希腊荷马史诗《伊利亚特》《奥德赛》记录了公元前12世纪希腊攻打特洛伊城及以后几个世纪的故事，里面包含了古希腊从氏族社会向奴隶制社会转型的过程。目前荷马史诗具体是谁完成的还有待确定，到了公元前6世纪荷马史诗才有正式的文字版本，因此史学界对荷马史诗的内容等有较大的争议。后来在古希腊的辉煌时期，以雅典、米利都、斯巴达等为代表的城邦之间贸易商业繁荣，不再局限于爱琴海，而是将商业贸易拓展到整个地中海区域，并对地中海区域外的区域进行殖民，通过殖民向外输出希腊文化，尤其是希腊的法律文化影响了地中海的周边地区，但是雅典城邦和斯巴达城邦就不怎么积极对周边进行殖民。公元前594年，雅典执政官梭伦进行民主改革，按照财产多少划分公民等级，限制了贵族对国家权力的垄断，平民也可以参与对国家治理重大方面的决策。雅典走上了奴隶制工商业文明的道路，但是其他城邦如斯巴达就反对工商业并最终走上了奴隶制军国主义道路。之后雅典和波斯发生了多次战争，希腊各城邦联合对抗波斯并取得了胜利，后来希腊城邦之间陷入了分裂引发内战，造成希腊城邦的衰落，波斯趁希腊城邦内战的时机，夺取了不少地盘，等等。

古希腊是西方文明的主要发源地，据相关文献所述，古希腊文明持续了约650年（公元前800年—公元前146年），古希腊文明遗产在古希腊灭亡后，被古罗马人延续下去，从而成为现代西方文明重要或直接的源头。原来的古希腊区域，现在大致是希腊、塞浦路斯、阿尔巴尼亚、土耳其西部、保加利亚南部地区。

## 二、古希腊哲学家毕达哥拉斯

古希腊哲学有两大学派，始于公元前6世纪。伊奥尼亚（地处小亚细亚）的一些哲学家，我们通常把他们称作自然学派，主要探讨世界本源问题，那时候他们的推论是建立在思辨的基础上，而不是建立在科学实验的基础上。这一派探讨的问题和我们今天的自然科学研究很像，因此，有人称自然哲学是现代自然科学的前身，主要是思考人面对的自然界的哲学问题。在意大利南部地区出现了另一种不同思想的哲学学派，他们认为世间万物的本质不完全是物质性的元素，而是存在一些抽象的原则。这些哲学家认为世界本源必须是有规定的。这一学派以毕达哥拉斯学派和爱利亚学派为代表，而毕达哥拉斯学派把"数"作为万物的本原。

古希腊哲学家的代表人物毕达哥拉斯（Pythagoras，约公元前580年—公元前500年），是古希腊数学家、哲学家等，被认为是西方数学和哲学的奠基人之一。柏拉图（Plato，公元前427年—公元前347年），是古希腊伟大的哲学家，也是整个西方文化中最伟大的哲学家和思想家之一。亚里士多德（Aristotle，公元前384年—公元前322年），古代先哲，古希腊人，世界古代史上伟大的哲学家、科学家等，堪称希腊哲学的集大成者。他是柏拉图的学生，亚历山大的老师。苏格拉底（Socrates，公元前469年—公元前399年），古希腊著名的思想家、哲学家等，他和学生柏拉图，以及柏拉图的学生亚里士多德被并称为"古希腊三贤"，被后人称为西方哲学的奠基者。随着古希腊哲学思想的不断发展，其将人对世界本源的探索延展到数学和物理学之后，建立了纯粹理性的哲学即形而上学，为基督教、文艺复兴和西方文明奠定了基础，为人类文明进步作出了重要贡献。

毕达哥拉斯学派也被称为"南意大利学派"，是由古希腊哲学家毕达哥拉斯及其信徒组成的学派，主要包括那个时期的思想家与物理学家，他们希望通过对数学和物理学的研究来找到世界的本源，回答我们所处的这个世界其本质到底是什么、为何有今天的这个世界、这个世界是怎样形成的等疑问。最终他们得出一个惊人的结论，那就是这个世界是由"数"组成的，他们认为将这个世界进行不断还原、再还原，最后就是一个数字而已。因此，毕达哥拉斯学派认为，数学才是各种科学当中最为高级的，其次才能轮到物理学。那么什么是"美"呢？毕达哥拉斯学派把美学视为自然科学的一个组成部分，美的世界是由数组合构成的，美就是数的和谐的结果。现在科学对音乐学的研究也已经证明，高音谱和低音谱中间的那个音叫中央C，中央C的每秒震动频率是260次。高音谱最高的振动频率是$260 \times 2 = 520$次，也就是说音符之间都是数字关系，因此可以将美的形成都归结到数字上去。美表现为数、数量比例上的对称、和谐，和谐起于数的差异，美的本质在于和谐，最和谐的数是10。毕达哥拉斯学派认为数学是最高级的，而数学中的数是为和谐服务的。毕达哥拉斯学派将价值也纳入数的研究范围，他们认为价值的本质是由数决定的，认为万物皆是由数构成的，自然哲学的价值就在于揭示自然界中数的和谐和规律。

毕达哥拉斯学派的秩序思想对社会治理的启示："毕达哥拉斯赞美秩序，他说：'秩序和对称是美的、有益的，而无秩序和不对称则是丑的、有害的。'将秩序的思想运用到政治生活中，毕达哥拉斯认为，'每个城邦公民在城邦中都应该有他自己规定了的特殊地位'。"①

秩序就是有条理、不混乱的状态。一个最值得赞美的秩序，从大的方面来说就是有一个井然有序的社会秩序，井然有序的社会秩序源于每个组织的秩序井然，每个组织的秩序井然源于人们尊崇法治、敬畏法律。毕达哥拉斯推崇法制，认为每个公民必须服从法律。他反对统治阶级特权，因为这些特权对法律秩序形成威胁和破坏；同时，他也反对无政府状态给社会带来的法律秩序混乱。

西方古代毕达哥拉斯学派和中国古代墨家学派所形成的年代重叠，都对构建和谐社会提出了各自的观点。墨子提出的"兼爱"体现了人与人关系的和谐。所谓"兼相爱"，即"一视同仁地爱一切人"，社会和谐就是人们之间以爱相待。毕达哥拉斯学派用数的和谐来解释社会和谐、宇宙和谐，并以合理的数量关系来生成和谐之美，希望通过调和数量关系的层次、秩序、主从等关系来得到和谐，等等。

### 三、浅谈柏拉图的理想国

古希腊的柏拉图是享誉世界的哲学家、思想家，也是西方客观唯心主义的创始人。他所著的《理想国》一书体现了其哲学思想的博大精深，主要认为爱智与正义是构建理想国的基础，内容涉及了哲学、政治学、法律学、伦理道德学等多个领域。公元前387年，柏拉图从意大利南部回到雅典，创办了"阿加德米"（Academy）学园并在该学园执教40年。他所创办的学园也被认为是古代西方的第一所大学。柏拉图出生在雅典奴隶主贵族家庭，生活在中国的春秋末期至战国初期这段时间里。柏拉图是站在奴隶主阶级立场上提出改革社会的思想家，对于奴隶主社会制度他并不否定，他认为奴隶只是一种会说话的工具，等等。《理想国》中所阐述的柏拉图的政治哲学思想，能够透露出柏拉图代表着部分奴隶主利益，其观点有其局限性。柏拉图目睹了雅典民主制的衰败，试图用他的政治蓝图来改革社会，从而挽救这种

---

① 袁永林.论毕达哥拉斯的政治思想[J].学理论，2010（8）：69-70.

衰败，并希望把他的政治理想付诸现实。他曾三次踏足叙古拉（古希腊殖民城邦，位于西西里岛东南岸）：第一次是公元前387年与僭主狄奥尼修一世见面；第二次是公元前367年与新僭主狄奥尼修二世见面；第三次是公元前361年与狄奥尼修二世再次见面。他三次进谏该城邦的最高统治者，但无论是老狄奥尼修还是小狄奥尼修，他们都相信强大的武力才是崛起的关键，而不是柏拉图所认为的哲学能够实现他们独裁、霸权的目标，因此柏拉图多次试图实现"哲学王"的理想都以失败告终。在这样的历史背景下，在理想和现实的深刻矛盾中，柏拉图不得不选择了著书立言，以他的哲学思想来表达构建理想国度的政治抱负。不过柏拉图后来也意识到哲学用于城邦治理不切实际，因为世界上并不存在"哲学王"，从而将对"哲学王"治理城邦的探索转向与法律相结合的城邦治理方法论上。

柏拉图的《理想国》全书巧妙地安排了他的老师苏格拉底与格劳孔、玻勒马霍斯等人的辩论，通过苏格拉底与他们辩证推理的对话方式生成答案，其实质是柏拉图展示了自己构建一个理想国家的蓝图的思想。全书围绕着柏拉图心中理想国的构建、治理和正义展开，这个理想国强调城邦整体利益至上，强调集体主义。柏拉图认为个人理性是造成城邦危机最主要的原因，要想避免这种危害，就应该对城邦实行财产公有制，而私有制损害公共利益，让人们在盲目追求个人利益的同时，还会为争夺财产大打出手，导致社会动荡、城邦四分五裂。他看到了利益零和博弈互损的本质问题，这对于个体和群体利益如何获得博弈均衡实现互利具有积极意义，由此也引发了对正义问题的激烈争论。如果不能处理好个人利益和集体利益之间的关系，将会导致另外一种不正义。个人利益和集体利益之间的均衡是国家治理的重点问题，《理想国》的主要内容是围绕国家治理的思想而展开的，涉及一个国家该如何构建、如何治理，如何让社会长治久安、和谐长存等问题，该书也被称为西方第一部政治学著作。

爱智和正义才是构建理想国的基础，柏拉图所说的"爱智慧"即体现了对理性的推崇。"哲学"（Philosophia）这个词是由"爱"（Philein）和"智慧"

（Sophia）构成的，从字面来看其意思就是"爱智慧"。①

在这里"智慧"是与"知识""技能"相对应的，获取知识和技能是通过科学来实现的，柏拉图把算数与几何学联系起来，而科学又需要借助算数来完成。关于国家治理的智慧首先是数学，说明了柏拉图的思想比他所处的时代先进。柏拉图认为，能够当上国王的只有一种人，那就是智慧高远的哲学王，唯有哲学家中的王者才具备治理国家应有的知识，统治阶级应该从这些具有智慧的人中挑选。除了国家应当由哲学家来统治外，柏拉图的《理想国》还认为城邦的正义体现在阶级的分工上，将城邦公民划分为卫国者（少部分管理国家的精英）、士兵（防卫的武士）和普通人民（底层的劳动者）三个阶级，他们分别代表了智慧、勇敢和欲望三种品性，只有各安其位，各司其职，才能够体现城邦正义。治理城邦的精英，对应现在所说的国家领导者，他们依靠全知全能的智慧来治理国家；防卫的武士们必须忠诚和勇敢，从而保卫国家的安全；劳动者尽力为国家提供各种生活物资保障；等等。柏拉图在陈述关于城邦正义的内容时，考虑到的是城邦整体利益而不是城邦某一个阶层的利益。城邦正义需要考虑国家制度的正义问题，但制度正义又与现实之间相互矛盾。而在我国古代封建统治阶级专制制度下，有关国家制度正义问题的思考和讨论相关文献记录很少。

在柏拉图的《理想国》里，正义的独立概念大概可以描述以下这几个方面：正义就是只做自己的事而不兼做别人的事；正义就是有自己的东西、干自己的事情；正义就是每个人必须在国家里执行一种最适合自身天性的职务，也就是要找到最适合自己的社会分工种类；等等。在《理想国》中，关于个体正义，柏拉图认为一个人的灵魂由理性、激情和欲望三个部分组成。在个体的灵魂中，理性层次最高，处于领导地位，激情层次处于中间，欲望层次最低。激情为了节制欲望而听命于理性，理性统辖着整个灵魂。个人正义就是个体的这三个部分在自身内部分别起到作用。柏拉图认为，个体灵魂的这三个部分相互联系、相互影响，如果它们之间各自按正确的准则行事，保持内在的和谐有序，从而让灵魂达到最佳状态，那么个体就能够体现正义

---

① 先刚.柏拉图与"智慧"[J].学术月刊，2014，46（2）：49-57.

的美德。《理想国》里的城邦是个多群体的正义概念，而城邦内的公民是个体的正义概念，城邦多群体的正义是大的正义，而城邦内个体（公民）的正义是小的正义，两者之间存在一种相互维系的关系。城邦是放大了的个人，个人则是缩小了的城邦。城邦正义和个体正义相互联系、密不可分。城邦正义是通过个体正义来实现的。

在柏拉图看来，城邦统治者应该是个能够实现个体正义的人，统治者个体是智慧、勇敢、节制等德性的和谐统一。城邦权力被统治者和武士阶层垄断。普通的劳动者辛勤劳动仅生产生活资料，不能参与城邦政治，他们只听从命令，而且学会了压制自己的欲望等。这样一来，柏拉图的理想国里的民主就是一部分人的民主，那么城邦内的制度是否正义就需要统治者自己来评估，自我对制度正义的评估是不可能实现公平正义的。这其实与柏拉图的阶级立场有关，他出身于雅典贵族，维护奴隶主利益，他所构建的理想国度的蓝图其实是奴隶主贵族们的"理想国"。

对于"法制"，柏拉图认为治理国家要依靠人治的德治，法律的条款固然能够限制国民的行动，使其不向阴暗面发展，但是，由于受到那时技术条件的限制，人们泛滥的自利性是任何制度都难以控制的，这也说明了法律的限制作用是有条件的。人类应该从人性善恶的本源入手，控制人自身的贪欲，致力于建立一个有节制的城邦。西方对人性恶的观念根深蒂固，这与古希腊思想家关于人性的比较细腻的争论得出的结论有关。柏拉图的学生亚里士多德的法律思想就揭示了人性的本质即贪婪可恶决定了法律的必要性。人性恶往往是从个人开始的，独裁、独权、一人政治等往往是指个人。控制独裁专权需要民主制度参与其中，群体智慧优于个体智慧；群体治理优于个体治理，需要民主制度发挥作用；等等。《理想国》里还提到了统治者要绝对服从法律；权力成为法律的驯服奴仆；真正的治国者追求的不是他自己的利益，而是老百姓的利益等等。

## 四、梭伦司法改革与西方民主政治

梭伦（Solon，约公元前638年—公元前559年）是古希腊时期雅典城邦的改革家、政治家、诗人等，出生在一个没落的贵族家庭。当时，希腊狭隘区域内小国林立，有上千个城邦，不同政治力量之间长期分立、各自为政，而雅典是当时最为强大的城邦之一。青年时期的梭伦由于家道中落，迫于生计早年经营贸易，游历了许多地方，对现实社会底层人民的生活状况也有了深刻的了解，并同情生活于底层的平民。那时，贵族压榨底层平民是通过高利贷、土地兼并等方式，逐步从经济上盘剥平民，以致平民无力还债成为"六一汉"（一种税率），严重的全家沦为债务奴隶，这也导致社会矛盾不断加剧。梭伦反对贵族阶层寡头政治和统治专横，以及不断盘剥底层平民的社会现状。

梭伦当选为雅典城邦的执政官后，针对雅典城邦存在的一系列危机，以当时公正的立场，以城邦利益为重心，开始进行政治、经济等方面一系列的改革。在当时的社会上，存在着平民阶层与贵族阶层的矛盾、工商业奴隶主阶层和贵族阶层的矛盾。公元前594年，梭伦采取了一系列改革措施，主要有免除负债者的债务，恢复债务奴隶的人身自由；归还用以抵债的土地；让雅典城邦平民能够平等地参与到国家政治生活中。这些措施让许多债务人免除债务，让雅典城邦举国欢腾，祥和气氛化解了城邦危机。梭伦是民主政治的开创者，是西方民主制度的奠基人，在他主导下的民主改革成就名垂青史。

前人研究梭伦司法改革的相关内容，主要文献来源于梭伦本人的诗作以及后人对梭伦功绩的评述。梭伦在调和贵族和平民矛盾时也不是一帆风顺的，他顶住了各方的压力，这些在梭伦本人的诗作中可以得到相关的信息。另外，梭伦是最早提出"法律面前人人平等"原则的人。梭伦认为，他制定的法律，贵贱不分，一视同仁。后人认为梭伦改革是一场奴隶主实现的民主政治改革，民主政治改革完善了雅典的国家制度。梭伦的政治改革完成了雅典社会向文明体制的转型，破除了君主专制，打破了贵族的世袭特权和垄断国家重要官职的局面，实现国家的民主政治，成为现代西方民主政治的基础。梭伦改革的意义超越了希腊，成为人类历史上促进社会民主进步的一份宝贵遗产。

总之，梭伦的政治革命是一项立法活动，立法的主要内容与实现社会利益分配平等相关，涉及经济、政治、司法等，通过对权利和义务在法律层面上的具体规定，动摇了当时的贵族专制统治，城邦民主政治的基础得到扩大，打破了贵族政治专权的局面，雅典社会各阶层的政治权利也得到了扩大。

### 五、古罗马及古罗马帝国崛起

罗马地区于公元前 1000 年前就有人居住了，台伯河是横跨罗马城的一条河流，位于罗马城的边缘，是罗马城的母亲河。古代西方所有帝国之中，罗马帝国延续的时间最长，是影响力最大的帝国。

罗马历史共分为三个时期：王政时期、共和时期、帝国时期。

第一时期（王政时期）是从公元前 753 年即传说中罗穆卢斯（Romulus，约公元前 771 年—公元前 717 年）建城开始到公元前 509 年埃特拉斯坎国王（Etruscan）被愤怒的贵族逐出罗马结束。

之后，公元前 509 年罗马进入第二时期（共和时期），建立了共和政体（公元前 509—公元前 27 年）。没有了国王之后，罗马人通过选举产生了两名贵族担任执政官，通常执政官由元老议会提名，然后由公民大会（由所有罗马男性公民组成）按程序选举产生，被选举出来的执政官能够掌握国家最高的权力。共和时期加强立法，形成了像国王一样的统治权。在古罗马出现的共和政体是当时民族矛盾和民族问题斗争的结果，保护了平民阶级的权利，使其获得了部分政治权利，从而加强了公民内部团结，内部矛盾得到化解的同时，促进了农业、手工业等经济的进一步发展，也促使罗马公民内部一致对外。

第三时期（帝国时期）为从公元前 27 年到公元 476 年。公元前 29 年，盖维斯·屋大维·奥古斯都（Gaius Octavius Augustus，公元前 63 年 9 月—公元 14 年 8 月）凭借军事力量重新统一古罗马。两年后，即公元前 27 年，罗马元老院授予他"奥古斯都"的称号，罗马帝国宣告成立，也标志着古罗马从共和国转变为帝国。"奥古斯都在混乱的年代开始掌权，重建了濒临崩溃的政治体系，并将罗马带入一个新的繁荣的时代，他也成为罗马历史上最重要的人物……奥古斯都通过彻底的改革和出色的管理，巩固了凯撒所征服的土地，并将它打造成主宰世界长达几个世纪的帝国。"[1] 罗马帝国总共延续1480年，后来的罗马帝国先后经历了克劳狄王朝、弗拉维王朝、安敦尼王朝、塞维鲁王朝等，在安敦尼王朝时期罗马帝国达到了鼎盛。罗马帝国表面上繁荣，但其内部早就孕育着深刻的危机。公元395年，罗马帝国分裂为东西两个罗马帝国，西罗马帝国在外族不断入侵和内部纷争下于公元476年灭亡，而东罗马帝国（也称拜占庭帝国）延续了千年之久，其间帝国几度出现繁荣强盛的局面，但在十字军东征后，东罗马帝国也逐渐衰弱。1453年，君士坦丁堡被奥斯曼帝国土耳其人攻陷，东罗马帝国灭亡。

## 第四节 古代古希腊社会治理思想

### 一、古希腊城邦社会治理特殊性

早期古希腊核心地区土地总面积狭小，山地多，且土地多石，石灰岩地貌，贫瘠的土地上布满了砂石，并形成了众多相互间隔的山谷。在这样的地理自然环境中，无法依靠农业土地经济来养育更多的人口。因此，古希腊人民就发展起商业贸易，拓展海洋经济，通过贸易往来交换人们生活所需的各类物资。商贸活动形成的商旅人员的歇脚地成为贸易驿站，商贸驿站也逐步发展成为商业繁华的城市。"据历史学家估计，那时有几百个独立存在的小城市和村镇通过市民的大量参与来实现自治。其中有五个城市脱颖而出，它们是雅典、斯巴达、底比斯、阿尔戈斯和科林斯。它们在希腊历史上各自雄霸一方的年代就是我们所说的古希腊时代。"[2]

---

[1] 福布斯，普瑞瓦斯.权力 雄心 荣耀[M].田宝康，译.北京：华夏出版社，2010：213.

[2] 福布斯，普瑞瓦斯.权力 雄心 荣耀[M].田宝康，译.北京：华夏出版社，2010：40.

以商业贸易来发展社会经济，其社会分工层次相比于以农耕为基础的小农经济的社会分工层次更复杂，商业活动个人、个人与组织、组织与组织之间的利益关系复杂，由利益引发的各种矛盾也更加尖锐，更多的意想不到的争斗在所难免。为了解决这些社会矛盾，需要利用法律、道德等手段来维护经济社会正常秩序。在竞争性的工商业经济环境中，人们更加关心获取自己的权利来保障自身利益。为此，古希腊平民为争取权利就会去关心社会政治，公开讨论和辨认社会政治成为人们的一种需求。同时，民众对政治的关心与参与也促进了政府职能的提升，对于提高社会治理和自治水平具有促进作用。

为了获取城邦治理的有效方法，需要进行正义的法治建设和提升相关道德水平。由此，在古希腊哲学家的心目中，城邦生活的正义与道德具有绝对的地位。因此，哲学思想的发展，为希腊城邦社会治理作出了积极贡献。雅典城邦成为古希腊各种思想的中心。在城邦治理不断发展的同时，也出现了一批史学家、数学家、艺术家、哲学家等，他们用法哲学的智慧创新法律制度，也用哲学智慧教育民众，为当时社会政治生态的重新选择和重组提供了契机。在这种社会背景下，古希腊社会发展出来的法哲学思想形成各种各样的新概念、新思想，形成了与众不同的古希腊文化，成为西方文明的摇篮。

古希腊发展起来的工商业文明（也叫"海洋文明"）和以农耕文明为主的社会相比，经商致富需要承担一定的风险。在商业经济活动中，如果当事人失误，不仅会损害自己的利益，还会对他的合作伙伴造成损失。就这点来看，工商业文明必须建立在法治基础之上。同时，工商业文明也难免会拉大社会贫富差距。古希腊城邦社会里形成了复杂的社会阶层，如工商业奴隶主阶层、氏族贵族阶层、手工业者阶层、广大农民阶层以及数量庞大的奴隶阶层等。不同阶层的人们为了维护或争取自己的利益，要求城邦社会有一个民主环境，建立民主制度和民主运行的程序等。雅典城邦平民具有参加公民大会的资格，但仅限雅典的成年男性公民，去除奴隶、儿童、妇女等，实际通过雅典公民大会参与社会治理的人口比例很小。雅典城邦的民主制度具有一定的历史局限性，不能与现代民主理论相提并论。不过雅典城邦少数人的民主政治为西方民主政治生活开了先河，也为后来欧洲资产阶级发展民主政治提供了思想基础。

## 二、古希腊城邦治理中的启示

现代国家治理的逻辑，仍然可以从古希腊城邦治理中找到线索，对古希腊城邦治理思想进行梳理，可以为社会治理提供有益的借鉴。

公元前的古希腊城邦治理与现代城市治理具有相似之处。社会阶层分化主要与群体之间悬殊的贫富差距有关，但是，这种贫富差距究其根源是由社会制度决定的，制度因素是社会分层的根本原因，制度因素决定了人与人之间在收入、地位、权力等方面的差异。社会治理，就是要从制度正义性入手，而制度正义性需要从主体对社会贡献程度的视角来进行诠释，只有这样才能够促进社会各阶层进行广泛的对话与合作。社会阶层的多元化合作需要有一个相互对话的平台，而古希腊城邦选择了广场、学校、公民大会等作为对话的平台。研究古希腊城邦治理思想的对话方式，对探索现代社会治理的对话方式具有一定的价值。

古希腊城邦社会所处的那个时代，国家治理概念远没有我们今天这么清晰，亚里士多德描述的"国家治理"主要还是围绕着希腊各城邦治理的内容展开的。法律正义论的理性研究应该追溯到亚里士多德的古希腊时代。亚里士多德认为希腊城邦统治是世界上最先进的统治，这应该得益于城邦居民对法律正义的尊重和认同，并且只有在遵从法律的基础上，市民才会积极参与社会治理相关的活动。依据考古学家和历史学家的研究，公元前古希腊所处的那个时代，社会治理的理念确实是非常先进的，这得益于古希腊工商业经济发展出了复杂的社会经济结构。希腊土地资源稀缺，人们为了生存，不仅需要种植各类经济作物，还要种植小麦等粮食作物，同时需要发展手工业经济和开展对外贸易，并向外进行殖民征服，获取土地资源和掳掠被征服地区的居民成为奴隶，这些奴隶也成为统治者可以控制的经济资源。贫瘠而复杂的自然环境让古希腊的经济结构变得具有多样性。在城邦社会里，人们之间的经济地位和政治地位存在巨大的差距，这也为希腊城邦多样性的治理提供了实践场所。在此背景下,古希腊城邦居民为了维护自己的利益,就会希望通过参与城邦政治来对统治者施加影响。古希腊各城邦林立,并没有形成统一的国家,各城邦社会里的居民多为熟人,更容易共同讨论城邦治理相关的事务。"希腊人认为每个臣民都有参与国家大事的权利。他们认为人是政治动物,只有通过参与社会事务和发表言论才能获满足感。社会的基石是公众的一致认可,而这种认可是通过公众探讨和辨认形成的。"[1]政治需要依靠法律制度才能更好地服务于经济。城邦治理需要发展法律制度,无论是法律制度建设,还是法律制度执行与遵守,都需要在群体中发展人性某种共同的善,也就是要发展人性中的"德性"与"德行",来促使与法律制度相关的诚信让制度发挥作用,这样就能使城邦治理秩序得以维护,促进城邦经济的稳定发展。

市场经济是法治经济,必须有与市场经济相适应的法律制度。古希腊时期的人们也知道这个道理。在古希腊,许多时期的城邦治理由大法官直接主持。古希腊时期成文的法律还没有形成,而古希腊将政治学和法律学二者相互混淆,没有将法律从政治学说中独立出来并进行著书立说,依靠的是大法官自由裁量权,在没有精确的法律成文条例约束的情况下,这种自由裁量权必然存在不足。这与古希腊法律学还没有完全发育成熟有关。而到了古罗马帝国时期,成文法得到发展,很多法律条例的划分明确。从古希腊城邦的历史来看,只要城邦内部和睦,法律正义解读意见统一和治理布局合理,那么领国无论是侵略还是进行破坏,古希腊的城邦国家都不会陷入混乱和无序之中;反之,古希腊各城邦陷入内乱,或者统治管理层内部派系林立、相互争斗,城邦政治见解与法律规则相关的善与正义的解释就会被曲解,派系之争不可调和的情况下,局部利益和整体利益关系无法均衡,明智的见解不能形成共识,人们无视现有规则,将优先自己利益的理由强行与协议制度进行捆绑。这也让城邦治理相关的内部协调与合作变得困难。导致古希腊城邦之间的多次内乱(内战),结果让古希腊民主制消失,原因之一就是古希腊法律制度建设尚欠火候。

---

[1] 福布斯,普瑞瓦斯.权力 雄心 荣耀[M].田宝康,译.北京:华夏出版社,2010:39.

### 三、古希腊代表人物苏格拉底

古希腊著名哲学家苏格拉底、柏拉图、亚里士多德被称为"古希腊三贤"。

苏格拉底的法哲学思想影响深远，他以民主和法治为荣，最突出的就是对正义和法律的尊崇。文献资料显示，在苏格拉底的一生中，他曾服过三次兵役，而将其余大多数的时间和精力都用于教育雅典人的事业上。

古希腊城邦真正体现民主政治，大约是在公元前500年—公元前400年，仅仅维持了100年左右，但在人类古代历史的长河中，这一小概率事件是值得后人歌颂的。从相关文献的描述中可以看出，民主和法治确实能够带来民族的团结和国家的繁荣富强。民主和法治的实践，不仅是一个政治问题，更是一个技术问题。民主的好处，就是能够使人们在法治实践中获得更为丰富的信息，为构建完善的法律制度提供了条件。从公元前431年到公元前404年，希腊城邦长达27年的伯罗奔尼撒战争使全希腊城邦内的政治、社会秩序陷入了极度混乱，这也是古希腊的城邦民主政治走向衰落的原因之一。苏格拉底正处于那个时代，面对处在灾难和衰落中的祖国，他想到的是如何将培养治国人才与培养贤德之士结合起来。苏格拉底认为只有培养出德才兼备的高素质人才，希腊城邦才能被治理好。苏格拉底希望通过向雅典人表达善恶标准及治国之道，让混乱的城邦政治得到改善，从而使雅典城邦重新兴盛起来。

苏格拉底在哲学上有个经典命题，"即苏格拉底悖论，它的意思大概是这样的：没有一个人心甘情愿（或在知道的情况下）做错事，然而，遗憾的是，当所有人组织在一起的时候，我们又总是在知道的情况下做错事"[①]。群体中类似的这种情况应该不少，但我们没有建立这种纠错机制，因此必须依靠第三方的力量建立这种纠错机制。

从文献资料来看，苏格拉底与雅典公民就组成公民大会委员会存在分歧："……根本的分歧在于，雅典人认为，城邦应由自由的、理性的、'政治'

---

① 李侠.科技界的自律与苏格拉底悖论[N].科学时报，2011-05-16（A3）.

的人自我治理，这是雅典区别于其他群体的文明根基；而苏格拉底一以贯之地认为，好的政体应该是'那个知道的人'进行统治。雅典人以'人'为出发点，认为城邦也具有与人相通的内在逻辑，人有其运作规律，城市类似，人对自己的身体自我管理，城市也应当由公民自治。'Polis'——政治、城邦、公民——是一种天性，这是雅典人的政治共识。而苏格拉底将城邦比作船，将居民比作羊群，航行需要船长，羊群需要牧人，所以城邦需要'那个知道的人'来统治"[1]。以上的分歧其实和民主相关程序中的集体理性、集体和个体智慧、群体共识等内容有关。苏格拉底更加看重个人专业化程度，如果集体中大多数成员都不是专业人员而是一群门外汉，再加上这些人得到的各种信息不足，或者信息虽有但不能被鉴别，那么就不能发挥集体理性、集体智慧的作用，这样还是由"那个知道的人"来统治更好。那个时代的社会学理论工具和技术工具都存在严重的不足，让经验丰富的、专业化程度更高的人来承担这项工作也是一种不错的选择，对于如何发挥集体智慧，这是需要具备一定技术条件的。另外，大群体下的个体或小群体由于利益取向不同，在民主的选择上，对特权的阶层来说，有时对民主是不屑一顾的。但是，对手中没有任何权力的公民阶层来说，民主对他们是有吸引力的，他们希望通过对话来争取自己的利益。民主是有条件的，需要构建民主政治制度，通过法治来保障民主。

"……专制的人类群体所拥有的集体智慧具有严重的危害性。"[2] 如果这群人仅以希腊城邦人民的名义拥有一种无限的权威，而不是建立在法律基础上的权威，那么这就可能为暴政播下了种子。不过法律制度本身也是需要由正义来作保障的。罗尔斯说："正义是社会制度的首要价值，正像真理是思想体系的首要价值一样。一种理论，无论它多么精致和简洁，只要它不真实，就必须加以拒绝或修正；同样，某些法律和制度，不管它们如何有效率和有条

---

[1] 彭杨爽.苏格拉底之死分析——以《苏格拉底的审判》为视角[J].法制博览，2018（15）：243.

[2] 胡德良，威尔逊.如何创建集体智慧[J].世界科学，2018（4）：38-42.

理，只要它们不正义，就必须加以改造或废除。"①

民主需要建立在法律制度公平正义的基础上，民主是否客观存在，需要用科学的方法进行证伪。如果仅将民主作为一个独立的命题，将无限权威假托于人民名义上的、不受法律制约的民主，其民主决策结果、其性质与专制暴政没有什么区别，而仅仅是将专制暴政切换到一小部分人的民主暴政。对于民主暴政这么一个概念，可以联想到群体犯罪，它是假托于人民名义来混淆事实，将决策的错误引发不良社会恶果的责任完全推给民众，真正的幕后决策者不为自己的决策失误承担责任而随意指定责任人，自己却逍遥法外。在后来，苏格拉底的学生柏拉图的学生亚里士多德在反思了苏格拉底后期的悲剧命运后，在他的著作《政治学》中给出了苏格拉底悖论最有价值的答案：真正的法治应该有两层含义，既定的法律应该得到普遍遵守，每个人都应该遵守的法律应该是一个完善的法律②。两千多年前亚里士多德给出的这个答案，对于国家推动法治现代化具有借鉴意义。

## 四、古希腊代表人物柏拉图

柏拉图出生于雅典的一个奴隶主家庭，是古希腊客观唯心主义哲学家。他是苏格拉底的学生，同时他又是古希腊著名哲学家亚里士多德的老师。柏拉图在政治、道德和教育理论等方面，竭力为贵族奴隶主统治的社会秩序辩护，是奴隶主国家制度的忠实拥护者。柏拉图试图从哲学和道德入手，寻求正义的法律制度来确认和调整政治关系。柏拉图晚年的作品《法律篇》，其核心主要是法律问题，涉及刑法、民法、行政法、诉讼法等内容。该书认为城邦治理中的法律应该具有至高无上的地位，因此所有的臣民、统治者、政府部门等都要尊崇法律。他还有一个比较重要的观点：法律建设者在法律的重要程度问题上要与该法律所对应的利益相关，并建立与之对应的利益次序，这样才能体现理性的立法。但是早年的柏拉图也有以"人治"的方式治

---

① 罗尔斯.正义论[M].何怀宏,何包钢,廖申白,译.北京：中国社会科学出版社，1988：1.
② 亚里士多德.政治学[M].吴寿彭,译.北京：商务印书馆，1965：199.

理国家的主张，但人选要求比较苛刻，就是让具有最高智慧的"哲学王"去治理国家。在西方，人们对哲学的另外一个叫法是"爱智慧"，在柏拉图的眼里就是依靠智者的卓越的理性去治理国家，但这种理想化的个体人物在现实社会中并不存在。这有点像中国古人所说的贤人之治思想，但又不完全是。这也说明柏拉图的"人治"思想和通常意义上的"人治"不是一回事。完美法治过程是群体合作的结果，由于时代的局限性，实际上在当时，这种需要群体合作的完美的法治实践的成本很高，并且受到技术的限制很难实现。柏拉图应该看到了当时的不理想的法治环境，希望寻找一种突破法治技术限制的理想化的"人治"。

古希腊的城邦社会背景是在充满工商业竞争的环境中实行民主邦联制，而处理多层次民主邦联制内部事务的内容丰富且复杂。在柏拉图眼里，"哲学王"用智慧来实行"人治"，"哲学王"作为一个个体来处理商业竞争中多层次复杂的治理事务并不容易。对一个独立的个体来说，在对有利益冲突事件的评判中秉持中立的立场就已经不容易，这是与人性的自利性相关的，"人治"在约束人性的自利性方面是有困难的，这也是"人治"与"法治"的巨大差异。因此，民主邦联制应该选择的是"法治"而不是任何形式的"人治"，这也是由民主邦联制所处竞争激烈的商业环境所决定的。所以，尽管柏拉图穷其毕生精力，试图让人们接受所谓的哲学王智慧之治（人治），但这自始至终没有成为现实。根据相关文献研究，《法律篇》是74岁的柏拉图逐步认识到了贤人之治的不稳定性，转向由法治替代人治的思想，面对城邦社会现实所写成的有关法治的著作，涉及法律的概念、法治的重要性、立法工作、如何守法等内容。

一般意义上的"人治"，通常来说是个人意志或个人权威凌驾于法律权威之上，国家的命运就会从根本上被个人的意志所左右。当个人权威与法律权威相冲突时，就会造成整个国家或组织治理体系运行的混乱。面对纷繁复杂的国家治理事务中大大小小不计其数的法律、制度、规则条例，"人治"中的个人能力是有限的。面对复杂的治理事务，只有通过群体之间的专业化的分工协作，才能完成法律制度下的法治过程。

在法律与正义的关系上，柏拉图认为，一个人的品性都是由"较善"和"较恶"两个部分组成的，倘若"较善"的部分占据优势，他就能够控制住人性中"较恶"的部分，那么，他就能成为主宰自己的主人；相反，如果一个人接受了不良的教育，或者被坏人的思想所熏染，他就会成为无法主宰自己的奴隶。当"较恶"的部分恶性膨胀到社会无法承受时，那么"较恶"的部分就只能服从外在的权威，而这个外在的权威源于法律制度。对国家来说，法律至高无上，一方面必须考虑法律自身的功能、质量，另一方面必须通过法治实践来实现法律应有的价值。柏拉图倡导公民守法，对公民的教育也就是要引导他们执行和遵守法律；法律（良法）必须拥有权威，国家官员的权力必须受到约束，有了良法还需要由良吏来执行。

### 五、古希腊代表人物亚里士多德

亚里士多德，古代先哲，古希腊人，世界古代史上最伟大的哲学家、科学家和教育家之一。他出生于奴隶主家庭，为维护古希腊奴隶制国家的社会秩序进行辩护，为此，在亚里士多德的法律思想中，他对于法律是否具有阶级性所给出的答案是否定的。亚里士多德创立的形式逻辑学是哲学的一个分支，他认为逻辑学是一切科学的工具。亚里士多德是一个百科全书式的学者，堪称希腊哲学的集大成者。

公元前431年到公元前404年，雅典城邦和斯巴达城邦之间进行了30多年的伯罗奔尼撒战争，雅典城邦受到摧毁，导致古希腊的民主政治走向末路。在斯巴达军队的支持下，曾经参与雅典民主运动的家族被清算，旧贵族势力重新获得对雅典城邦的控制权。战争让原本富裕的雅典城邦的资源消耗殆尽，奴隶主国家的统治阶级的寡头政治逐步抬头，城邦内部各阶层的争斗持续不断，雅典城邦将在未来的时间里继续衰落。亚里士多德为了让分崩离析的城邦摆脱危机、尽快恢复社会秩序，构建了一种城邦治理的新思想。

亚里士多德构建了城邦治理思想，认为法律不是万能的，因为法律不仅与法律条例相关，还与参与法律价值实现人的主观能动性有关，需要用动态的德政来辅助法律。亚里士多德的三大政体学说认为，政体分为三类：君主政体、贵族政体、民主政体。他又说将政体进一步分为正宗政体（或称君主政体、贵族政体、共和政体）、变态政体（或称僭主政体、寡头政体、平民政体），前者促进公共利益，后者谋取自身利益。亚里士多德认为，政体都包含三个要素，即议事部分、行政部分和审判（司法）部分。他认为城邦治理的最终目的是保护和支持公民自由，实现城邦公共利益。这也为后来英国资产阶级发展"三权分立"学说提供了理论依据。亚里士多德的理想城邦思想主要包括：强调法治，前提是有良好法律，并要求全体城邦成员一律服从；城邦治理者要注意法律细节，治理者必须讲诚信；城邦的至善可让城邦持久繁荣；城邦共同体的政权应该由中产阶级来执掌；理想政体应是寡头政体与平民政体的混合；缩小有民主权利的公民资格范围也就限定了民主范围；城邦保持一定人口数量，通过城邦的文化认同让生活在城邦的人们具有集体认同感；承认争取个人利益的合理性；给予对城邦作出贡献者更高的地位；城邦需要建立强大的军事武装力量。

"世上一切学问（知识）和技术，其终极（目的）各有一善；政治学术本来是一切学术中最重要的学术，其终极（目的）正是为大家所最重视的善德，也就是人间的至善。政治学上的善就是'正义'，正义以公共利益为依归。"[①] 古希腊圣贤认为，正义可以从契约中得到理解，道德的主体来自个人，而正义的主体存在于群体之中，如国家、社会、组织。从古希腊城邦治理视角来理解，就是城邦中的个体通过道德的自我约束，兑现个体与其他主体、个体之间所达成的契约。这里的正义相当于遵纪守法，遵纪守法适用场景存在于群体之中。亚里士多德认为人性具有善恶两面性，而且人与动物的区别在于人具有理性的特点。亚里士多德的"政体"概念是与城邦联系在一起的。我们现在所说的政体，一般指政治体制，政治体制表现为统治阶级设立的各种权力机构。亚里士多德认为，法律是通过政体来制定的，制定出来的法律应该能够与政体相适应。实际上，法律一旦制定将成为一种社会公认契约，法律的权利和义务就此形成。法治的前提是法律本身具有正义性，也就是说，法治之法具有道德功能，法治必须建立在良法基础之上。人们的权利受法律

---

① 亚里士多德. 政治学 [M]. 吴寿彭，译. 北京：商务印书馆，2017：151-152.

保护而不被他人侵犯，具体表现为人们的物质和精神利益不受侵犯。法律义务，简单来说，就是法律明文规定的具体义务，也是指法律关系主体依法承担的某种必须履行的法律责任。

亚里士多德对古希腊法治思想的重点进行了系统梳理和概括总结，他的老师柏拉图认为人治（贤人之治）才是最理想的或最好的统治，他否定柏拉图所说的人治（贤人之治）优于法治的国家治理理论，主张国家治理法治优于人治，用法治替代人治才是最佳的国家治理方案，并对其后的西方法治理论与实践产生了极其深远的影响，也成为后期西方资本主义国家法律理论的奠基人之一。对于"正义"的概念，一般和与道德相关的公平原则相联系。在亚里士多德看来，正义就是守法。这样亚里士多德就从正义的理念中衍生出法律议题。他所提出的正义观可以分为两个层次：第一，正义要用中庸的原则来确立；第二，权利的平等分配。

法律是通过制度化的正义来实现正义的，法律正义是通过法治实践过程来获得社会理性的。

古希腊城邦治理思想包括政治上的公正，就是政治上善，能够体现共同利益，是城邦政治共同体维持秩序的基础。另外，美国心理学家艾布拉姆森（Abramson）在《弗洛伊德的爱欲论》一书中认为，政治从本质上不同于私人生活，不能表达为家的温暖，亲属形式的关系扩延到公共领域将产生虚弱的松散的结局，这种结局就是只关心自己的东西而少关心共同的东西，政治与爱欲联系在一起是导致极权的前奏。当政者的品性合乎公正，分为政治公正和个体公正，政治公正决定个人公正，法律之上的政治公正是排除私欲的最高美德。

# 第三章　社会数字治理信用化下的货币创新

为什么将社会治理信用化与货币联系起来？中国社会信用体系建设是从制度信用入手的，制度运行的结果才能衡量制度的价值量，对提高组织或社会的效率和效果具有重要意义。社会劳动是财富的源泉。社会劳动是合作劳动，劳动的分工与合作需要秩序，这种维护合作劳动的秩序需要制度来规范。制度性劳动推动了生产性劳动的价值创造，制度性劳动是生产性劳动的必要条件，这样制度性劳动也间接创造价值，其部分价值也应当融入与商品世界并存的货币世界里。伴随资本主义发展而完善起来的货币，"用物的形式掩盖了私人劳动的社会性质以及私人劳动者的社会关系，而不是把它们揭示出来"[①]。也就是说，这种围绕资本发展起来的货币，其本质是一种制度性安排，目前货币没有揭示与劳动合作秩序相关的内容使得货币价值内容不完整。创新货币要从劳动价值论入手，将制度价值因素纳入货币之中。

## 第一节　社会治理主要包括哪些内容

### 一、社会治理与民主法治

西方的"治理"（governance）一词源自古典拉丁文和古希腊语，原意是

---

① 中共中央马克思恩格斯列宁斯大林著作编译局.马克思恩格斯文集：第 5 卷 [M]. 北京：人民出版社，2009：93.

"控制、引导和操纵"。通过对治理相关文献的梳理可知，有关治理的含义并不局限于政治领域，还运用于经济等领域。治理的实质是参与治理的各主体基于对治理制度规则的认同，以此作为权威来维持治理实践的有序进行。治理实践的各主体需要对责任与义务、共同利益、共同目标等内涵有清晰的认识。在治理实践中不仅限于权力、命令或权威运用，还存在其他的治理方法和技术的参与。治理是一个群策群力的过程，通过运用集体智慧发挥集体力量，让大家一起来想办法为集体贡献自己的力量。群策群力的过程也是一个相互沟通、协商协助、共同合作的过程，还是一个共同推动制度价值功能充分发挥的过程。

社会治理理论的兴起是时代进步的标志。信息技术迅猛发展已经改变了人类社会的生产生活方式，以往陈旧的社会管理模式已经难以适应时代发展的要求，自上而下的管理模式存在信息不对称的弊端，相比自上而下与自下而上相结合致力于消除信息不对称的治理模式，自上而下的管理模式越来越显得陈旧落后。自上而下的管理模式对即将发生或正在发生的不良事件无法进行判断，当发生严重责任事故时，由于责任定位模糊，各方往往会彼此推卸责任。社会治理的主体是多元的，治理实践活动实际运用场景发生在各种类型组织中，尤其是政府部门有登记备案的营利性和非营利性组织。在社会治理模式下，由于对主体的责任和贡献有了事先规划，治理主体和被治理主体相互之间的角色可能会互换，在明晰权利（权力）和义务的前提下，就能够让制度的价值功能充分发挥。

社会治理理论形象地描述了治理运行场景，它们是有关多主体之间的平等合作、对话、协商、沟通、伙伴关系的动态治理过程。就目前来看，这样的描述仅存在于治理相关的理论模型中，对于如何将治理理论与治理技术相结合，这方面的文献论述很少。这为治理理论走向实践带来了一定的困难，理论如果不能与实践相结合，那么治理理论模型的结果也仅是空中楼阁，犹如昙花一现。为什么呢？因为在一个治理共同体中，有关平等合作、对话、协商、沟通、伙伴关系的治理实践场景对民主制度构建、运行、维护的要求更高，如果没有强有力的技术工具来支持这项实践活动，就无法维护治理规则的权威性，那么可能使得治理共同体中的各主体各自为政、自说自话，最终导致治理实践活动陷入混乱。

在法治轨道上推进国家治理现代化是一场伟大的革命，这个观点已经得到社会的共识。法治以民主为前提和基础，民主制度发挥作用成为制约权力的关键，法治的核心在于将法律制度置于最高地位。组织是社会治理理论所对应的实际运行场所，组织治理需要建设与其相配套的制度系统。对组织治理来说，制度分为外部制度和内部制度，而内部制度的构建需要同外部制度相协调，否则构建出来的内部制度可能违反国家宪法、法律。法律制度历来就具有阶级性，《中华人民共和国宪法》第一章第二条规定："中华人民共和国的一切权力属于人民。人民行使国家权力的机关是全国人民代表大会和地方各级人民代表大会。人民依照法律规定，通过各种途径和形式，管理国家事务，管理经济和文化事业，管理社会事务。"社会治理的主体是谁，我们国家的宪法已经给出了答案，即社会治理的主体是当家作主的人民；社会治理的方式，是在中国共产党的领导下，依照法律的具体规定由人民治理国家。"一切权力属于人民"突出了人民当家作主的地位，体现了一切权力属于人民的宪法精神和人民民主专政的国家性质。

在我国宪法、法律之下建立起来的各项组织制度，从目前的技术层面来看，还无法与社会现实之间做到一一对应。这就为我们的法律制度留下了不少的创新机会，但总的来说法律作为国家制定或认可的强制性规范，是国家意志的一种体现，组织内部制度的构建不应该也不能偏离国家宪法、法律的具体规定性。"根据现代治理理论，'民主'和'法治'是国家治理体系现代化的两个轮子。在民主和法治的关系问题上，民主又是法治的内核。法治，就是以集中反映人民根本利益和意志的法律来治理国家。"[1] 邓小平在《坚持四项基本原则》一文中指出："没有民主就没有社会主义，就没有社会主义的现代化。"[2]

---

[1] 刘同君. 论习近平法治思想中权力观的内涵要义与时代价值 [J]. 法治现代化研究，2021，5（5）：14-29.

[2] 邓小平文选：第 2 卷 [M].2 版. 北京：人民出版社，1994：168.

民主与法治相辅相成，两者是不可分割的，民主促进法治，法治是实现民主的手段，可以保障人民民主权利，民主和法治之间存在相互促进的关系。

## 二、治理逻辑和治理内容

从组织学视角来说，组织治理是对组织管理的一次升级。对复杂的大型组织来说，组织治理理论所描述的多维度的运行场景，就如同建筑物设计图、大型工程图、计算机软件网络图所绘制的那样，纵横交错但条理清晰；治理理论走向实践，也需要对多组织进行模块化分解后，将各模块与计算机软件中的相关信息指令进行连接，依据治理逻辑来处理与治理相关的信息。20世纪中叶以来，国内外治理理论的发展是丰富的，涉及政治学、经济学、组织学等领域。经济是政治的基础，政治是经济的集中表现。经济治理的好与坏，也体现政治能力水平的高低。推动治理理论与治理实践协同发展，可以促进制度创新和技术创新，用于探索出一条更加符合我国制度逻辑的治理模式，为国家治理现代化提供有力的保障。"国家治理在广义上涵盖对国家一切事务的治理，等同于治国理政。广义的国家治理同时涵盖了纵向、横向、时间、空间四个维度。在纵向上，涵盖从中央到地方，再到基层以及组织、个体层面的治理；在横向上，涵盖政府、市场、社会等领域的治理。"①

管理社会机器的国家自上而下的层次结构具有大型组织的特征。现代社会大型组织得到空前发展，一般这类大型组织采用的仍然是科层制组织形式，存在信息不对称的局限性。治理理论的发展为解决科层制模型存在的问题提供了机会，治理模式能够为组织内重要信息传递阻塞的问题提供解决方案。与管理模式不同，治理模式的上下互动是立体的、多维度的，在需要时可以延伸到社会的各个领域。

治理可以分为整体治理和局部治理，国家治理体系是对一个国家的整体治理的体系，包括国家法律制度体系、政党制度体系、社会制度体系、这

---

① 郁建兴.辨析国家治理、地方治理、基层治理与社会治理[EB/OL].（2019-08-30）[2023-03-18].http://theory.people.com.cn/n1/2019/0830/c40531-31326555.html.

些宏观体系最终可以延展到局部的基层组织治理的各分支体系,厘清与治理相关的各大小分支体系,也就回答了治理什么的问题。"什么是国家治理能力?一是国家机构履职能力;二是人民群众依法管理国家事务、经济社会文化事务、自身事务的能力;三是国家制度的建构和自我创新能力。"① 国家治理能力的评判,需要从社会主义法律制度入手,社会治理的内涵和治理的运行机制的内容是丰富的,其重点是社会治理要恪守法律制度程序控制下的正义,社会治理中的程序正义是走向社会治理现代化的关键一步。

从组织学角度来看,因为组织的规模不同,执行的目标任务不同,需要构建起来的组织治理结构也有差异。这与制度运行需要成本相关,结构简单的组织制度成本相对较低,组织结构复杂的科层制组织制度运行成本就高,这类组织治理对信息传递质量的要求很高,因此,相对复杂的科层制组织治理需要进行事先规划,在如何发挥制度的价值功能问题上,需要通过一定的技术参与才能给出客观的评判。

### 三、社会治理下的诚信治理

治国理政以诚信为本,同样组织治理也以诚信为本,诚信建设是提升治理效能的前提条件。"治理中的主体结构是一个将国家、政府、社会组织、公民个人统合而成的立体结构,在这个结构中,各主体之间彼此牵制、协调互动,保持动态平衡。与传统的自上而下线性单向式的'管理'不同,'治理'则是一种自上而下与自下而上双向联动的过程。"② 环环相扣的治理结构中,主体之间的互动需要诚信来保障信息的完整性、可靠性。在实践层面上,社会治理结构实现不同的治理目标所需运行的制度内容也不同。运用法理制度关系来构建合法性、正当性、合理性的法理性权威,让制度落实主体与制度执行客体有了双方共同认同的基础,这就要求权力主体走在制度关系中,这样的权力更有利于引导、控制、规范、维持组织中的合作秩序。同

---

① 赵欣.胡涵锦.基于国家与社会关系视角的国家治理现代化研究[J].成都行政学院学报,2014(5):4-7.
② 胡鞍钢.中国国家治理现代化的特征与方向[J].国家行政学院学报,2014(3):4-10.

时，对执行制度的主体来说，有责任和义务维护制度运行的安全，以及当发现制度存在问题时及时提出异议，来纠正制度上存在的问题。对相对复杂的科层制组织形式来说，自上而下单向运行模式使得制度信息传递也是单向运行的，信息单向运行缺乏反馈系统，由于主导人们的行为方式是个体理性，因此在信息不对称的情况下，为了不正当的利益，相关主体更容易产生诚信问题，这样就造成了虚假信息在治理共同体里传递。所以，社会治理首先需要规划的是诚信治理，通过有效的诚信治理来改善与制度相关的信息传递阻塞问题，让组织合作中的责任界限变得清晰。

组织中不仅有所有者与管理者之间的委托-代理问题，而且有管理者与被管理者之间的委托-代理问题，在组织信息不对称的情况下，制度关系也可能存在不明朗，主观的人治现象就会出现。当权力与权威的合法性难以保障时，群体中的信任关系也难以维系。在缺乏诚信的环境中，人们之间的互助合作也成为一种奢侈，这样所有者、管理者、被管理者之间的利益冲突将无法避免。

治理理论兴起有着它的时代背景，那就是曾经与工业社会相适应的管理模式，越来越显示出其运行的僵化和反应迟钝的弊端。信息社会的劳动合作是将知识叠加的劳动合作，这种合作对人与人之间的相互信任有很高的要求，而组织中的信任源于组织制度的有效性，提升组织中的制度效率需要投入一定的成本费用，其中包括组织诚信治理相关的成本费用。组织管理模式切换到组织治理模式是时代的呼唤，组织治理的自上而下与自下而上双向联动的过程，也是各主体间互动合作的过程。这种互动合作是有条件的，治理模式需要从制度关系中构建远离个人利益、走在法律制度秩序之上的法理性权威。构建法理性权威要注意几点：一是制度构建与价值认同；二是价值交换与公平公正；三是与制度相协调的话语权；四是相互信任协调合作。构建法理性权威的目标，就是要让权力遍布于治理共同体中，这样就会形成更大的力量来推动制度价值功能的发挥，这对组织治理效能的提升起到关键性作用。组织治理效能的提升是通过发挥制度价值功能来实现的，组织治理效能通常以质量参考为主，以能否增加组织合作剩余的产出与结果关系加以衡量。但是，效能衡量提供服务的影响与质量，在提供服务的性质上界定模糊、难以数字化。为了加快推进国家治理体系和治理能力现代化，我们需要利用效率指标来对重要的治理要素进行量化或货币化，从而对制度、政策、目标等内容进行评价。这就涉及对组织中各岗位的贡献及责任进行精确定位的问题。解决贡献及责任定位的问题，对组织形成针对性激励具有积极意义，必将为相关组织获得未来发展的确定性带来希望。

社会信用（诚信）体系和社会治理体系建设相关概念内涵具有重叠性。诚信体系主要用于推动组织治理中的制度诚信，它是通过提升个体和群体的德性来实现的；而治理体系更关注治理的层次结构、规则运行、互动协同、协调合作、责任机制等各种程序上的细节。从某种程度上说，它们之间是相辅相成的。这一构想可以从《国务院关于印发社会信用体系建设规划纲要（2014—2020年）的通知》的文件纲要精神中有所体会，文件纲要中的社会信用（诚信）体系建设与社会治理体系建设内容包括组织和个人范围。社会治理是"建设人人有责、人人尽责、人人享有的社会治理共同体"。责任不是孤立的，责任是建立在制度基础上的；而制度具有价值属性，制度推动价值实现的过程，制度发挥作用，制度变得有效，可以让个体、群体彼此信任，为增加合作剩余创造了条件。

社会治理理论中的组织治理模式是一种合作模式，要想获得良好的合作秩序，需要在组织中发展出与制度诚信相关的德性，让相关主体形成自我约束力；但是，这种自我约束力并不稳定，需要外在的他律来让其变得稳定，这就需要有与组织制度相关的诚信治理。

## 四、社会治理现代化的重大决策

2013年11月，党的十八届三中全会关于《中共中央关于全面深化改革若干重大问题的决定》首次提出：推进国家治理体系和治理能力现代化；创新社会治理，必须着眼于最广大人民根本利益；创新社会治理体制，改进社会治理方式，依法治理激发社会组织活力，以解决社会经济增长的动力问题。激发活力依靠的是什么？是发挥制度价值功能。解决经济增长动力依靠的是什么？是对相关人员贡献的精准定位，依据贡献的质量和数量形成精准的激励。

2014年，习近平同志在庆祝全国人民代表大会成立60周年大会上提出了"八个能否"的标准，指出"评价一个国家政治制度是不是民主的、有效的，主要看国家领导层能否依法有序更替，全体人民能否依法管理国家事务和社会事务、管理经济和文化事业，人民群众能否畅通表达利益要求，社会各方面能否有效参与国家政治生活，国家决策能否实现科学化、民主化，各方面人才能否通过公平竞争进入国家领导和管理体系，执政党能否依照宪法法律规定实现对国家事务的领导，权力运用能否得到有效制约和监督"。"八个能否"的标准的提出，为全面实现国家治理体系和治理能力现代化的制度建设指明了方向。干部能上能下依据源于与之相关的客观的贡献数据；人民依法参与管理国家事务，需要恪守法律制度程序控制下的正义；人民群众的利益诉求，是通过有效的民主制度来保障的；社会各方参与国家政治生活，需要通过制度创新来完善这方面的工作；国家决策科学与民主，需要通过技术创新来获取高质量的数据资源；人才竞争需要不断完善公平公正的竞争制度；执政党依法领导国家，需要对社会各组织的内外制度执行情况进行科学的评估；权力运行的有效制约和监督，可以通过对责任定位和制度价值功能的发挥来实现。

为了推进国家治理体系和治理能力现代化，国家出台了一系列的政策文件，具体如下。

2015年10月，《中共中央关于制定国民经济和社会发展第十三个五年规划的建议》提出了加强和创新社会治理。建设平安中国，完善党委领导、政府主导、社会协同、公众参与、法治保障的社会治理体制，推进社会治理精细化，构建全民共建共享的社会治理格局。

2016年3月，《国民经济和社会发展第十三个五年规划纲要（草案）》提出，加强社会治理基础制度建设，构建全民共建共享的社会治理格局，提高社会治理能力和水平，实现社会充满活力、安定和谐。

2017年3月，在第十二届全国人民代表大会第五次会议上，时任国务院总理李克强作政府工作报告，表示要推动社会治理创新。

2017年10月,在中国共产党第十九次全国代表大会上,习近平总书记强调要提高保障和改善民生水平,加强和创新社会治理。

2018年3月,在第十三届全国人民代表大会第一次会议上,时任国务院总理李克强在作政府工作报告时指出:"坚持依法全面履行政府职能,着力加强和创新社会治理,社会保持和谐稳定。……打造共建共治共享社会治理格局……完善基层群众自治制度,加强社区治理。……加强社会信用体系建设。"

2019年9月,习近平主持召开中央全面深化改革委员会第十次会议并发表重要讲话,指出:"落实党的十八届三中全会以来中央确定的各项改革任务,前期重点是夯基垒台、立柱架梁,中期重点在全面推进、积厚成势,现在要把着力点放到加强系统集成、协同高效上来,巩固和深化这些年来我们在解决体制性障碍、机制性梗阻、政策性创新方面取得的改革成果,推动各方面制度更加成熟更加定型。"

2019年10月,《中共中央关于坚持和完善中国特色社会主义制度 推进国家治理体系和治理能力现代化若干重大问题的决定》强调"加强和创新社会治理,完善党委领导、政府负责、民主协商、社会协同、公众参与、法治保障、科技支撑的社会治理体系,建设人人有责、人人尽责、人人享有的社会治理共同体"。

2020年5月,在第十三届全国人民代表大会第三次会议上,时任国务院总理李克强在政府工作报告中指出,加强和创新社会治理,健全社区管理和服务机制,加强乡村治理等。

2021年7月,中共中央、国务院印发《关于加强基层治理体系和治理能力现代化建设的意见》,指出基层治理是国家治理的基石,统筹推进乡镇(街道)和城乡社区治理是实现国家治理体系和治理能力现代化的基础工程。

2022年,习近平同志在党的二十大报告中全面系统地总结了新时代社会治理的创新理念和举措,指出完善社会治理体系,健全共建共治共享的社会治理制度,提升社会治理效能,同时提出"中国积极参与全球治理体系改革和建设,践行共商共建共享的全球治理观,坚持真正的多边主义,推进国际关系民主化,推动全球治理朝着更加公正合理的方向发展"。

2023年3月，习近平总书记在第十四届全国人民代表大会第一次会议上的讲话中提出"要贯彻总体国家安全观，健全国家安全体系，增强维护国家安全能力，提高公共安全治理水平，完善社会治理体系，以新安全格局保障新发展格局"。

2023年3月，时任国务院总理李克强代表国务院在十四届全国人大一次会议上作政府工作报告，指出："推进政府依法履职和社会治理创新，保持社会大局稳定。加强法治政府建设，使经济社会活动更好在法治轨道上运行。……加强和创新社会治理。推动市域社会治理现代化，完善基层治理，优化社区服务。……推进社会信用体系建设。完善公共法律服务体系。"

建设人人有责、人人尽责、人人享有的社会治理共同体。回眸历史让人联想到著名的"窑洞对"。1945年7月，在延安城西北的杨家岭的窑洞中，著名的"窑洞对"在这里进行。面对黄炎培提出的如何跳出历史周期率等问题，毛泽东给出了答案："这就是让人民监督政府……人人起来负责……"等。"人人有责、人人尽责"中的"责"与"权"和"利"是组合关系，它们之间相互影响、相互作用。"人人有责、人人尽责"反映了坚持以人民为中心的发展思想。需要将这一理念融入社会治理实践，通过社会治理的实践活动，不断发展社会主义人民民主，让人民依法全面地参与管理国家和社会事务。体现中国特色社会主义的人民才是国家真正的主人，决定了中国才是世界上最大的民主国家。同时，中国社会治理模式必然选择自上而下与自下而上双向互动的社会治理形态，这种上下互动的组织治理模式和社会主义民主制度一脉相承。

## 五、社会治理效能如何体现

社会主义制度优势转换为治理效能，必将为中华民族伟大复兴作出贡献。通过对相关文献的阅读和分析，笔者发现对提升社会治理效能的研究并没有将社会治理的经济效益与社会效益相互兼顾，大多数文献仍然停留在语言描述层面。"国家治理体系和治理能力现代化"这句话，本身意味着需要科技的力量参与来实现社会治理效能的大幅提升。

"效能"一词在《大辞海·语词卷》中有两种解释,一种为名词,另一种为动词。效能作为名词是指"事物所蕴含的有利作用"[①];效能作为动词时,就会与行为主体的技能熟练程度及人的主观能动性相关,它会涉及主体的执行效果和结果以及贡献能力等问题。主体贡献能力需要的是组织中的个人有意愿为组织贡献,这也是提升社会治理效能的关键所在。社会治理是有组织的活动,脱离组织的贡献或许是将利益贡献给了个人,对个人所在的组织来说意义不大。效能通常以质量来识别,以效率的产出与结果之间的关系来衡量。效率指标可以量化,也可以通过货币化来表达。社会治理的实践场所是组织治理,组织治理效能将涉及评价问题。党的十八届三中全会提出"国家治理体系和治理能力现代化"的重大命题。作为命题,只有判定为真或伪两种陈述或判断。命题的判定需要通过事实、证据、观察或逻辑推理进行科学验证。判定"国家治理体系和治理能力现代化"这个大命题,需要通过海量的组织治理效能情况给出科学的回答。

治理效能评价首先给出评价标准,然后围绕一系列的标准逐项评价,再到整体性评价,评价是否科学、客观等关系到评价结果能否用于改善治理效能等问题。另外,治理效能评价还涉及治理效率和效果问题。治理效能评估的有效性,是建立在社会治理的制度有效性以及与治理相关制度运行能力有效性基础上的。社会治理是有组织的实践活动,在治理实践中的制度信息传递是否畅通,关系到能否获得对治理效能的客观性评价。制度的生命力在于运行制度可靠性,它决定了制度的价值功能的发挥程度。制度资源是人造资源,属于人文社会资源,利用该资源具有强制性的内在要求。良好的制度是组织的稀缺资源,需要有效治理来为组织创造价值。

在经济学层面,制度作为一种资源也具有稀缺性;从政治学层面来说,社会主义相比资本主义在制度资源方面具有显著的优势。资本主义私有制是通过资本来调动人的积极性,具有局限性;社会主义制度的资源优势在于,围绕按劳分配制度,通过劳动贡献进行多点激励,当劳动贡献计量的精细化程度与激励相容时,就能够大范围调动群体和个体的劳动积极性。按劳分配

---

① 夏征农,陈至立. 大辞典·语词卷[M]. 上海:上海辞书出版社,2011:3887.

制度精细化运行,需要对按劳分配后的实际激励效应进行测度来调整激励方案,从而构建合理而有效的激励机制,解决社会经济快速发展需要的动力问题。

"今天,几乎一切理解人类群体活动的科学都需要对价值问题作出判断。对现代社会的任何一个群体生活和活动的理解,如果不从价值的高度出发,都会陷入无穷无尽的纷争,特别是对公共领域的理解,去除价值,不仅在理论上会陷入纷争,而且在实践上将会出现有害的结果。"[①] 社会治理的效能评价要从价值高度出发,将治理效能评价工作建立在科学的基础上。社会治理要以社会主义核心价值观为导向、以正义制度为枢纽来回应社会治理过程中可能存在的各项争议。

社会治理强调建设人人有责、人人尽责、人人享有的社会治理共同体。责任并不是独立存在的,存在一个责权利的组合关系,实现责任与权利、利益三者之间的均衡可以为组织创造更多的价值,对组织发展壮大至关重要。而实现责权利均衡,取决于组织内对责任定位和贡献定位的可靠程度。社会主义本质上是人民群众自我解放的事业,人民群众是社会主义核心价值观的评价主体。社会治理参与者必须拥护国家宪法,以人民为中心,服务于人民。基层群众参与社会治理是人民当家作主最有效、最广泛的途径。共同构建社会治理共同体,共同承担责任,竞相为社会作贡献。每个人存在着先天禀赋上的差异,社会治理的目标之一就是发挥每个人不同的优势,让每个人发挥长处,施展才干,在自己的工作岗位上为社会进步作出自己的贡献。社会治理秉持以人为本理念,让人们在参与社会治理的过程中实现自己的人生价值。

---

① 张康之.社会治理中的价值[J].国家行政学院学报,2003(5):20-23.

## 第二节　社会数字治理信用化

### 一、社会信用体系

《国务院关于印发社会信用体系建设规划纲要（2014—2020年）的通知》中提出，社会信用体系是社会主义市场经济体制和社会治理体制的重要组成部分，它以法律、法规、标准和契约为依据，以健全覆盖社会成员的信用记录和信用基础设施网络为基础，以信用信息合规应用和信用服务体系为支撑，以树立诚信文化理念、弘扬诚信传统美德为内在要求，以守信激励和失信约束为奖惩机制，目的是提高全社会的诚信意识和信用水平。上述文件显示社会信用体系包括市场经济体制和社会治理体制两大组成部分，这两部分之间存在相互联系、相互依存的关系，就是通过提升社会治理效能来发挥社会主义制度优势，从而为社会创造更大的价值，而社会治理效能提升需要通过市场经济体制运行才能获得令人满意的答案。

"社会信用体系是市场经济的重要制度安排，是以相对完善的信用法律、法规体系为基础，以建立和完善信用信息共享机制为核心，以信用服务市场的培育和形成为动力，以政府强有力的信用监管为保障的国家治理机制。"[1] 社会信用体系的构建需要以完善的信用法律、法规体系为基础。社会信用体系也称国家信用管理体系或国家信用体系。社会信用体系依赖契约、法律规则等形成约束力。相关文献显示，我国的社会信用体系是一种制度信用，以信用制度为依据来惩戒失信、褒扬诚信、提高社会整体信用水平，来净化经济环境和社会环境，从而维护社会稳定、整合社会资源、激发市场活力。

社会信用体系可以沿着社会治理的脉络来逐步完善信用基础设施的网络。推进国家治理体系和治理能力现代化，需要依法依规地走在法治轨道

---

[1] 宋雄伟. 构建社会信用体系的路径探析 [J]. 行政管理改革，2015（12）：31-35.

上。制度经济学认为，如果没有制度的阻拦，人都是机会主义的[①]。由于人在信息上存在不对称性，从而形成机会主义行事方式，遏制机会主义需要建立约束性承诺并由一定的规则强制执行。同样，实际的治理行为也可能存在机会主义行为方式。社会信用体系作为一种保障制度有效运行的工具，可以镶嵌在社会治理的程序中，用来观察社会治理行为是否依法依规，根据行为结果来评判治理活动是否符合制度诚信。

社会治理理论走向社会治理实践，依据不同的法律制度关系来引导治理主体的治理行为遵守法律秩序。然而，治理实践涉及人与人之间的相互协调、相互合作、相互认同等具体问题，治理实践的持续互动中需要有秩序才能实现共同的目标，而维持良好的秩序就是要有良好的制度和良好的制度运行机制，要求参与治理的各主体行为远离个人利益，遵守法律秩序。然而，这种良好的秩序是不会自动形成的，需要社会信用体系的有效运行才能得到我们希望的结果。社会信用体系所要构建的数字网络系统工程涉及多学科领域，需要运用系统性思维模式重新建构其新的知识体系。这些知识体系包括国家宪法法律制度、社会治理理论、治理实践的运行机制等，涉及组织架构的优化、信用制度的创新、客观信用信息的获取、评价评估的科学性等。

对于社会信用体系的系统性及整体性建设，有一条主线，那就是要在制度信用上作出努力。"社会信用体系建设是一个有着巨大抱负的社会工程，对其有效性进行评价有着相当难度。"[②] 社会主义核心价值观有异于西方资本主义国家的价值观，我国的社会信用体系建设借鉴西方国家信用体系建设经验具有局限性。资本主义国家的信用活动主要是围绕"资本"展开的，而中国期望构建的社会信用体系并不会完全围绕着"资本"要素展开，还要考虑到如何围绕"劳动"要素，通过发挥社会主义制度优势来形成有效激励，从而解决社会主义经济增长的动力问题。

我国的社会信用体系建设将是一个史无前例的巨大社会工程，这是由

---

[①] 柯武刚，史漫飞.制度经济学：社会秩序与公共政策[M].韩朝华，译.北京：商务印书馆，2000：320.

[②] 沈岿.社会信用体系建设的法治之道[J].中国法学，2019（5）：25-46.

"以人民为中心的发展思想"所决定的,"以人民为中心"是对马克思主义唯物史观的继承和发展。责任并不是独立存在的,它与制度、权力(权利)、利益相互之间存在交织关系。中国幅员辽阔、人口众多,经济组织也各不相同,因此信用制度构建的侧重点会有差异,信用(诚信)规范的运行机制、诚信(信用)信息采集等所要考虑的问题会很多。诚实信用原则作为道德性规范已经被引入法律条款,一旦信息采集出现错误,将会对相关主体造成各种伤害和损失。这就要求提升信息采集的技术含量,将信息采集可能出现的差错降低到可以接受的范围内。另外,社会信用体系是围绕制度信用来提取信息的,对制度诚信(信用)的合规度进行检测是信用服务工作的重要组成部分。社会信用体系是社会主义市场经济体制和社会治理体制的重要组成部分,社会信用体系建设要想为推动社会经济建设发挥作用,就要将社会治理与市场经济相互促进的各自表现联系起来,通过社会信用体系相关的评级、评价等报告,来解读社会治理和市场经济运行的有效性。

## 二、社会信用体系建设是国家重大战略决策

新中国成立后到改革开放前的这段时间里,由于国家实行的是计划经济,将信用关系都纳入国家计划调控的范围内,大部分的信用资源受控于政府行政命令。1976年10月后,中国社会经济发展迎来了新契机。1978年12月,党的十一届三中全会在北京召开,长期主持中国财政经济工作的陈云同志在会议上提出国家工作重点转移到社会经济发展上来和加快经济发展等若干问题。经过40多年的社会主义市场经济体制改革,我国的国民经济得到了快速发展,人民生活水平得到了普遍提高。

改革开放不久,由于我国市场主体信用(诚信)意识缺乏,在社会快速发展的过程中也出现了诚信问题,尤其是在经济领域,商业失信的乱象,包括盗窃知识产权等许多与经济活动相关的失信行为不断出现,经济主体之间的信用危机越来越严重,也就是在那个年代,俗称的"三角债"现象在全国蔓延开来,大量的国有企业经营也陷入了困境,全国经济主体之间相互拖欠的金额总数目巨大、触目惊心。在此危难之际,不法分子趁机谋取私利,通

过内外勾结侵吞国有资产，导致大量国有资产流失。为此，国家于1990年3月发布《关于在全国范围内开展清理"三角债"工作的通知》（国发〔1990〕19号），第一次提出"社会信用"一词。由于历史原因，信用问题没有被当时的人们所关注，社会信用制度的缺乏严重制约经济体制改革的步伐。与此同时，原有计划经济下的经济制度并不适应市场经济发展的需要，在缺乏一系列信用制度的条件下，利用政府行政权力来干预市场主体的经济活动，给经济发展带来了诸多的不确定性。

社会主义市场经济本质上是法治经济、契约经济，也是信用经济。法治是市场经济的本质核心，需要构建完善的制度来推动经济的发展。制度要想在经济活动中发挥其价值功能，需要通过提升各经济主体与制度相关的诚信治理水平来实现。诚信是市场经济的基石，市场经济的发展需要公平、公正的市场秩序来实现市场资源的优化配置。而维护市场秩序，需要一系列制度的可靠运行来保障。

在改革开放前二十年，我国市场主体信用意识薄弱，这与中国信用发展存在历史欠账有关。1801年英国布鲁林已经成立了征信局①，那时候的中国还在清朝封建统治之下；鸦片战争后，中国自给自足的封建小农经济逐步解体，中国的工商业经济还是在近代逐步发展起来的，导致信用行业一直以来在中国发展迟缓。市场经济是契约经济、信用经济。信用缺失会导致技术创新停滞、市场经济运行的效率低下，而市场经济的健康发展需要法治经济、契约经济、信用经济不断完善。

中国社会信用体系建设源于20世纪80年代金融领域零星的信贷征信。20世纪90年代，社会对信用经济已经有了需求，社会信用体系建设也进入了自建阶段，但人们的信用意识还局限在一定的范围内。实际上，20世纪80年代后期，我国政府就开始重视社会信用体系的建设，并在相关城市进行了试点。上海市1999年按照国务院领导同志批示，率先启动了个人信用征

---

① 石勇，孟凡. 信用评分基本理论及其应用 [J]. 大数据，2017，3（1）：19-26.

集试点①。也就是说，20世纪八九十年代末，社会信用体系建设问题已经得到国家的高度重视，并已经进入初步的建设阶段。

1999年10月，"国家信用管理体系课题"成为我国第一个与信用研究相关的课题。同年11月批准课题立项，由中国社会科学院世界经济与政治研究所承担了该项课题的研究任务，并将该课题定性为一个信控类的社会系统工程。"2000—2002年，为推动对社会信用体系的研究，政府在国家层面布置了四大研究课题，研究社会信用体系的可行性，包括国际经验调研汇总。"②

2003年10月，党的十六届三中全会通过的《中共中央关于完善社会主义市场经济体制若干问题的决定》（以下简称《决定》）中提出："建立健全社会信用体系。形成以道德为支撑、产权为基础、法律为保障的社会信用制度，是建设现代化市场体制的必要条件，也是规范市场经济秩序的治本之策。增强全社会的信用意识，政府、企事业单位和个人都要把诚实守信作为基本行为准则。按照完善法规、特许经营、商业运作、专业服务的方向，加快建设企业和个人信用服务体系。建立信用监督和失信惩戒制度。逐步开放信用服务市场。"党的十六届三中全会提出建立健全社会信用体系要形成以道德为支撑、产权为基础、法律为保障的社会信用制度。这里所说的道德可以通过遵纪守法的诚信行为来表达，诚信是做人之本，是道德的底线。其中提到以产权为基础，产权是一种经济制度，而揭示产权的本质特征需要对产权的内涵进行界定。新制度经济学将产权分为两类：第一类是从人与产权的关系进行界定的；第二类是以财产为基础，从人与人之间的关系角度进行界定的。社会信用体系建设更多的是从人与人之间的互认关系角度界定产权关系。依据以上两点对产权进行重新定义：产权不仅体现人与物的关系，而且指人们拥有或使用该物的权利的合法性与正当性。合法性与正当性源于社会财富分配制度的正义性。科斯定理中，产权是资源配置的动力，没有产权

---

① 国家经贸委青年理论研究会"社会信用体系建设"课题组.社会信用体系建设研究背景资料[J].经济研究参考，2002（44）：17-20.

② 林钧跃.为什么说社会信用体系建设起始于1999年？[EB/OL]（2019-10-28）[2023-3-22].http://xyzl.jlzhenlai.gov.cn/cms/news/content/638321724932227072.

就没有动力。架起社会资源配置与社会贡献定位之间的桥梁，让社会贡献的计算能力适应优化产权配置的需求的意义是重大的。《决定》指出："增强全社会的信用意识，政府、企事业单位和个人都要把诚实守信作为基本行为准则。"对诚实守信的规范基本包含了全社会成员，这点与社会治理提出的"建设人人有责、人人尽责、人人享有的社会治理共同体"的相关内容形成了关联。

2007年国务院办公厅下发的《关于社会信用体系建设的若干意见》（以下简称《意见》），成为这一时期推进社会信用体系建设的纲领性文件和重要依据。《意见》中指出："行业信用建设是社会信用体系建设的重要组成部分，对于促进企业和个人自律，形成有效的市场约束，具有重要作用。"这里提到了社会信用体系建设以行业来划分，这样有利于行业之间通过信用数据的比较来进行评价。我国的社会信用体系是制度信用。制度作为一种组织资源，在不同的行业中，制度价值所体现的侧重点不同，制度资源价值的匹配程度也是不一样的。《意见》中指出："要加大诚实守信的宣传教育力度，培育全社会的信用意识，树立良好的社会信用风尚。"要想实现上述良好的社会信用风尚，需要投入一定的社会治理成本与费用。社会治理过程实现社会治理的效能，用以推动社会经济发展，需要运用社会信用体系一系列的辅助工具。

《国务院关于印发社会信用体系建设规划纲要（2014—2020年）的通知》以下简称《通知》提出加快建设社会信用体系，是增强社会诚信、促进社会互信、减少社会矛盾的有效手段，也是构建社会主义和谐社会的迫切要求，等等。该规划是我国首部国家级社会信用体系建设专项规划，为我国社会信用体系体系化建设指明了方向。《通知》指出，加快推进社会信用体系建设，全面落实科学发展观，是完善社会主义市场经济体制、加强和创新社会治理的重要手段。继《通知》后，2019年国务院办公厅印发《关于加快推进社会信用体系建设 构建以信用为基础的新型监管机制的指导意见》，2020年国务院办公厅印发《关于进一步完善失信约束制度 构建诚信建设长效机制的指导意见》，2022年中共中央办公厅、国务院办公厅印发《关于推进社会信用体系建设高质量发展 促进形成新发展格局的意见》，等等。

近年来国家相关文件对"治理"一词的使用频率较高，这也说明了新时代社会管理方式正在发生根本性变化。社会治理如何获得效率、如何应对社会转型期的各种不确定性成为人们津津乐道的话题。

信息社会创造财富的主要手段已经发生了翻天覆地的变化，财富创造更加依赖创新创造。信息社会让社会分工变得更加细化，高附加价值创新更多地需要跨学科、跨行业、跨组织、个人之间合作。合作是有条件的，那就是在制度框架下达成合作各方均须遵守契约（协议等），这是维系合作的根基。社会信用体系就是要为合作各方的诚信与信任提供支持。诚信是道德的底线，是一种社会责任，也是快速增加社会财富的基础。

### 三、社会信用体系承担更多任务

信用有广义与狭义之分。狭义的信用一般指在金融领域以借贷为特征的违约风险，反映契约相关方的偿债意愿及能力；广义的信用既包括契约信用，还包括道德范畴的诚信，具体表现为遵纪守法、践诺履约。社会信用体系中的信用是广义的信用，是一种道德范畴内的诚信。具体来说就是经济主体之间依据制度关系的约定，履行自己的承诺以取得主体之间的信任，它不再仅限于经济领域，而是涵盖了社会政治、经济生活的各个领域。我国社会信用体系是围绕着制度诚信来构建的，制度普遍存在于各种组织形式中，成为各主体之间共同遵守的行为规范。

我国在社会信用体系构建方面，与西方发达资本主义国家有所不同。西方国家主要构建的是狭义上的信用体系，主要针对商业失信、金融失信，是围绕市场经济展开的，是服务于资本的授信体系。在资本主义国家里，确保资本的安全是经济社会正常运转的核心，资本主义国家制度决定了社会信用体系建设的努力方向，就是保护资产阶级利益和确保资本的安全。"具体来说，以资本为核心构建的授信机制保证了整个经济运行体系与物质社会化大生产的紧密融合。从宏观上来看，人类社会发展在物质层面的需求存在极值点，当物质生产数量接近需求的极值时，以资本为核心的授信体系不能再维持社会的正常运转,这也是资本主义社会矛盾存在和危机爆发的根源。"[①] 因此,资本主义制度决定了其构建的社会信用体系存在一定的局限性,主要以借贷为特征的信用风险控制的狭义信用、以信用交易风险控制为主的信用管理与我国还是存在一定差异的。我国的基本经济制度是以公有制为主体,多种所有制经济共同发展。具有社会主义特色的社会信用体系是围绕国家制度逻辑展开的广义信用体系,通过提升社会治理能力来发挥社会主义的制度优势,让全体国民分享社会经济发展成果。因此,我国构建的社会信用体系,不可能仅仅由资本要素来构建单一的授信机制,而是围绕着国家整体的制度体系展开的,是以人为本的、诚实守信的授信机制。具有社会主义特色的社会信用体系建设,需要进一步发掘社会主义制度体系的科学内涵与价值意蕴,并以此来构建良好的社会信用制度,用以激发更多社会群体、个体的劳动积极性,使劳动者在为社会贡献的过程中实现人生的自我价值。我们要保护这种通过劳动获得的人生价值,最终目标就是要让劳动成为一种幸福。

诚信是中华民族的传统美德,良好的社会秩序离不开诚信文化建设。改革开放以来,我国社会主义市场经济得到了快速的发展,然而,从历史上看,我国经历了漫长的封建专制社会,由于各种原因,封建社会内部未能孕育出资本主义生产方式。"中国与欧洲不一样,根本没有产生过'独立的'或'自由的'城市,中国的'市民'完全不能与欧洲的'市民'同日而语。"[②] 在封建专制统治下的中国资产阶级与城市市民,没有建立起独立于封建体制的政治中心,也就没有能力与封建专制势力相抗衡。20世纪初,清朝灭亡后的民国政府政局动荡,军阀混战、各自为政,各利益集团与封建势力交织在一起,资产阶级没有能力为中国提供一个稳定的符合工商业经济发展所需的法治环境。相反,早在17世纪到18世纪,欧洲资产阶级革命取得胜利后,建立了有利于工商业经济发展的政治、法律制度。"这些法律是西方市场经济保持活力、自我选择与自我淘汰、激励企业创新力的一种关键性制度,它增

---

[①] 张丽丽,章政.新发展阶段我国信用学科建设方向思考与展望[J].征信,2022,40(12):1-7.

[②] 齐涛.中国通史教程:古代卷[M].济南:山东大学出版社,2015:429.

强了资本主义市场经济持续发展的活力和内在能力。"① 中国封建社会孕育出了发达的"人治"体系，阻碍了近代中国资本主义法治体系的发展。在封建专制统治的阴影下，法律条款是通过官吏的主观口述来解读的。在法治的公平公正长期缺失的情况下，普通百姓普遍缺乏法律信仰，也没有了对法治的敬畏和遵从意愿。

近代中国由封建特权催生出来的资本主义，是在社会各界希望通过发展资本主义工商业来担起救亡图存重任的情况下逐步发展起来的。封建清政府发展资本主义工商业，本意是维护专制统治的权威，被迫接受了资本主义工商业经济发展方式，利用封建专制皇权的权力资源催生发展起来的中国资本主义，其性质是具有封建色彩的官僚资本主义。在封建特权的包裹下，工商业经济所需要的契约精神存在着先天性的不足，再加上近代帝国主义联合国内封建势力对中国的殖民侵略，并且对中国进行长期的经济资源掠夺，而中国民族资本主义是在帝国主义、封建军阀势力和封建官僚资本主义的夹缝中艰苦求生存的，因此在国力日渐衰微的情况下，中国近代的征信业也没有得到多大的发展。

我国于1953年开始实行了第一个五年计划，在大规模社会主义经济建设方面缺乏经验的情况下照搬了苏联的计划经济经验，也就是苏联的计划经济模式。实践证明苏联的计划经济模式是失败的，这种发展模式无法充分发挥社会主义制度的优势。另外，历史经验告诉我们，在苏联的计划经济模式下，没有对资本主义某些社会管理的关键制度、技术进行改造，如组织治理制度、货币制度等，而是继续利用这些制度、技术等，使得苏联的政治经济体制内催生出越来越多的权贵阶层，将权力置于社会主义制度之上，失去社会主义制度规范的权贵阶层逐渐成为资产阶级的代理人，利用不受控的特权复辟了资本主义。

中国于20世纪70年代已经认识到计划经济模式的局限性。1978年12月，党的十一届三中全会在北京召开，重新确立了马克思主义实事求是的思想路

---

① 吴志攀，王利明.从资本主义市场经济法制发展史中我们借鉴什么[J].党建，2004（11）：10-11.

线。20世纪80年代，中国进入了改革开放和社会主义现代化建设的新阶段。在社会主义建设初期，经济主体之间出现了诚信缺失导致的债务纠纷，引发大量国有资产流失等。现在看来就是国有计划经济外出现了私营经济，人的有限理性使得利益有了新的输送渠道。计划经济与工商业经济的碰撞，其实质是制度性问题。计划经济将行政命令与制度相混淆，没有将制度作为一种重要资源来对待，同时缺乏推动制度精细化落实的创新技术成果，使得责任和贡献无法得到客观定位，导致社会整体上的生产效率和配置效率的低下。制度资源的价值是通过什么途径来实现的、制度的有效性如何测度等，对于这些问题，我们探讨得并不充分。

中国封建社会存续时间长，资本主义在中国的发展只是昙花一现，没有为中国社会提供资本主义发展需要的法治经验，人治的思维模式在某些人的身上依然根深蒂固。为了弥补构建法治社会方面的历史欠账，我们必须依靠自己的力量加快社会主义法治建设，构建符合社会主义市场经济发展的法治体系。要在法律制度构建、运行、维护方面下功夫，依靠科学技术的力量来完成对西方发达资本主义法治建设方面的超越。为什么必须超越呢？因为社会主义是资本主义社会形态之上的高一级的社会形态，实现超越是由社会主义制度的优越性所决定的。国家宪法是制定其他所有法律制度的基础和依据，国家的灵魂在于宪法。人无信不立，国无信不兴。只有诚信走进国家宪法，法才能变得有效。

## 四、诚信治理与社会治理效能

效能用来衡量相关主体所提供的服务的质量以及产出与结果的效率水平。如果将效能与社会治理联系起来，那么社会治理相当于公共管理学所说的公共服务，这里的效能通常来表达公共服务实现标的的程度，涉及组织状况或相关主体行为影响等。效能通常分为现状的改变程度和行为的改变幅度。效能强调的是目标的质量水平和实现程度。对效能好坏的评判首先考虑的是"做正确的事情"，然后就是用最少的资源获得最理想的结果。"做正确的事情"就会涉及价值观衡量标准的选择问题，那么，社会治理制度的选择就要与社会主义核心价值观建立联系。对效能的评价往往会用到质量指标，但质量指标在性质上难以界定和量化。仅以质量指标来评价社会治理现代化缺少了点现代气息，如果加上效率指标来对目标改善程度进行描述，可以与社会治理现代化这一词组更加贴切。而对社会治理效能进行标准化评价，就要设立社会治理效能评价准则，统一效能评价尺度，再加上量化后的效率数据，就能够使社会治理与数学建立联系，使社会治理进入数字化阶段，从而能够以更高水平推进社会治理现代化。另外，社会治理理论与实践相结合，社会治理的实践场所就是各类组织治理实践活动。组织治理要从制度共识高度出发，治理主体通过对制度的规范化运行来引导、控制和规范群体、个体去"做正确的事情"，它为组织、国家利益最大化提供了可能。依法治理，也就是法治为社会治理提供了最根本的保障。制度运行的规范性将成为社会治理的重中之重。由于制度内含价值功能，制度存在于组织中，通过群体合作才能发挥制度的价值功能，组织内各主体会围绕"制度"价值属性展开博弈，通过竞争来实现与之相关的利益最大化。国家制度逻辑是社会治理的基石，通过制度来使治理各主体树立责任感。在缺乏制度阻拦的情况下，人的自利性会导致自我约束力的丧失，引发诚信问题，会影响组织群体、个体之间的合作，结果让组织许多任务和目标无法实现。制度分为内部制度和外部制度，通常情况下组织内执行内部制度时，认为是理所当然之事，但是，在执行外部制度时可能出现与组织利益不一致的情况。这就需要有一种外在的力量帮助他们"做正确的事情"来完成组织自我革命。

社会诚信体系成为社会治理工具，首先要抓住责任这个关键点，准确的责任定位能够为组织厘清责权利关系。责任不是空中楼阁，制度是责任的基石，责任是制度的要求，如果制度难以发挥作用，那么责任必然缺失。劳动的分工与合作可以增加价值，合作秩序源于制度的推动，而组织中劳动合作的价值增加，可以与制度运行的有效性联系起来。社会信用体系要想成为让制度变得有效的工具，就要从社会治理实践中的责权利关系入手。我们可以将责权利中的"权"理解为制度运行和维护的主观能动性，将"责"理解为行为结果是否符合制度的具体规定性，将"利"理解为利益分配和利益贡献等。

诚信是中华民族的传统美德，社会各组织在选人用人的过程中，怎么样让具有诚信美德、有贡献能力的优秀人才脱颖而出，不仅是一个技术问题，更是一个制度问题。组织中制度运行、维护能力的提升，是通过制度诚信的治理来实现的。社会主义核心价值观体现社会主义意识形态的本质，社会主义意识形态是以马克思主义理论为指导，并与中国特色社会主义政治、法律、经济制度相适应的价值观念体系，是对社会主义意识形态丰富内容的高度概括，体现在三个倡导上，分别是倡导富强、民主、文明、和谐，倡导自由、平等、公正、法治，倡导爱国、敬业、诚信、友善，积极培育社会主义核心价值观。法律制度是国家统治阶级意志的集中体现，是由国家正式规定的约束和实施机制，对国家法律制度的深刻理解成为构建社会制度理性的重要来源之一。社会主义核心价值观包含一系列由社会认可的非正式的约束机制，以人民为中心的发展思想是社会主义制度优越性的集中体现。

推进全面依法治国，就是要坚定不移走中国特色社会主义法治道路。我国所要构建的社会诚信体系是制度诚信，制度诚信的治理重点是对责任的管控。社会治理强调建设人人有责、人人尽责、人人享有的社会治理共同体，是人民至上和坚持人民性的具体表现，要求在社会治理实践中，坚持法律制度之下人人平等，在法治轨道上推进国家治理体系和治理能力现代化。

## 第三节　社会数字治理信用化所涉及的理论工具

### 一、组织治理与制度经济学

从学科分类上来说，信用学属于经济学的一个分支，社会信用体系涉及制度规范问题，制度经济学是把制度作为研究对象的一门经济学分支学科。制度经济学将制度问题提升到了一个新的高度，涉及制度种类与概念、分工的效率与成本、委托－代理问题、人类行为的有限理性、机会主义假设、合约与交易、可信的承诺、权力与制约、法治的实质、意识形态等内容。制度经济学中的某些理论，可以为社会治理信用化建设提供新思路。

社会治理理论下的组织治理是上下互动的治理过程,组织治理模式和社会主义协商民主制度相匹配,健全协商民主制度和工作机制,就要坚持党的领导,依据制度的具体引导组织治理实践走在法治轨道上。多主体共同参与的治理活动,其运行场景存在合作、协商、协调、上下互动的治理过程,要想让组织治理秩序井然,就需要对治理活动进行规范,从而维持秩序,治理的参与主体要对自己的行为负责,并承担应尽的责任和义务。组织治理是在组织管理的基础上的一次升级,对制度的建设提出了更高的要求。同时,人人参与的上下互动的治理模式,也对制度规范相关的责任和义务的观察和甄别带来了挑战。

《中华人民共和国民法典》第七条中的诚信原则和第一千零二十四条、第一千零二十九条、第一千零三十条中与信用相关的内容,说明组织中与制度相关的诚信(信用)问题的鉴别需要提升到法典的层面上进行考量。制度提取的内容是宽泛的,包括各种法律、法规、标准、契约、规章、规矩、规则等所有有约束力的规定,其中文化也包括在内。由于制度具有价值功能,可以将制度价值与市场价值建立联系,然后通过数字技术将其进行货币化。社会主义市场经济本质上是法治经济,法治经济意味着全面开启依法治国新时代。法治是市场经济制度的基础,研究经济制度可以从制度经济学中得到启示。

"制度经济学以'质'的问题为对象。这里所谓的'质'的问题是指制度、权力、利益集团等。"[①] 研究制度问题可以将经济行为和经济发展联系起来,制度条例是不会自动发挥作用的,需要通过制度关系运用权力(权利)引导让制度发挥作用。制度具有价值功能,能否发挥制度的价值功能,就需要追问制度到底是如何推动经济发展的,又是如何影响制度变革的等问题,可以从制度经济学中找到相关线索。

制度有多种定义,其中约翰·R.康芒斯给制度下的定义为集体行为控制个体行为。相关文献对制度下的定义也大多是指集体对个体行为的约束。制

---

① 姚子范.制度经济学的对象与方法:与宏观、微观经济学的比较[J].教学与研究,1981(1):49-53.

度也分为多种，但依据规则分为两大类，即外在制度和内在制度。外在制度一般称为正式制度。柯武刚和史漫飞认为，外在制度的层级结构本质上由三个不同层次的规则构成，即顶层的宪法、中层的成文法和底层的政府条例。内在制度是群体内随经验演化而来的规则，用来协调和解决群体内外各种问题[①]。组织制度是指组织中为了实现有效的合作和协调而事先约定规则，全体成员必须共同遵守一系列的行为准则，包括组织对内对外的各种章程、条例、守则、规程、程序、办法、标准、契约等。制度是组织的一种资源，制度资源的价值具有时效性。有些制度随着时间的推移变得无效，或者变得具有破坏性，损害该类制度的执行主体的利益或共同体的利益。组织为了发展就必须寻找有价值的制度，包括制度自身的价值和制度选取、组合的价值。对组织来说，获取有价值的制度往往需要付出一定的代价。一般来说，制度需要通过实践检验后才能提取录用。对组织的外部制度来说，往往从各种政府文件精神及已成文的法律制度中获得。

制度不是仅被放在墙上或文件柜里的，而是要考虑如何让制度为组织创造价值。制度确定价值空间，构建价值渠道，要通过制度创新来增加高价值制度的来源，"不仅考虑对社会经济行为的管制，还要考虑价值空间与价值通道的释放与创建"[②]。高价值的制度是一种稀缺资源，好的制度源于实践中的制度创新。任何一种制度都有它的时效性，随着组织内外部环境的变化，需要对制度进行更新换代，定期检测制度价值存量，失效的制度可能成为社会和经济发展的绊脚石，对组织来说也是如此。因此，及时排除"祸国殃民"的坏的制度，这项工作就变得非常有意义。

制度经济学是经济学的一个分支，制度经济学理论中主要包括三个核心理论：交易费用理论、产权理论、委托代理理论。社会各主体之间分工、合作、竞争所引发的交易概念，成为制度经济学一个基本分析单位，由此延伸出组织制度和组织治理等一系列问题。任何交易都是有成本费用的，交易费

---

[①] 袁庆明.新制度经济学教程[M].北京：中国发展出版社，2012：15-16.
[②] 徐晋.后古典经济学原理：离散主义、量化理性与制度价值论[M].北京：中国人民大学出版社，2015：20.

用会影响制度的选择和设计的方向；而降低交易费用是通过产权制度的合理安排来实现的，优化产权配置能够降低交易费用；产权制度和交易费用与组织治理相联系，由此引发出委托代理机制设计理论，再往下会延伸到契约理论、博弈论、道德（诚信）风险控制等问题。

交易费用理论是制度经济学的核心理论之一，随着人类劳动能力的提高与交易相关概念的不断丰富，交易概念在经济学中早已存在，并随着时代发展而发展。交易概念存在着一个历史维度，如劳动过程中的技术交换、商品交换、雇佣劳动、工商业贸易、货币交易等，不同时代形成不同的交易内容，让人们对交易概念的区分变得具有意义。美国经济学家康芒斯著有《制度经济学》等书，他特别重视法律制度因素的作用，认为法制先于经济并依靠法律制度来管理经济，经济关系本质是交易，而交易本身是需要规范的，他认为决定社会经济发展的力量主要源自法律制度。他给出的交易内涵包括：交易是人类社会经济活动最小的基本分析单位；交易反映了社会中以财产权利转移与控制为对象的人与人之间的关系，这点与生产中反映出来的人与物之间的关系相区别；交易是人类的所有权的让渡和获取这种经济活动内含法律关系；等等。英国经济学家罗纳德·科斯对交易成本的定义是，获得准确的市场信息所需要付出的费用以及谈判和经常性合约的费用。美国经济学家约瑟夫·阿罗从宏观经济角度定义了交易费用，认为交易成本是经济制度的运行费用，也就是利用经济制度需要支付一定的成本费用[①]。其他学者也给出了交易成本的定义，这里不再一一列举。奥利弗·威廉姆森是新制度经济学创始人之一，他认为交易成本分为两部分：事先交易成本和事后交易成本。周飞跃在《制度经济学》中对这两部分进行了概括：前一种为签订合约、规定交易双方的权利、责任等费用；后一种即签订合约后，为解决合约本身问题、变更条款、退出条款以及制定和实施政策的成本。为什么存在交易成本？威廉姆森认为是因为受到限制的理性思考、机会主义及资产专用性的影响。限制的理性思考，即人的有限理性，人的智力资源是稀缺的，人的认识是具有局限性的；机会主义即人们往往会以不诚信或者欺诈的方式来追求

---

① 周飞跃.制度经济学[M].北京：机械工业出版社，2016：29.

自身利益的行为倾向；资产专用性是指当某种资产和某项特殊的用途相结合就有价值，改作其他用途可能就毫无价值了。我们重点关注组织中的机会主义，通过制度来遏制机会主义是需要付出代价的。实现组织共同目标，就需要通过制度为各主体之间形成有效协作提供保障，制度的有效性是以遏制机会主义为前提的。而组织治理形式相比于组织管理遏制机会主义更为有效，主要是由于推动制度价值形成依靠的是群体力量，而不再仅依靠某个领导或几个骨干，发动群体力量来提升制度价值，可能会支付更多维护制度的交易成本费用。治理有效性的评判，要从组织治理的实践活动中提取制度相关的交易费用数据，结合市场数据来建立数据分析模型。由于制度是责任的基石，而制度相关的交易费用数据来源需要通过以制度诚信为中心来构建责任中心，责任中心往往建立在各级组织的指挥链上。每个责任中心都有自己的数据中心，沿着不同等级组织的责任中心对波动中的费用数据的增减情况进行比对，来分析与组织治理相关的制度构建、制度运行、制度维护等情况。如果我们提取的数据质量是可靠的，那么我们就能够对组织治理效率给出科学的评价。

威廉姆森认为大部分工业组织的效率分析是相同的，他把这种效率推理划分为刺激性的分支和交易成本分支。刺激性的分支是由关于公司的产权观点和人的能动作用观点构成的[①]。威廉姆森有关效率的思考，将交易成本和产权与委托代理理论联系起来。组织效率源于组织治理的有效性，分析要从交易这个基本单位入手，将交易延伸到制度、产权配置、激励、人的能动性、与制度性劳动相关的问题，厘清这些问题并进行交易成本的测度。制度经济学仅给我们提供了某些思路，但并没有给出解决方案，需要从制度经济学之外找到厘清问题的方法。

关于制度经济学中的产权理论，在马克思的著作中没有"产权理论"的字样，但可以将"所有权"与"产权"联系起来考虑。马克思运用了辩证唯物主义和历史唯物主义的方法来研究产权。从马克思的所有权理论转换为产

---

① 迪屈奇.交易成本经济学：关于公司的新的经济意义[M].王铁生，葛立成，译.北京：经济科学出版社，1999：4-5.

权理论看，可以发现马克思的产权思想是从劳动力角度来分析的。在马克思看来，产权关系本质上反映了一种法权关系，是某种社会制度下生产关系的法律表现。马克思认为："所有权（产权）似乎是以自己的劳动为基础的……商品只能是由劳动创造的，所有权（产权）对于资本家来说，表现为占有别人无酬劳动或产品的权利。"[1] 可见，马克思产权理论的源头是劳动力产权。在资本主义法律制度下，资本被当作一种合法权利，资本家利用这种不平等的权利来剥夺劳动力产权。"马克思认为，在资本主义生产条件下，劳动是一种异化的劳动，产生不同阶级和利益的对立，国家作为一种虚假的共同体，并不能解决特殊利益与共同利益的矛盾，不能使人成为自由人并结合成联合体，所以，要实现自由人联合体就要扬弃资本主义生产方式，跨越国家界限，建立一种真正的共同体，在那里，每个人的自由发展是一切人自由发展的条件，个人与社会融为一体。"[2] 实现自由人联合体就要扬弃资本主义生产方式，首先就是要改造或取消不公平、不正义的资本主导的产权制度，产权的源头是活劳动，因此取而代之的是建立起以劳动贡献为基础的产权制度。

委托代理理论是"制度经济学契约理论的主要内容之一，诚信作为一种道德规范也被纳入制度经济学的委托代理理论讨论的内容。委托代理理论主要研究的委托代理关系，是指一个或多个行为主体根据一种明示或隐含的契约，指定、雇佣另一些行为主体为其服务，委托代理理论同时授予后者一定的决策权利，并根据后者提供的服务数量和质量对其支付相应的报酬"[3]。委托代理理论是由契约理论发展而来的一种理论，牵涉到授权者即委托人所选择的行为和被授权者即代理人所希望的结果，由于双方主体的利益与冲突存在信息差异，形成了信息不对称的问题。委托人的问题在于如何设计出能够起到激励作用的激励合约结构，但这取决于委托人对代理人行为信息的了解

---

[1] 中共中央马克思恩格斯列宁斯大林著作编译局.马克思恩格斯全集：123 第 23 卷 [M].北京：人民出版社，1972：640.

[2] 张薇.自由人联合体思想与人类命运共同体的构建 [J].法制与社会，2019（18）：233-234.

[3] 李帮义，王玉燕.博弈论与信息经济学 [M].北京：科学出版社，2017：123.

程度。当委托人与代理人目标不一致时,这里就会出现两个问题,即逆向选择和道德风险。逆向选择是信息不对称所带来的问题,是指代理人利用事前信息的非对称性等做出的不利于委托人的决策选择;道德风险,也称道德败坏行为,源于代理人行为不可预期,一般指代理人借事后信息的非对称性而采取的损害委托人利益的行为。但在鉴别代理人的品德是否存在问题时,先要分析与代理相关的各种制度因素。道德风险和逆向选择这两类问题是建立在非对称信息博弈的基础上的,是长期困扰组织管理的两个难题。当然,委托代理中也有委托人可以观测到代理人行为的部分,这部分可以称为信息对称条件下的情况,可以对代理人符合代理的部分进行奖赏。对委托人不能够观测到代理人行为的那部分,就是信息不对称条件下的情况,一般委托人会让代理人自己给出激励合约结构,比如,代理人在什么条件(或条件组合)下所作出的贡献,委托人应该给予什么样的奖赏。这类被假设为逆向选择的契约设计,往往需要委托方和代理方拥有丰富的知识储备。还有一种方法就是在信息不对称的情况下,"委托人不能观测到代理人的行为,只能观测到相关变量,这些变量由代理人的行为和其他外生的随机因素共同决定"[1]。有些委托代理关系的委托人不关心代理人的代理过程,只要代理人能够完成委托人的预期目标即可。委托-代理关系不仅适用于企事业单位,也适用于政府机构部门。因此,委托-代理关系适用于社会各种类型的组织。

随着社会生产力的发展和科学技术的进步,国家、部门之间以及各类组织之间的竞争越来越激烈,信息不对称情况越来越严重,国家或组织都将面对更多的不确定性因素,而现代信息技术为我们从容应对不确定性带来了希望。国家或组织要想生存和发展,就要做好向数字政府和数字组织转型的准备,数字信息技术能够容纳更多的信息,对构建符合新时代要求的委托—代理关系具有积极意义。

---

[1] 谢康,肖静华.信息经济学[M].北京:高等教育出版社,2017:122.

## 二、依法治理与诚信

社会治理是法治与德治相结合的实践活动,社会治理法治化的核心是依法治理。法治是以客观的法为最高原则,适用范围广,具有稳定性;而人治是以人的意志为最高原则,适用范围狭隘,具有局限性。不过社会治理法治化的形成是有条件的,社会治理是有组织的、有秩序的实践活动,治理秩序需要制度来维护,相关主体就要遵守制度的规范,而遵纪守法是通过道德范畴的诚信来推动的,这就需要发展组织中的诚信。诚信让制度变得有效,制度的有效性让群体之间相互信任,信任能够提升群体、个体之间的合作水平。可见,诚信是组织发展的动力之源。古人云,人无信不立,国无信则衰。诚实守信是古人崇尚的人格境界,也是中华民族的传统美德。诚实守信是社会秩序的支柱,是社会宝贵的资源,也是国家繁荣的基石。

"通俗地说,信用就是信任使用,是授信人(授予信用的人)对受信人(接收信用的人)所作的承诺或双方约定的信任。"[①] "诚信即诚实守信,是一种精神原则,是社会交往与社会经济活动中必须遵守的一种道德规范和行为原则。"[②] 诚信即诚实守信,是人的一种品行,属于道德范畴,具体表现为人们相互之间应该履行事先约定的契约,或遵守社会存在的公序良俗。信用具有社会学和经济学的双重属性。社会学层面的信用,主要关注信用的受信方履约的主观意愿与诚信行为;经济学层面的信用,一般是指财产权利借贷活动中的(主要是受信人的)偿债能力、履约意愿和行为等。诚信与信用的概念是不同的。前者属于道德范畴,反映人的主观意识和自律性;后者主要用于制度规范,尤其是伴随着市场经济发展而发展起来的经济制度的规范。信用活动以信任为前提,制度规范的有效性能够带来信任,制度规范的有效性是通过诚信治理来保障的。

劳动价值论认为,专业分工与协商合作能够增加劳动创造的价值量。社会分工与合作的深度和广度,源于合作的个体与个体、个体与群体、群体与群体之间的信任。人们之间的合作与交易需要建立在信任的基础上,信任是

---

① 朱顺泉.信用评级理论、方法、模型与应用研究[M].北京:科学出版社,2012:1.
② 吴晶妹,林均跃.信用经济学[M].北京:高等教育出版社,2015:44.

社会分工与合作有序运行的基石。没有信任，人们之间就无法合作与交往，进而引发群体之间的猜疑和冲突，导致社会信任危机，从而影响社会经济正常运行。相关文献给出了讲信任的条件，指出"人们之所以讲信任，是因为受到法规制度的制约，不敢做出违背信任的行为，人之所以信任他人，是因为相信这些社会机制的有效性"[①]。那么，如何克服社会或群体、个体之间的信任危机？方法就是通过社会信用体系构建起与之相配套的治理信任危机的相关制度体系，让法律制度变得有效。

中国传统社会的信任关系是建立在熟人社会基础上的，熟人社会的人际交往仅关注对方的相关道德信息，往往没有从法律制度上进行深入规定。随着我国社会主义市场经济的不断发展，社会陌生人之间的交往范围日益扩大，尤其是在相隔万里的网络世界里，陌生人彼此之间没有对方品德相关的信息。为此，社会市场经济要想健康地快速发展，维护大规模的地域文化、习俗、价值观差异悬殊的陌生人之间的有效合作，必须构建起与提升社会治理效能相适应的各种制度，从而强制性地对违反社会合作制度的群体、组织、个体进行有效规范。

2007年党的十七大将"诚信"纳入社会主义核心价值体系。2012年党的十八大报告进一步明确了诚信是社会主义核心价值观的基本要素，诚实守信一直都是中国社会和谐的纽带，社会诚信是社会信用体系建设的基础，提出"加强政务诚信、商务诚信、社会诚信和司法公信建设"，为全面加强社会诚信建设指明了方向。社会诚信建设强调诚实劳动、信守承诺、诚恳待人。2020年第十三届全国人民代表大会第三次会议审议通过《民法典》，诚信原则被纳入《民法典》。诚信原则又被称为诚实信用原则，是指所有民事主体在从事任何民事活动，包括行使民事权利、履行民事义务、承担民事责任时，都应该诚实、友善，不诈不欺、言行一致、信守诺言。

市场经济是法治经济，市场经济也是道德经济。诚实信用原则被纳入《民法典》，这将让道德规则与法律规则合为一体，同时具有法律调节与道德调节的双重功能。《民法典》是一部国家性质的法典，诚实信用原则被纳入

---

① 孙磊.信用体系演化的经济学分析[M].北京：中国金融出版社，2010：22.

其中，在中国的法治史上具有里程碑意义，为我国社会治理提供了法理性指导依据。《民法典》作为一部全国性的重要法典，在我国社会境内生活和工作的全体人员都应该被纳入法典规范的范围，社会治理下的信用（诚信）治理行为必须依法依规进行。

### 三、合作博弈与拓宽信息应用空间

博弈论是经济学的学科分支，也是数学的一个分支，广泛应用于政治学、经济学、军事学、生物学、国际关系等学科领域。信息经济学是指通过对市场经济中信息利用效率的研究来优化社会资源配置效率。信息经济学的核心是对委托代理、契约理论问题的研究。博弈论和信息经济学能够走到一起，主要是由于信息不对称导致了信息不完全下的博弈结果。博弈论实际上是信息经济学在不完全信息条件下的应用。合作博弈是指参与者通过协商、合作等方式对具有约束力且可强制执行协议（契约）达成共同认同的一种博弈类型。人们在博弈中是否选择合作，取决于与自己收益相关的期望值，无论是合作博弈还是非合作博弈，人们都会选择最有利于自己的策略。合作博弈强调的是追求集体利益最大化的集体理性。合作博弈首先要解决的是信息不对称问题，然后才能获取一个合理的收益分配方案。

"信息是关于事物运动的状态和规律的表征，也是关于事物运动的知识。"[①] 信息不仅具有知识秉性，在一定条件下还具有资源属性。通过劳动的参与，对信息进行收集、整理和加工后得到具有使用价值的劳动产品，最终可以成为由市场定价的商品。

"信息经济其实就是新实体经济，要大力发展以虚带实、以实促虚、虚实融合型的信息经济。"[②] 所谓信息经济，就是基于信息网络，借助信息通信技术使本产业与其他领域更好地结合起来，以实现信息产业对传统产业的提升为主要内容的一种新型经济[③]。随着计算机技术以及通信技术的不断发展，与

---

① 李帮义，王玉燕.博弈论与信息经济学[M].北京：科学出版社，2017：5.
② 刘亭.信息经济是什么[J].浙江经济，2017（10）：14.
③ 王一帆.大数据时代信息经济的发展趋势及策略研究[J].中国商论，2018（4）：11–12.

信息技术相关的智能机器的研究也从多方面展开，一代又一代的新型智能机器代替了一部分人类的体力劳动和脑力劳动。信息技术化改变了国民经济产业结构，原来的传统产业逐步向智能化的信息产业转型，或者说传统产业需要信息技术的赋能，才能提高效率来更好地发展自己，使得人类从简单的体力劳动不断向复杂的脑力劳动归集。

博弈主体需要通过对信息进行规范来满足合作博弈需要的信息条件，当然，信息规范也是有成本的，包括组织架构优化、信息结构的选取、激励机制设计、制度（契约、协议）创新和安排。博弈论是数学的一个分支，因此可以利用数学语言来对合作博弈的各主体之间的合作程度进行实证。制度（契约、协议）作为一种信息本身并无实体，但是可以将它们作为一种知识资源来看待。制度（契约、协议）这种知识信息在满足一定条件的情况下就是一种人工资源，可以成为信息经济的一部分。知识经济是信息经济的一个组成部分，知识经济是建立在知识和信息的生产、分配和使用上的经济，它是在信息经济发展到一定水平之后产生的新概念。在信息经济和知识经济的基础上，人们还经常说起"数字经济"。什么是数字经济？在 2015 年的安塔利亚峰会上，《二十国集团数字经济发展与合作倡议》给数字经济下了一个比较权威的定义："数字经济是指以使用数字化的知识和信息作为关键生产要素、以现代信息网络作为重要载体、以信息通信技术的有效使用作为效率提升和经济结构优化的重要推动力的一系列经济活动。"[1]

在没有对数字经济进行全面界定的情况下，相关文献认为数字经济是信息经济的代名词，也就是说，信息经济等同于数字经济。其实信息经济、知识经济、数字经济之间既有前后顺序，又有细微区别。这些新经济是随着信息技术的发展而发展出来的一种更为高级的经济模式。这些新经济可以用数字经济来代表，数字经济是对工业经济发展模式的升级换代。从技术层面上来看，数字经济发展是通过提升信息利用空间来实现的，涉及大数据、云计算、物联网、区块链、人工智能和 5G 通信等技术。数字经济的主要特点

---

[1] 二十国集团数字经济发展与合作倡议 [EB/OL]. （2016-09-29）[2023-05-11]. http：//www.cac.gov.cn/2016-09/29/c_1119648520.htm.

是以对信息的描述、规范、管理、使用等为导向，形成数字形式的具有使用价值的数字资源。从行业部门来看，传统经济中数字经济贡献的比重如果超过了传统经济，就可以认为该行业部门具备从传统经济向数字经济转型的特征。数字经济更多的是形成知识和技术密集型产业结构，在该产业结构中，劳动、知识、技术、管理、数据等生产要素的比重逐步提高，而资本、土地的比重不断降低。

近年来我国信息产业快速发展，数字经济领域成绩斐然，国际影响力和竞争力不断提升的同时，也存在原创数字技术相关领域的创新不足的短板。2021年国务院印发的《"十四五"数字经济发展规划》中指出："我国数字经济发展也面临一些问题和挑战：关键领域创新能力不足，产业链供应链受制于人的局面尚未根本改变；不同行业、不同区域、不同群体间数字鸿沟未有效弥合，甚至有进一步扩大趋势；数据资源规模庞大，但价值潜力还没有充分释放；数字经济治理体系需进一步完善。"然而，要想推动技术进步，需要依靠社会治理来获得制度的力量。制度作为信息载体具有知识秉性，对制度的运行方式和状态的信息进行记录就成为一种数据。另外，制度是推动价值形成的根本因素，制度本身也间接地拥有了价值。"对经济增长起决定性作用的是制度因素而非技术性因素，正是以产权制度为主的一系列制度方面的变化给产业革命这一根本性的变革铺平了道路。确立私人财产权神圣不可侵犯的法律地位，并对其进行有效的法律保护，是市场经济最根本的制度设计。"[①] 制度因素对经济增长具有决定性作用；决定经济增长的因素中产权制度是最为关键的因素。回到围绕制度展开的合作博弈问题上，博弈论作为数学分支，用数学表达使它具有严谨性、准确性的特征。合作博弈有两个重要概念，即联盟和分配。联盟可以用组织中参与合作的人数来表示，一般情况下，组织三人或三人以上，组织成员之间，不会事先订立严谨细致的协议，组织在没有协议约束的情况下，合作机制可能较为松散，会出现三种情况：第一，各自单干；第二，部分单干，部分形成小团体的合作；第三，组织全

---

① 石林芬，胡翠平. 原创技术的基本特征与研发要素 [J]. 科技管理研究，2007（1）：206–208.

体成员参与合作。组织全体成员形成合作博弈是有条件的：首先，参与合作的收益大于不参与合作的收益，合作剩余要得到分配；其次，小团体每个人的收益等于或小于全体成员参与合作的收益；最后，收益分配至少不违反事先订立的协议，并且合作博弈的结果必须是一个帕累托改进，使得合作各方的收益都有所增加，至少一方收益增加，而另一方收益不受损。合作博弈的关键在于合作剩余的分配能否形成激励，分配合理性是合作条件，这关系到制度（契约、协议）的构建、运行、维护等问题。将博弈论运用于组织治理，制度作为关键信息流，就要在原有基础上拓展这种信息空间，发展组织架构理论，让信息结构与组织结构紧密契合，通过制度（契约、协议）运行的合理性来提高合作质量。合作博弈的实证方法能够对参与合作的个体贡献程度进行合理定位，如果能够大范围地在组织治理中运用，可以让产权制度的完整性得到提高。

劳动是价值的唯一源泉，分工与合作可以增加劳动价值，合作劳动价值的形成是不同个体劳动分步叠加的，合作劳动的效率获得是有条件的，那就是需要制度来维护合作秩序，对这种细节的把握对于完善产权制度具有重要意义。"研究表明，产权的延续性和稳定性的机制是建立在两个基本条件上的：一是法治国家的产权保护；二是自由交易基础上的自愿或合约式产权变更制度。"[①] 这种产权形成机制并没有沿着制度推动劳动创造价值的思路展开，也就无法对产权形成的延续性和稳定性的机制进行深入阐述，因此目前的产权制度之所以具有不完整性，是因为产权是围绕资本展开的，而没有将劳动因素纳入重点考察范围。数字经济利用其相关技术上的优势来构建与其相适应的治理体系，以科学技术来推动与治理相关的制度升级换代。

博弈论是信息经济学方法论的基础，博弈论在研究不同主体决策行为的相互作用时，主要研究各主体如何进行决策以及如何达到均衡等一系列问题。在一般条件下，主导人们行为方式的不是集体理性而是个体理性，博弈双方会优先考虑自身利益最大化，为了实现自身利益最大化，还会考虑自己的决策行为对博弈的另一方可能形成的影响，以及这种影响可能让博弈的另

---

① 周飞跃.制度经济学[M].北京：机械工业出版社，2016：54.

一方的决策行为发生什么样的变化,从而寻找最佳的行动方案,以实现自己效用或利益最大化。

改革开放以后,社会主义市场经济得到快速发展,社会逐步重视契约文化建设。在市场经济条件下,市场以及相关主体之间的各种博弈充满着风险和不确定性。社会对参与主体之间的博弈行为的契约规范,就成为控制风险和不确定性的唯一选择。然而,在契约规范和控制方面,农耕文明遗留下来的人情式交易习惯将契约主要用于控制外部风险,而忽略了契约对内部风险的控制。在现代经济学中,契约概念的宽泛程度远远超过法律具体条款,发展契约理论需要与契约实践相结合。数字经济在经济发展中的作用日益凸显,经济主体需要通过创新来把握未来发展的确定性。而在发展组织治理理论和规范组织治理实践活动的过程中,数字技术的创新开发有利于提升经济主体的创新能力。新时代的合作创新活动是一种智力叠加的新质生产力,对创新主体内部的合作制度的建设提出了更高的要求。将博弈论用于组织治理,可以拓展制度信息利用空间,疏通制度信息传输渠道,凝聚共识完善制度,优化激励机制,从而创造出制度面前人人平等的创新环境。

### 四、劳动力价值与劳动经济学

马克思认为:"劳动力的价值,就是维持劳动力所有者所需要的生活资料的价值。但是,劳动力只有表现出来才能实现,只有在劳动中才能发挥出来。"[①] 劳动力是指人的劳动能力,包括人的脑力和体力的总和。劳动力具有使用价值,在使用过程中,劳动力在创造自身价值的同时,还能够创造出比它自身更大的价值。"每一个这种单个劳动力,同另一个劳动力一样,都是同一的人类劳动力,只要它具有社会平均劳动力的性质,起着这种社会平均劳动力的作用,从而在商品的生产上只使用平均必要劳动时间或社会必要劳动时间。社会必要劳动时间是在现有的社会正常的生产条件下,在社会平均

---

① 马克思.资本论:第一卷(上册)[M].北京:人民出版社,1975:194.

的劳动熟练程度和劳动强度下制造某种使用价值所需要的劳动时间。"① 可见，个别劳动时间与社会必要劳动时间之间的区别是，个别劳动时间是指单个生产者自己生产具有使用价值商品所花费的时间，社会必要劳动时间是指在社会绝大部分的劳动熟练程度和劳动强度下，为社会生产具有使用价值商品所花费的劳动时间。马克思在提到价值量的计算问题时说："只是社会必要劳动量，或生产使用价值的社会必要劳动时间，决定该使用价值的价值量。"② 在资本主义社会中，劳动力被物化，劳动力使用价值如同物的有用性。价值在劳动价值论中指的是凝结在商品中的无差别的人类劳动。在资本主义生产关系中，马克思提到"商品包含的价值，等于制造商品所耗费的劳动时间，这个劳动的总和则由有酬劳动和无酬劳动构成"③。商品价值是由社会必要劳动时间决定的，商品价值 = 不变资本 + 可变资本 + 剩余价值，新创造的价值 = 劳动力价值 + 剩余价值，商品价格 = 不变资本 + 劳动价值，商品价格 = 不变资本 + 劳动力价值 + 剩余价值。

从价值与价格的关系来看，价值是时间概念，是一种社会属性，而价格可以与货币相联系，价格是价值的货币表现，货币是度量价格的工具。价格是以价值为基础的，价格是围绕价值上下波动的，商品的价值在现实中主要通过商品价格来体现。从价值和使用价值的关系来看，使用价值是商品的自然属性，是价值和交换价值的承担者，使用价值构成社会财富的物质基础，在社会大生产条件下，各种产品主要通过社会交换来满足人们的各项需要。价值是商品的社会属性，价值是商品的本质因素，其实体是抽象劳动。抽象劳动是指撇开劳动的具体形式无差别的人类劳动，抽象劳动是价值的唯一源泉。在供求一致的条件下，决定商品价值大小的是商品再生产过程中所消耗的社会必要劳动时间。

---

① 中共中央马克思恩格斯列宁斯大林著作编译局.马克思恩格斯文集：第 7 卷 [M]. 北京：人民出版社，2009：52.
② 中共中央马克思恩格斯列宁斯大林著作编译局.马克思恩格斯文集：第 7 卷 [M]. 北京：人民出版社，2009：52.
③ 中共中央马克思恩格斯列宁斯大林著作编译局.马克思恩格斯文集：第 7 卷 [M]. 北京：人民出版社，2009：50.

现代信息技术为劳动的精细化分工和合作提供了技术支持，致使劳动的差异化或者说异质性的趋势更加明显。劳动价值论有一个假设，就是不同的劳动部门由于劳动生产力的不同是不能相互比较的，原因在于劳动生产力始终是具体劳动的生产力，而不是抽象劳动。同时，关于劳动价值论中有关简单劳动和复杂劳动的折算问题，马克思将复杂劳动看成简单劳动的倍数。马克思指出："简单平均劳动虽然在不同的国家和不同的文化时代具有不同的性质，但在一定的社会里是一定的。比较复杂的劳动只是自乘的或者不如说是多倍的简单劳动，因此，少量的复杂劳动等于多量的简单劳动。经验证明，这种简化是经常进行的。一个商品可能是最复杂的劳动的产品，但是它的价值使它与简单劳动的产品相等，因而本身只表示一定量的简单劳动。"[①] 但是，简单劳动向复杂劳动的倍加或自乘如何具体计量，这样互换的数量关系的数学模型似乎没有给出。这给行业内外的不同分工体系、劳动主体之间价值创造的价值量测量和比对带来困难，进而影响异质劳动主体之间的贡献评价。与劳动价值创造相关的具体数据缺乏，相关激励问题不得已被主观人为操控，将影响与产权相关的资源优化配置，结果导致国家、区域、组织、个体之间的合作效率低下，同时，也会影响劳动主体之间的公平竞争，令激励偏差导致相关资源无法充分利用。

劳动力价值如何决定的问题，涉及生产商品和服务的价值决定问题。马克思所说的社会必要劳动时间是指在现有的社会正常的生产条件下，在社会平均的劳动熟练程度和劳动强度下，制造某种使用价值所需要的劳动时间。在具体计算方法上，某一时期用于同一商品生产的个别劳动时间总和，除以该商品总量，所得时间是单位商品的社会必要劳动时间。

马克思的劳动价值论自问世以来就具有强大的生命力，同时，由于在复杂劳动与简单劳动互相折算的问题上存在困境，如何让劳动价值论的理论命题转化为经验性命题成为学术界关注的焦点。让马克思劳动价值论从理论研究走向实践经验，一直困扰着研究劳动价值论的中外学者。20世纪80年代

---

① 中共中央马克思恩格斯列宁斯大林著作编译局. 马克思恩格斯全集：第23卷 [M]. 北京：人民出版社，1972：58.

以来，西方研究马克思理论的学者取得了新成果。主要的学者是美国政治经济学家邓肯·福利，他提出了关于劳动价值论的一种新解说。他认为货币商品价值和货币的价值两者并不等同，并用货币的价值等于活劳动总量除以全部净收入（不含非工资成本）的比例关系来定义，即可以用"劳动时间的货币表示"（MELT）来表述。他找到了价格与劳动时间的对应关系，依据劳动价值论的观点来描述劳动创造价值的理论和方法，由此用货币量来表示社会劳动时间。"在恰当定义 MELT 的基础上，人们就可以将现实资本主义经济中的货币量转化为劳动时间量，或者做相反转化，从而不必在体现劳动指数的基础上再建一个独立的计算体系。"[①] 新解说通过上述比例关系的创新发现，证明了劳动价值论的科学性和可行性，实现了劳动价值论从理论命题向经验命题的转化，为构建相关数理模型做了前期铺垫。在劳动价值论里，如劳动熟练程度和劳动强度、个别劳动时间和社会必要劳动时间、复杂劳动等同于简单劳动的倍数等这些理论概念，需要用科学的方法进行更为精细的解释。在现实的社会生产和服务领域中，需要考虑的是以劳动价值论为指导，得到与劳动价值论相对应的实验数据，这些实验数据往往可以与数学建立联系，从而建立各种数据分析模型。新解说虽然在理论上还存在某些争议，但是它已经为马克思的劳动价值论用于社会科学实验打开了一扇门。理论指导实践，实践检验理论，运用实践来验证理论的科学态度对于发展马克思劳动价值论具有重要意义，福利等为马克思劳动价值论的新发展作出了贡献。

劳动经济学是随着经济学的不断发展而得到发展的，劳动经济学是逐步从经济学中分化出来的。相关文献显示，我国对劳动经济学的研究始于 20 世纪 20 年代，我国的劳动经济学教科书于 20 世纪五六十年代正式出版，80 年代成立了中国劳动学会，出版了《中国劳动》杂志和《劳动经济学》教科书等。用于物质生产和服务中所耗费的各种资源被称为生产要素，包括劳动、资本、土地、知识、技术、管理、数据等。没有这些生产要素的投入，我们就不能生产相关商品和相关服务。而在生产要素中，劳动和管理要素劳动经

---

① 何玉长，刘黎明.劳动时间的货币表示：阐释与评价[J].教学与研究，2002（5）：33-36.

济学研究的重点。经济学主要研究稀缺资源的配置，其目的是实现财富最大化。劳动经济学主要从经济学视角研究劳动关系，是经济学的分支，经过多年的发展已经成为一门独立的应用型经济学科。"劳动经济学就是一门研究以提供劳务换取报酬的劳动力市场的学科，它主要考察劳动力市场的组织、运行和结果，现实的和潜在的劳动力市场参与者的理性决策以及与就业、劳动报酬、工作环境等有关的公共政策。"[1] 自然资源是人类赖以生存和发展的物质条件，人类劳动是价值的唯一源泉，因此相比于其他资源，人力资源是第一资源。人类的劳动力资源是一种稀缺资源，如何富有成效地使用好劳动力资源是劳动经济学研究的重点。然而，"制度价值论要求我们将价值（不仅是劳动价值、效用价值，也包括资源价值）制度化，而诸如劳动、效用等因素同样离不开一个具体的、动态的制度规定"[2]。对制度的相关描述认为"社会制度是价值的源泉，劳动技术是价值的手段。劳动创造价值，但必须依附于制度"[3]。因此，在定义劳动经济学时，制度因素应该作为劳动经济学的重要内容，因为制度构建、制度运行、制度维护都是由劳动来完成的。因此，劳动经济学是研究市场经济制度以及与组织内外经济制度有关劳动力市场现象及劳动力市场运行规律的科学。

从组织治理的角度来看，治理不仅有它的理论体系，还应该包括它的实践体系。经济学关注的焦点在于非个体化且能适用于更广泛群体的行为动机。劳动经济学作为经济学的分支，在两个层面上展开研究，即实证和规范研究：实证经济学涉及人们对收益与成本的反应，而规范经济学用于研究应该做什么的问题[4]。为此，劳动经济学部分理论也可以成为组织治理的理论工具。

---

[1] 高传胜，高春亮.劳动经济学：理论与决策[M].武汉：武汉大学出版社，2011：2.
[2] 朱宝清，徐晋，王菲.论"价值创造"与"价值赋予"——基于制度价值论的解释[J].河北经贸大学学报，2022，43（3）：9-19.
[3] 徐晋.后古典经济学原理：离散主义、量化理性与制度价值论[M].北京：中国人民大学出版社，2015：19.
[4] 高传胜，高春亮.劳动经济学：理论与决策[M].武汉：武汉大学出版社，2011：2.

## 五、科层制与治理

科层制是一种组织形式,也是一种组织制度,其组织呈现多层次金字塔结构。英文的科层制"bureaucracy"是个名词,解释为"官僚主义、官僚机构、(非民选的)委任官员"等,也被译成"官僚制"。为了实现共同的目标,不同的组织有不同的结构,用以划分任务、组建合作群体以及进行合作、协调等,为此,组织需要根据组织结构进行指挥链设计。一般来说,科层制组织依据组织结构,从上到下按等级设置职权链,并依照职权规定谁向谁负责、谁向谁汇报工作等,职权所有者依据制度规则发布命令以及要求服从命令。在理性的科层制组织中,发号施令的权力范围必须限定在制度范围内。然而,在科层制组织中,将权力限定在制度范围内并不容易,这是由于科层制组织在传递与制度相关的信息方面存在缺陷,由此引发一系列问题。因此,一直以来科层制的负面特征被社会广泛批评。目前,世界各国政府管理社会的工具主要还是科层制组织。

德国社会学家韦伯创立行政组织理论以前,科层制与官僚制相联系的概念还比较分散。韦伯将科层制作为一种行政和管理生产组织形式来论述,在对科层制这种组织形式进行系统阐述时,并没有给出科层制的确切定义,而是在对科层制组织的特征阐述过程中逐步明晰其定义。理性科层制组织的特征如下:为实现组织的目标,需要实行岗位之间的合作与分工,把职责分配给每个岗位,并以组织制度的形式固定在每个岗位上;所有岗位都要遵守组织各层节点所对应的制度,组织自上而下形成一个统一的指挥链条,每个岗位人员都确切知道从何处取得命令,并依照相关制度传递相关命令;理性的管理人员(主要是指领导人)必须严格遵守制度,排除私人情感,合理运用职权来处理好与组织相关的各种事务;科层制组织中的每个员工的知识、技能和专长等必须合乎组织发展的要求,并按照每个员工的知识、技能和专长来合理地分配工作岗位;员工在组织中需要有集体意识并忠诚于制度规则。韦伯认为从纯技术的观点来看,科层制在理想状态下能为组织带来高效率,但是由于没有与理性科层制组织相匹配的技术,这种理性科层制组织在现实中并不存在。事实上,社会对科层制的批评一直没有停止过,然而,在现代社会中，科层制组织形式无处不在。"理性科层制组织是一种建立在理性化基础上的社会组织方式，具有专业化、等级化、非人格化、技术化、公私区分、文档主义等特征，有助于实现效率、平等、秩序等价值目标，代表着现代社会的发展方向。"[1] 韦伯所说的这种科层制组织特征的技术层面上的实际操作过程，在相关文献中很难查询到，更多的是理论层面上的阐述。韦伯将科层制与西方基督教联系起来，"韦伯对科层化的分析从新教伦理及其劳动天职出发，提出了整个合理化的现代性科层化系统"[2]。这是一个把职业道德和与宗教道德相关的信仰问题相联系的问题。韦伯在《新教伦理与资本主义精神》一书中认为，新教伦理强调勤俭、节约、刻苦、职业精神、理性化等职业道德准则，通过世俗工作的成功来增进上帝之荣耀，说这与资本主义的精神相契合。相关文献认为在职业伦理方面，新教伦理主要强调与职业相关的契约精神，清教的实用主义精神为资本主义发展带来了动力。韦伯的《新教伦理与资本主义精神》一书在西方世界极具影响力，西方大公司在招揽人才时，人才的宗教背景也会成为重要关注点。事实上，某些宗教道德与职业道德分属于不同的范畴，二者相互区别与独立，又密切联系与影响。二者在某些方面也存在相通之处，组织中的诚信治理就属于职业道德范畴，在自我道德规范能力方面，真正拥有坚定宗教信仰的人在日常宗教修行中已经习惯自我规范，从逻辑上来判断，这部分群体更容易在职场上通过职业道德进行自我规范。当然，资本家会充分利用这一点来降低组织治理的交易成本，维持和提升科层制组织内部的合作与控制的效率，提高组织、成员个体之间分工与合作的质量，从而为自己公司剩余价值的增值作贡献。

在人类历史的长河中，无论是奴隶主国家、封建国家还是资本主义国家，都重视发展这种自上而下的等级制度的科层制，将其作为统治阶级管理国家和统治人民的工具。统治阶级的政治统治需要科层制（以下官僚制和科层制两种名称并用），官僚制组织形式本身存在低效率、保守、任人唯亲、

---

[1] 付磊.刑事司法科层制之反思[M].北京：中国政法大学出版社，2016：9.
[2] 复旦大学邹诗鹏研究员做客我校名家论坛 谈马克思对官僚制的批判及其现代意义[EO/OL].（2020-12-17）[2023-5-20].http://kyc.cupl.edu.cn/info/1112/8421.htm.

阻碍民主、抵制革命等固有的特点，也被学术界称为官僚制的反功能。官僚制具有正反两个方面的功能，对于科层制批判的焦点，在于组织如何获得效率的问题。正功能的获取需要满足一定的技术条件，然而，官僚制的组织形式由于受到技术方面的限制，信息不对称情况并没有得到改善，也让官僚制组织难以完全自我革命，因此学术界要求改造官僚制的呼声由来已久。"官僚组织中科层制的反功能表现为本位主义与能力不胜任、沟通不畅与监控不力、组织僵化与墨守成规、士气低落与职业倦怠、机构膨胀与激励失灵等倾向，并在现实当中呈现出安于现状与裹足不前、奉命唯谨与变通执行、慎事畏口与争功诿过、照章办事与不适时宜的弊端。"① 在《现代社会中的科层制》一书中，当代法国著名组织社会学家米歇尔·克罗齐埃在他的科层制反功能的怪圈理论中，认为科层制组织是没有能力纠正自己错误的组织，给出的结论就是"科层制的反功能正好是其自我平衡的一部分"②。科层制反功能怪圈的形成是很多因素共同作用的结果，科层制各等级组织之间信息不对称导致彼此孤立，影响了与制度相关的责任链构建上的连贯性。制度运行的正当性需要排除个人情绪实现集体理性，组织中制度创建、运行、维护的过程都需要围绕责任展开。主导人们行为方式的不是集体理性而是个体理性。个体理性走向集体理性是有条件的，需要有相关个体的法治信仰和法律制度有效性来支持。法律制度有效性通常需要专业的外部力量介入，来消解科层制的反功能，实现科层制的理性。

从政治学的视角来看，"马克思将官僚制看作一种机构，一种行政体制，对这一体制中的个人来说，国家的目的变成了其个人的目的，个人的现实生活变成物质化生活，最终国家演变成为各种官僚制的存在而存在，并为其所控制"③。马克思将资产阶级官僚制管理结构视为对无产阶级实施压迫的工具，他在《法兰西内战》中盛赞巴黎公社的政治实践的同时，也对公社自治原则

---

① 马雪松.科层制负面效应的表现与治理[J].人民论坛，2020（25）：46-48.
② 布劳，梅耶.现代社会中的科层制[M].马戎，时宪民，邱泽奇，译.上海：学林出版社，2001：144.
③ 黄鑫.对毕瑟姆《官僚制》的解析：兼论马克思对官僚制的批判[D].哈尔滨：黑龙江大学，2014.

进行了相关论述，指出公职人员不应该是封闭自守的特权阶层，而应是服务于人民的社会公仆。马克思认为这种公社制度"彻底清除了国家等级制，以随时可以罢免的勤务员来代替骑在人民头上作威作福的老爷们，以真正的负责制来替代虚伪的负责制"①。显然，这里的清除等级制就是指要在官僚制组织中建立负责任的机制，通过制度安排平等地将责任与每个岗位对应起来。但是，在官僚制组织形式下，下级仅对他的上级负责，其他等级作为第三者不是直接当事人，这种单向的问责机制的信息传导是不完整的，在这种情况下，民主政治的渠道是不通畅的。所以，马克思主义者将这种官僚制组织结构视为统治阶级压迫无产阶级的暴力工具，指出单向信息传导对资产阶级特权统治有利，自上而下的信息传导方式有利于利用资本剥削雇佣劳动者，等等。"马克思认为，民主制乃是处理个人与国家关系的一种完善的政治形式。在代表制和等级制之间，马克思赞成代表制，但是代表制不等于真正的民主制，马克思追求的是真正的普遍民主和直接民主。怎样让人民成为人民，马克思提出的途径和方式是对国家制度的根本改变，即革命。"②民主制的实行是有条件的，就是要让法律制度变得有效，它关系到人民代表制能不能充分代表民意。"在《黑格尔法哲学批判》中，马克思对黑格尔的国家官僚制度进行了深刻的批判，认为官僚制具有形式主义、特殊化、神秘化的特征。它并不是普遍利益的代表，而是与市民社会之间存在着不可调和的矛盾。"③

官僚制组织形式的信息是单向的、不对称的，制度信息传递闭塞，就可能让制度有选择地落实或不落实，在制度运行无法得到民主监督时，代表民意的代表制就会失效，因此在无产阶级取得政权后，首先要对官僚制组织形式进行颠覆性改造。1917年俄国取得十月革命胜利后，列宁领导的苏维埃政府在成立之初，已经意识到官僚制对社会主义政权的危害。由于列宁过早地离开了这个世界，他没有来得及对仅适用于资产阶级国家的官僚制进行彻底

---

① 中共中央马克思恩格斯列宁斯大林著作编译局．马克思恩格斯选集：第3卷[M]．北京：人民出版社，1995：96．
② 复旦大学邹诗鹏研究员做客我校名家论坛 谈马克思对官僚制的批判及其现代意义[EO/OL]．(2020-12-17)[2023-5-20].http://kyc.cupl.edu.cn/info/1112/8421.htm．
③ 楼栋．浅析马克思对官僚制的论述[J]．中共杭州市委党校学报，2010（3）：7-10．

的改造，最终，列宁对官僚制组织形式可能复辟资本主义的忧虑，在20世纪90年代的苏联及东欧社会主义阵营变成了事实。

　　毛泽东在徐冰的《关于中央统战部几年来若干政策理论性问题的检查总结》上加写了一段话："如果我们和我们的后代不能时刻提高警惕，不能逐步提高人民群众的觉悟，社会主义教育工作做得不深不透，各级领导权不是掌握在真正的马克思主义者手里，而被修正主义者所篡夺，则我国还可能要走一段资本主义复辟的道路。"伟人共同担心的问题，就是资本主义有可能再次复辟。关于各级领导权不是掌握在真正的马克思主义者手里可能导致的后果，这点从苏联资本主义复辟中已经得到了充分的证明。资本主义国家完善起来的科层制，有着维护本阶级利益的考量。所以说，发展或改造科层制组织形式的任务，只能由社会主义国家来完成。社会治理的运行模式与社会主义协商民主制度一脉相承。依法治国的根本就是依照国家宪法精神来治理国家，宪法的根本属性是人民性，而治理运行模式与"人民性"相融相生。

## 第四节　社会数字治理信用化体系下的货币创新理论

### 一、劳动价值论和制度价值论

　　劳动创造价值这一思想，由英国古典经济学家威廉·佩蒂提出，他有一句名言："劳动是财富之父，土地是财富之母。"这句话揭示了社会财富的来源是劳动和土地，同时包括了劳动决定价值的思想，但是他没有完成自己的劳动价值理论体系建构。政治经济学家亚当·斯密认为："劳动是衡量一切商品交换价值的真实尺度。"① 是说商品的价值源于劳动，商品交换价值的真实尺度要与人的劳动相联系。斯密对商品的交换价值和使用价值作了区分：交换价值是不同使用价值的商品之间交换量的比例关系。马克思指出，交换价值首先表现为一种使用价值同另一种使用价值相交换的量的关系或比例。使

---

① 斯密.国富论[M].孙善春，李春长，译.北京：中国华侨出版社，2011：12.

用价值是指物的有用性，物的有用性使物有了使用价值。效用价值是人们消费使用价值时所产生的主观上的满足感，是实现价值的直接动因。马克思指出："（斯密）力图用分工来说明实在劳动之转化为生产交换价值的劳动，即转化为资产阶级劳动的基本形式。"① 斯密将人们在劳动中结成的社会关系相联系，把资本主义生产关系作为前提，从一般商品交换角度提出了劳动价值论。斯密还提出了专业化的分工合作能够增加财富等观念。英国古典政治经济学家大卫·李嘉图著有《政治经济学及赋税原理》一书，他的学说思想批判性地继承和发展了劳动价值论，他述及了劳动时间决定商品价值以及价值和生产价格等内容。他认为，交换价值必须以使用价值为前提，一种商品如果没用就不具有交换价值；效用对交换价值来说是绝对不可缺少的，但它不能成为交换价值的尺度。他认为商品的价值只能由生产该商品所耗费的劳动来决定，他把劳动分为直接劳动和间接劳动、简单劳动和复杂劳动。劳动者的熟练程度和劳动强度形成不同性质的劳动估价。他还认为只有可以量化的劳动时间（劳动量）才能决定商品的价值，决定价值的是劳动时间，也就是一定条件下的社会必要劳动时间，而不是实际的个别劳动时间。由于历史局限性，李嘉图不能正确认识劳动的二重性及其在商品生产中的不同作用，因此他无法认识到抽象劳动对商品价值创造，以及具体劳动在使用价值创造中的意义，也就无法建立劳动二重性与商品二因素之间的逻辑关系，等等。

马克思、恩格斯批判性地继承了英国古典政治经济学劳动价值论的思想，共同创建了代表着无产阶级利益的劳动价值论思想体系。马克思劳动价值论是由商品理论、货币理论和商品经济三部分组成的。劳动价值论的主要内容如下：第一，从商品分析入手，分析了商品的二因素是价值与使用价值，区分了使用价值与交换价值（和价值），从中揭示了什么是价值。第二，马克思对商品价值和价值形式、劳动和劳动力进行了区分，在此基础上创建了劳动二重性理论。劳动二重性是指具体劳动和抽象劳动，劳动的二重性决定了商品的二重性。他建立起了抽象劳动与价值、具体劳动与使用价值的对

---

① 中共中央马克思恩格斯列宁斯大林著作编译局.马克思恩格斯全集：第13卷[M]. 北京：人民出版社，1962：49.

应关系。第三，对价值形式理论全面论述。商品的价值是抽象劳动的凝结，并通过商品的交换来表现。商品价值的表现形式就是交换价值。商品内含的价值量是由社会必要劳动时间来衡量的。抽象劳动是价值的唯一源泉，商品价值量的大小是由社会必要劳动时间决定的，单个品种商品的价值不是由该商品本身所含的必要劳动时间决定的，而是由再生产所需要的社会必要劳动时间决定的，商品交换实行等价交换。商品是内含价值与使用价值两个方面的矛盾统一体，货币是固定地充当一般等价物的特殊商品，体现着商品生产者之间的社会经济关系。当货币出现之后，商品的价值与使用价值的矛盾就转变为货币与商品之间的外在矛盾，如果商品能够转化为货币，也就是商品出售获得货币，商品的价值就实现了。第四，资本主义商品拜物教的根源在于异化劳动。

制度价值论将制度作为价值的源泉，劳动是实现价值的手段，而劳动实现价值的过程必须依附于制度。徐晋在制度价值论中提出了关键命题：制度是价值的源泉，劳动是价值的手段；制度价值论是劳动价值论的逻辑前提，制度价值决定劳动价值。"产品的自然价值（无论是使用价值还是交换价值），由产品的自然属性主导；产品的社会价值（包括使用价值和交换价值），由产品的社会属性确定。所有的价值尺度，来源于制度；所有的劳动指向，归结于制度；所有的国际贸易，本质是制度对接。"[1] 可见，劳动价值形成是制度运行的结果。"人的劳动和心理等作为创造和感知价值的一种途径，本质上是社会制度的产物，受社会制度的制约并体现着深层的社会结构。因此，将制度作为规范价值、赋予价值实际意义的源泉，进而将'制度规定'作为劳动价值论和效用价值论的前提在逻辑上是成立的。"[2] 由此，我们能够发现制度价值论是劳动价值论内涵的延续。

马克思给协作下的定义："许多人在同一生产过程中，或在不同的但相互

---

[1] 徐晋.稀缺二元性与制度价值论：后古典经济学范式的理论架构[J].当代经济科学，2016，38（1）：1-12.

[2] 朱宝清，徐晋，王菲.论"价值创造"与"价值赋予"：基于制度价值论的解释[J].河北经贸大学学报，2022，43（3）：9-19.

联系的生产过程中，有计划地一起协同劳动，这种劳动形式叫作协作。"① "有计划地一起协同劳动"所述的"计划"与相关合作群体劳动者相互协作的制度相关联。马克思的《伦敦笔记》里写道："马克思开始意识到协作区别于分工的独特重要性：其一，进行工作或者职能分配的前提条件是劳动的结合，这种结合并非天然的，而是需要人为构造的；其二，劳动完成结合以后，还需要保证其恒常性，也就是说协作并非天然可持续的；其三，一种合理的协作制度可以使耗费的劳动力或资本减少。"② 劳动形成价值需要计划、协调、制度、资源投入等。首先，协作不会自然形成，而是需要人为设计制度让劳动协作成为可能；其次，协作的可持续性也是需要依靠制度运行、制度维护来维持的；最后，劳动效率的获得和节约或减少费用，也是依靠协作制度来实现的。可以说制度有效性是另一种生产力的再次创造。

在阶级社会中，制度资源的稀缺性是相对于某个阶级来说的，不同阶级的利益诉求所引发的博弈竞争可能导致相互之间持续损耗，只有通过制度的强制力，才能对其进行止损。与自然性资源相比，制度性资源是通过人类的劳动所构建的人工资源，然而，高价值的制度资源是在实践的检验中获取的。

"制度明确价值空间，创建价值渠道——而不单单是约束价值交换的准则。……制度是价值的重要源泉，制度变迁的方向主要展示在以下两个层面：第一，对社会价值空间进行规范；第二，对社会行为方式进行约束。"③ 社会经济的发展过程也是制度变迁的过程，制度创新可以得到新的价值空间和与行为相关的新的约束力。不同的制度安排给经济发展带来的绩效水平是不一样的。科学技术是生产力发展的第一要素，然而，在科学技术前面还有一个重要因素就是制度因素，高质量的制度系统能够促进资源有效配置，提高主体之间的协作效率，形成新质生产力。

---

① 中共中央马克思恩格斯列宁斯大林著作编译局. 马克思恩格斯全集：第44卷[M]. 2版. 北京：人民出版社，2001：378.
② 潘沈阳，夏莹. 马克思"协作"概念之形成：兼论其批判性维度[J]. 辽宁大学学报（哲学社会科学版），2021，49（4）：42-54.
③ 唐坚. 论制度与价值[J]. 现代企业文化，2019（3）：123-124.

## 二、生产要素与制度性劳动

诺斯认为制度应该是一个社会的博弈规则，规范个人行为。所谓的博弈规则需要具备四个要素，即参与人、行动、支付、信息，具备以上四点要素，才能称之为博弈规则。总之，制度就是集体控制个体行为的一系列规则，制度与责任相互联动，制度控制要与责任追究相联系。

党的十九届四中全会明确指出："健全劳动、资本、土地、知识、技术、管理、数据等生产要素由市场评价贡献、按贡献决定报酬的机制。"生产要素中有涉及人的劳动因素时，要充分发挥社会主义按劳分配制度的优势，发挥该制度功能和价值能够大范围调动劳动群体、个体的积极性；然而，满足大范围调动积极性的前提条件，就是我们能厘清贡献的源头。对于贡献定位需要依据客观事实，有了客观的贡献定位数据，报酬决定机制才有可能形成有效激励。而要实现这一目标是有条件的，就是弘扬法治精神、建设法治国家、坚定法治信仰。社会主义制度相比于资本主义制度更具有先进性，在社会主义的大家庭中，人民当家作主，法律制度面前人人平等，对于法外特权行为需要进行坚决打击。

按贡献决定报酬的机制，需要厘清集体劳动与个体劳动之间贡献源头的来龙去脉，要对现有的某些分配制度的运行机制进行升级，使其符合贡献决定报酬机制的要求。只有把贡献定位的客观性与公平问题联系起来，才能建立起有效的激励机制。激励有效性关系到资源配置与效率问题。

劳动创造价值，劳动合作增加价值创造有赖于制度的推动。生产要素中的劳动，可细分为物化劳动和活劳动。物化劳动亦称死劳动或过去的劳动；活劳动一般是正在进行的处于流动状态的劳动。

生产要素中的资本，在会计学上是指能够为企业带来剩余价值的资本，包含货币（货币是固定充当一般等价物的特殊商品）资本，还包括一些非货币资本，如有形资本、无形资本等。资本属于资本主义生产关系中一个特定的政治经济范畴，也是资本主义生产关系下的一种制度安排。

生产要素中的土地，在我国归国家或集体所有，企业拥有的一般是土地的使用权。大部分企业的会计把它归类为"无形资产"。

生产要素中的知识，一般是指知识产权等。知识产权通过无形资产的评估可以成为具有使用价值的商品。

生产要素中的技术是指生产劳动中积累的经验和知识等。狭义的技术是指各种生产工具、装备、工艺等物质手段，即物化形态的"硬技术"；广义的技术是指把科学知识、技术能力和物质手段等要素结合起来所形成的一个能够改造自然的运动系统，大多是指"软技术"。

生产要素中的管理是人的一种劳动能力，分为对物的管理和对人的管理。管理是管理人员运用自己的管理技能，为组织生产或服务进行计划、组织、协调、控制、激励等来实现组织目标的过程。其中，对人的管理涉及如何调动人的工作积极性的问题。管理是劳动专业化与分工合作的产物。随着劳动分工与合作程度的不断细化，维护劳动分工与合作的秩序需要制度规则内容不断细化，管理劳动的专业化程度也越来越高。

无论是在生产性领域还是非生产性领域，管理都是一种与制度规则相关的人类劳动。组织中的管理劳动者一般在组织指挥链上拥有管理职权，管理者构成了管理活动的主体，管理主体可以以个人领导者形式存在，也可以以集体形式出现。

从组织治理的角度来看，管理者是运行制度的主体，管理主要可分为制度构建的劳动、制度运行的劳动、制度维护的劳动，这里将以上制度相关的劳动统称为制度性劳动。制度构建一般指的是制度创新，制度创新活动需要投入一定的费用成本；制度运行主要依据制度的规定性，运用与职务所对应的职权来发布命令并要求相关主体服从命令；制度维护主要涉及相关组织（群体）中的所有成员，为了维护制度的权威性，每个成员都应该承担起维护制度权威的责任和义务。

治理和管理仅一字之差，但它们在技术层面上有所区别。一般来说，治理需要有共同认同的制度，或者相关方事先约定的契约（协议），在此基础上，上下进行互动、合作、沟通等，在制度（契约）规范的框架内共同完成相关目标和任务。治理者在制度关系中运用权力来规范、控制被治理者在合作劳动中的各种活动，同时在组织治理结构中，治理者和被治理者都是相对而言的，被治理者也同样对制度运行的有效性存在责任和义务。康芒斯给出的制度定义："我们可以把制度解释为集体行动控制个体行动。"由此来看，组织中的制度需要由个体的治理者和个体的被治理者共同遵守。

要想推进法治中国建设，我们就要构建覆盖全社会的社会信用体系，让社会治理下的组织治理走在法治轨道上。现代社会数字技术快速发展，为社会治理提供了更多新的方法和技术来对治理事务进行科学的引导和控制，尤其是数字技术在表达上具有简洁性、准确性、严谨性等优点，可以降低社会治理成本、淘汰落后制度、促进合作，从而提升社会治理效能。在社会治理理论与实践相结合的过程中，利用数字技术提取数据对治理活动的结果进行评价更加直观明了，为制度创新创造了条件。

### 三、劳动时间货币与制度关系

20世纪中叶，西方资本主义基本矛盾的激化引发了经济危机，资本主义生产关系导致了贫富悬殊，进而影响社会的合作机制。底层劳动者的艰难境遇，已引起了西方社会各界的强烈关注，这也给西方学术界研究马克思主义理论提供了绝佳的时机。西方马克思主义理论研究者一般是以协调社会矛盾为目标，开展对马克思主义理论的一系列探索和研究，以期通过制度变迁来协调社会矛盾，进而维护资本主义社会经济发展的正常秩序。

20世纪80年代，美国经济学家邓肯·弗里（Duncan Foley）和法国经济学家吉尔达·迪梅尼尔（Gérard Duménil）分别提出了劳动价值论的"新解释"和"该理论将劳动时间的货币表示与新增的货币价值与生产过程中耗费的活生产劳动之间的比例相等同"[①]的观点并引发了国内外经济学界对马克思主义劳动价值论的探讨。"新解释"以货币和活劳动时间关系为基础，为马克思的劳动价值论这个理论命题转换为经验命题打开了通道。"新解释"认为马克思的劳动价值论也是一种货币理论，其线索是货币代表了社会劳动时间，强调货币与劳动时间的关系，让社会劳动时间与货币量两者彼此转化。"新

---

① 弗里, 高伟, 张苏. 劳动价值论的最新发展[J]. 政治经济学评论, 2008(1): 18–41.

解释"关于劳动创造价值的学术探讨,丰富了劳动价值论的理论内涵,为研究和开发新型货币体系提供了更为清晰的思路。

目前使用的货币体系是伴随着资本主义制度建立而逐步完善的货币制度,其本质是为满足维护资产阶级利益和进行阶级统治的需要而建立的货币制度。它服务于资本,而资本是资本主义生产关系下的一种制度安排。伴随资本主义制度建立而发展和完善起来的货币制度,其本身携带着资本主义制度中的种种弊端。从社会经济发展层面看,就是随着现代信息社会数字经济的发展,曾经与资本主义工业社会相伴相随的货币体系已然落后,这种陈旧的货币制度已经难以满足信息社会经济可持续发展的需要。资本作为一个历史范畴,在物的外壳的掩盖下实际上是一种社会生产关系。在资本逻辑下,劳动力成为商品,资本对劳动进行异化,看似公平的资本主义货币制度也是建立在非理性的劳动异化基础之上的。从历史维度上看,资本不是物,而是一种以物为媒介的人和人之间的社会关系。资本成长于人们获取完整信息的成本异常高昂的年代,为了满足社会经济发展的需要,在社会无法获得用于激励大部分群体的技术的条件下,社会选择了通过"资本"要素来激励一小部分资本家群体,由此,肥头肥脑的资本家成为那个时代幸运儿的代表。

信息社会数字经济的持续发展,让人们获得客观信息的成本大幅降低。社会劳动是社会财富的源泉,社会劳动是建立在人与人之间的相互合作基础上的,制度为劳动合作的有效性提供条件,可以为社会增加更多的价值。劳动合作需要互动合作的秩序,而维持合作劳动秩序需要制度的介入,制度是推动劳动价值生成的唯一手段,由此制度因素也成为价值创造的一部分。高效的劳动合作水平源于制度效率和质量,制度具有经济价值。要想充分发挥制度的价值功能,就要发展劳动合作共同体内的人的道德力量,让制度变得有效而稳定,从而完成制度推动价值生成的过程。然而,要想发展劳动合作共同体内的人性价值,需要为劳动合作共同体提供诚信治理技术,结合社会信用体系与制度相关的守信激励和失信约束的奖惩机制,来提升合作劳动需要的与制度履约相关的诚信意识和诚信能力。

将劳动合作中的活劳动所体现出来的人性价值部分与劳动贡献相对应,

将劳动贡献置于资本剥削之上。让货币沿着这个逻辑进行创新，人类终将找到一种能够激励更庞大劳动群体的积极性的创新货币，让人们享受财富公平的同时享受更多的社会财富。现代数字信息社会已经能够为异化劳动的扬弃提供技术支持。西方马克思劳动价值论"新解释"的提出，作为一种技术上的考量，让我们通过将制度因素嵌入"活劳动"创造价值的过程，并对劳动合作与制度相关的互动信息进行提取用于价值的测量，构建出一种有利于社会进步的、能够体现人性价值的更为先进的货币体系。

"新解释"对马克思的"两个总量不变"的命题进行了证明，即总价值等于总价格的命题，以及总剩余价值等于总利润的命题，运用这部分来自马克思主义经典著作的概念来对劳动力价值及货币价值进行定义。"新解释"和马克思劳动价值论的不同之处是，马克思劳动价值论是建立在价格和物化劳动系数的双体系基础上的，而"新解释"所提供的事后经验性验证是通过单一体系方法来完成的[①]。"新解释"认为货币表示社会劳动时间是马克思劳动价值论中的一个重要论点，这样就能够将货币单位向劳动时间等价物进行转换，并以此为基础建立了严格的数量关系。"活劳动"与现实中的可变资本相对应，可变资本可以转化为"活劳动"的时间，而不是指不变资本。将劳动时间以货币形式来表现，并定义为"劳动时间的货币表现"（MELT）。"新解释"对劳动价值论的新探索，引发了许多资本主义国家学者对其观点的批判和评述。与此同时，我国许多学者也对"新解释"作出了批判和评述。随着时间的推移，文献内容愈加丰富，有助于我们进一步对马克思劳动价值论进行深层次的认识和理解，对破解资本主义资本积累的源头存在的占有劳动者剩余价值非正义性的一面具有积极意义。

马克思指出："资本的生产过程总是同资本的流通过程联系在一起的。"[②]我们学习马克思劳动价值论，它由商品理论、货币理论和商品经济的基本规律三部分组成。将这些理论和基本规律联系起来，就能够对劳动、利润、剩

---

① 弗里，高伟，张苏.劳动价值论的最新发展[J].政治经济学评论，2008（1）：18-41.
② 中共中央马克思恩格斯列宁斯大林著作编译局.马克思恩格斯全集（第32卷）[M].北京：人民出版社，1998：412.

余价值、货币、资本等相关概念进行逻辑串联，形成整体性思考。不难发现，其实劳动时间本就是最原始的货币，最原始的货币不是黄金与白银等已经成型的商品货币或不可兑换的信用货币等。当今世界局部区域社会动荡，战乱频发，人民流离失所。深层次原因还是货币制度因素所引发的经济发展不平衡问题，以及不断集中的非正义性的资本权力。马克思劳动价值论再次引发世界学术界的重视，是与社会科学技术的快速发展相关联的。快速发展的互联网技术为人类社会未来新的经济模式的变革提供了高效的基础设施。马克思劳动价值论"新解释"这一理论的提出，使我们开始思考如何通过将劳动价值理论命题与经验数据建立联系，使以资本权利为中心的资本剥削逻辑转向以直接劳动价值创造者的权益为中心的劳动逻辑，并以此为前提，寻求用劳动时间所形成价值的贡献量来计量货币输出量的可行性方案。

寻求人类理想的货币和货币制度，必然涉及产权问题。在产权理论中，"科斯虽没有明确否定共有产权能够创造效率，却声称私有产权能够实现最优效率"①。但是，部分私有产权的源头是不是要从私人提供活劳动开始算起？如何在共有组织内将产权精准配置到个体？如果能够在共有产权中分离出私人产权并能够得到精准配置，这样的整体性的共有产权配置在去除不合理垄断因素的情况下应该也能够实现最优效率。科斯认为产权是资源配置的动力，没有精准的产权配置就没有动力。如果要从私有产权的角度来看，我们再了解一下产权的定义：产权不是仅仅指人与物（财产）之间的关系，而是以物（财产）为基础的抽象的社会关系，以及这个物（财产）的拥有和使用所引起的人们之间相互认可的行为关系。这个物（财产）不外乎是和商品并存的各种货币或商品等。这个物（财产）是从哪里来的呢？是通过私人提供的活劳动所形成的。产权资源配置要想形成动力，首先是向社会或组织提供的私人活劳动的价值被社会普罗大众、组织内外、个体认可。所以，要想使共有产权创造效率，就要以私人劳动被人们认可为条件。随着社会科学技术的快速发展，在科技助力、数字赋能的数字技术加持下，人们将客观地识别劳动者所提供劳动价值的贡献程度，然后依据劳动者的贡献程度支付相应

---

① 袁庆明. 新制度经济学教程 [M]. 北京：中国发展出版社，2012：155.

的劳动报酬，从而实现社会资源最优配置。从这个角度来看，让私有产权实现最优效率，围绕共有产权同样也能实现最优效率。共有产权能否实现最优效率，评价关键在于从主观评价走向客观评价。

我们现在将与 MELT 相关的国内文献研究脉络梳理一下。

自劳动价值论问世以来，相关争论持续至今，怎样理解劳动价值论和生产价格论差异的问题呢？商品价值取决于生产商品时所消耗的社会必要劳动时间，而生产价格则取决于商品的生产成本和平均利润之和，这样一组价值转化为价格关系是模糊不清的，但劳动价值论的"新解释"相关理论，可以让我们从另一个角度来加以理解。"当代西方一些激进政治经济学家从劳动时间和货币的关系出发得出价值和价格一致的结论，以反驳针对马克思劳动价值理论二元矛盾体系的批评，证明劳动价值论的可行性。"[①] "Kliman 认为，价值和价格并不是独立的两个体系，它们构成了一个单一的系统：价格是以劳动时间来表示的价值的货币表现，而价值则是以劳动时间来表示的价格。由此，劳动时间的货币表现 MELT，即一单位劳动时间所体现的货币数量，直接决定生产价格的变动。"[②] 20 世纪 80 年代初，美国经济学家弗里和法国经济学家迪梅尼尔分别在货币和劳动时间关系的基础上重建马克思的劳动价值论，以 MELT 的研究成果对劳动价值论进行了新解释。弗里等认为，可以用货币表示社会劳动时间，货币量可以转化为劳动时间量，也可以将劳动时间量转化为货币量。计算 MELT 是计算一定时期内以即期价格计算的 NDP（净国内产值）=［GDP（国内生产总值）−资本折旧］与生产中活劳动耗费的比值，同时要剔除非市场交易项目和非生产性劳动。MELT 不依赖任何特定货币体系，仅将货币和劳动时间相联系。测量劳动力价值的表达式为劳动力价值 = 货币工资/MELT。这里的 MELT 以净产品的价值和价格为分析基础。活劳动时间创造的净产品价值和价格，所对应的是活劳动时间的

---

① 何玉长，刘黎明. 劳动时间的货币表示：阐释与评价 [J]. 教学与研究，2002（5）：33-36.

② 汪波，李朝前，刘楠. 基于技术创新的一般利润率下降规律研究 [J]. 金融评论，2018，10（4）：60-68.

工资部分以及剩余利润两个部分。在资本主义生产关系中，资本家从活劳动时间中剥削了剩余价值的利润部分，是资本家支付给工人有偿劳动以外的工人无偿劳动部分。有偿劳动与无偿劳动之和等于工资加毛利，毛利也称为毛利润，毛利率计算公式为毛利率=毛利/销售额。有了有偿劳动、无偿劳动以及毛利形式的剩余价值概念，就能够通过建立它们之间的数量关系来验证无偿劳动决定剩余价值的具体内涵[1]。弗里等的"新解释"理论的活劳动创造了新价值，并以MELT表示，就可以将劳动价值论的这个理论命题转换成经验性命题。虽然国内外有不少学者提出了疑问和批判，比如说美国学者莫斯里，"在他看来，新解释对可变资本和不变资本的处理在方法论上是不对称的。一方面，根据定义，可变资本或劳动力价值等于货币工资乘以货币的价值，亦言之，劳动力价值不再是以物量或实际工资率为前提计算出来的。另一方面，不变资本仍是由物量即生产的技术条件所决定的"[2]。这里的可变资本仅关注了技术条件因素，没有明示将制度劳动因素纳入其中考虑。"'新解释'试图找到劳动和价值之间关系的简单近似值，却将整个中间过程搁置一边。相应地，活劳动与货币增加值之间没有确切的因果关系。这一比率仅仅向我们提供了观察黑箱投入（活劳动）与产出（增加值）的便利，而不能准确知道黑箱内部的情形。因此，莫斯里的指责可能并不十分恰当。"[3] 上述对莫斯里的质疑和批评，部分涉及从宏观向微观的过渡性问题，宏观测量往往需要忽略中间许多细节，争取把握总体来获取总体上的近似值。将理论价值转化为实践价值是有条件的，也就是方法不能代替行动，需要我们在实践过程中让理论经过实践的检验，这样它才能指导人们的实践行动。因此，在构建宏观理论模型时，为避免被戴上不科学的帽子，一般需要首先给定几个重大而又精妙的假设，就算理论上存在瑕疵，也可以让相关学者质疑和批评的

---

[1] 何玉长，刘黎明.劳动时间的货币表示：阐释与评价[J].教学与研究，2002（5）：33-36.

[2] 孟捷.劳动价值论的"新解释"及其相关争论评述[J].中国人民大学学报，2011，25（3）：35-44.

[3] 孟捷，袁辉.两种MELT及其决定：对莫斯里和"新解释"的批判性评论[J].政治经济学报，2015（2）：66-74.

内容更接近主题，而不是漫无边际地批评。上述文献关于活劳动与货币增加值之间的中间过程，存在许多不为人知的细节问题，称为"黑箱"，实际上在马克思劳动价值论中，已经从理论观念上给出了答案。要想搞清楚其中的细节，就要在理论观念的基础上进行创新，来改变主观上的不适应，通过宏观与微观相结合，以客观行事的方式来回答问题，从而逐步揭开黑箱中的奥秘。要想准确知道黑箱内部的情形，需要添加制度因素来揭示其中的奥秘。制度价值论指出，劳动创造价值是有前提的，就是依附于制度。在现实世界里，劳动的分工与合作秩序的有效性，需要有效制度运行机制来支持。通过观察制度运行过程中的细节，逐步打开活劳动与货币增加值之间的黑箱。

"在'新解释'那里，同时存在着两种明显不同的 MELT 定义。第一种是如马克思使用的理论概念，即作为'工作日新创造的价值的货币表现'。第二种则是纯粹的经验比率，即两个可计量变量之间的数量关系——它被解释成前一个理论概念的可观察效应。'新解释'真正主张的是后面的这个经验性定义。"[①]

"新解释"MELT 的经验比率创新理论，可以成为一个非常有意义的经验验证工具，"新解释"能够提供衡量活劳动价值计量的新思路。我们知道在劳动、资本、土地、知识、技术、管理、数据等生产要素中，包括生产或服务性劳动和管理（治理）与制度相关的劳动，这些劳动从个体的角度来讲都是由私人提供的活劳动。活劳动与被物化的其他生产要素不同，物化的其他生产要素，其价值已经被认定或者说已经被计量货币化。然而活劳动事后所形成的瞬间价值是不稳定的，其价值无法事先被计量货币化。这是由于价格是价值的表现，商品的价值需要通过价格来反映。如果能够被统计学、会计学等事先预估，将其活劳动价值量预估准确率限定在一定的范围内，就能够对生产要素中的货币资本中未来增（减）值部分进行提前预估，这样对提高劳动力素质计划的制订是有帮助的。

在合作劳动中，从集体劳动中对个体劳动成果进行分离，对个体劳动

---

① 孟捷，袁辉. 两种 MELT 及其决定：对莫斯里和"新解释"的批判性评论 [J]. 政治经济学报，2015（2）：66–74.

的价值进行计量,其工作量大,同时劳动价值论是客观价值论,也就意味着能够从价值创造实践中提取价值量。但是,从集体劳动中分离出个体劳动份额,分离过程涉及制度问题,而这个公正分配制度要与劳动贡献相对应,接下来的任务就是解决如何进行计算的问题了。

## 四、制度性劳动贡献币

党的十九大提出,提高社会治理"四化"水平,这里的"四化"包括社会化、法治化、智能化、专业化。党的二十大指出,完善社会治理体系,健全共建共治共享的社会治理制度,提升社会治理效能。社会治理是有组织的活动,社会治理上下互动的治理特征,对治理行为的控制、引导、规范提出了更高的要求。社会治理实践的互动机制不仅涉及制度和契约(协议),还需要一定的技术给予支持。通过制度(或契约)的共享来建设人人有责、人人尽责、人人享有的社会治理共同体。

制度是责任的基石,治理实践活动依据制度的要求,运用权力(权利)来引导、规范参与者的治理行为。"从政治学的角度看,权力是迫使对方服从的制度性强制力量,权威是一种使对象因信服而顺从的影响力,两者的实质性区别是强制服从和自愿服从。"[①] 从社会治理的理论内涵和实践路径来看,社会治理需要的是制度秩序之上的权威,这种权威与职务上的权力是不一样的。"法理型权威也将个人利益与其职位或其在组织中的角色分离。"[②] 不过,服从权威意味着相关服从主体能够从制度价值角度去理解权威,尤其是那些处在职位上的管理者,能够体悟到制度推动价值形成的大致路径,才能让权威帮助治理实践走向正确实现目标。"权力是从国家出发的一种单向度的命令、训示,呈现合法化的强力特征;而权威则是国家与社会之间构成的一

---

① 俞可平.权力与权威:新的解释[J].中国人民大学学报,2016,30(3):40-49.
② 布劳,梅耶.现代社会中的科层制[M].马戎,时宪民,邱泽奇,译.上海:学林出版社,2001:65.

种双向度的信任关系，表现为一种社会对国家的毫不怀疑的承认和信服。"[①]权力与权威相比，服从权威是建立在信任基础上的，信任的基础是制度的有效性。

社会治理通过合作、协商、自愿、互助、共同认同、集体行动等来实现共同目标。社会治理要想上下互动、有序治理，首先就是要让制度变得有效，它是使合作各方相互信任的基础。构建权威体系要将法律制度置于至高无上的地位，组织治理中的权威需要权力和权利共同维护，而提高维护权威的质量，需要从价值入手来对权威的质量进行评判。社会治理的实践运行场景，实际上需要的是权威，权力主要起到命令引导作用，而权利主要起到维护纠正作用，权力和权利共同作用推动制度的价值生成。简而言之，法治就是制度之治。以制度为依据，让社会治理运行在法治轨道上，为治理活动有序进行带来了安全性和稳定性，为组织治理活动的顺利进行创造了基本条件。制度是治理的根本依据，制度管不管用，依靠主观能不能分辨，显然不能给出客观的结论。要想事先预估某项制度是不是具有价值，由于不同的制度其价值量也是不同的，在分析制度内涵、功能、特性和价值的基础上，还要为制度相关的评价、评估建立指标体系。

社会治理不仅是一个理论问题，也是一个实践问题。实践的运用场景为社会各类组织治理活动，任何组织都离不开一系列对应的制度和社会责任。参与社会治理的各主体需要对责权利关系进行梳理，明晰权责关系，通过考评结果来了解各单位对社会责任的履行情况。大型组织多以科层制组织形式存在，由于这类组织层次结构复杂，制度信息传递有时并不流畅，可以利用计算机技术让制度信息传递变得通畅，使得组织管理模式能够切换到治理模式上来。维持一个既充满竞争又相互合作的组织环境是有条件的，需要在参与合作的各主体之间通过一个既竞争又合作的方案，并以契约（协议）的形式在参与合作的群体中固定下来，契约（协议）需要在治理制度框架内制定。将与治理活动相关的契约（协议）作为博弈规则，参与合作的各主体围绕契

---

① 王庆德.权威是权力运行的基础——警惕基层"权威真空"现象[N].北京日报，2013-04-08（18）.

约（协议）展开博弈，以确保对每个治理的参与者形成有效约束。如何实现这一目标？从技术角度来看，治理理论所述的自上而下与自下而上相结合的治理理论模式在组织治理实践活动中发挥作用，需要开发与治理理论模型遥相呼应的治理技术模型，让制度面前人人平等成为组织治理的重要组成部分。对责权利关系的评判是个技术性问题，需要构建一个符合自然规律的技术工具，来应对组织治理活动中制度信息传递模糊的问题，为完成对责权利关系的评价创造条件。

国家制度逻辑是社会治理的筋骨架构，建设人人有责、人人尽责、人人享有的社会治理共同体，需要运用社会系统工程学结合诚信（信用）治理相关技术架设起点、线、面相互连接的大网络，让不同的群体在既定的范围内，运用权威体系来维护治理秩序，每个参与者带着责任、带着热情为社会贡献自己的力量。足够大的网络将延伸到社会各种类型的大小组织结构之中，通过贡献与责任的客观定位，为精准激励机制的制定提供决策参考。有效的激励措施的落实，必将为社会经济效益、社会效益实现快速增长提供保障。

劳动是价值的唯一源泉，制度创造价值是通过制度性劳动来实现的。这里将制度进行细分，分为制度建构、制度运行、制度维护三部分。其中，在制度运行、维护过程中主体行为是否制度诚信，要想回答这个问题，需要对诚信行为是否合规进行鉴定，这涉及相关专业领域人员的技能问题。专业鉴定人员若工作失职应承担相应的责任。诚信行为计量和诚信结果的鉴定结果，将成为开发制度性劳动贡献币的重要一环。

马克思劳动价值论的"新解释"提供了将劳动价值论理论命题转换为经验命题的新思路，但是要想使这一经验命题成为一个有形的能够服务于一定目标的可执行的方案，需要依靠技术创新。"新解释"将"货币价值"定义为社会活劳动时间的货币表现（货币代表了社会劳动时间）。通常劳动力价值等于货币工资和 MELT 的比值，劳动力价值 = 货币价值 × MELT，MELT = 耗费的活劳动 / 新增货币价值。这样就能够得到以活劳动为依据的劳动时间的货币。制度价值的实现也需要活劳动的参与，可以将制度劳动从生产与服务的劳动中分离出来，将制度劳动的活劳动用劳动时间的货币表现出来。

在生产（服务）性组织中，分工与合作中所涉及的制度可以分为外部制度（多数属于国家法律法规等内容）和内部制度（一般是生产单位内部使用的各项制度）。劳动创造价值有赖于制度的推动，因此制度也间接地创造了价值。但是，制度运行质量的提高是需要通过提升制度运行（维护）主体的诚信度来实现的，两者之间存在正相关的关系。制度形成价值，是制度运行及制度维护的劳动者共同合作的结果，制度运行能否提高劳动合作效率，需要与市场价格机制有效性建立联系，并通过价格来对制度所形成的价值进行确认。在生产（服务）性组织中，制度劳动服务于生产性劳动，为生产性劳动分工与合作秩序提供了制度性保障，规范制度运行能够提升组织劳动效率。

治理活动中的业绩、效果和效率是治理主体能力的基本体现，治理活动所体现出来的结果、效益、效能，则是从另一个侧面来体现治理主体的能力。所谓的提升治理效能只是治理绩效的一个方面，治理绩效是效率与效能的总和。效率是产出与投入的比率。制度是价值来源，但是制度价值的实现也是需要通过人所提供的"活劳动"来完成的。从效率的投入与产出比率关系来看，制度劳动是一种成本的投入，而产出要从实现的价格信息中获得，从成本（投入）和产出的效率关系中可以获得货币化的数量关系。这样与治理相关的综合性评价，可以从适用性、可靠性、安全性、经济性等几个方面进行效能评估。我们将制度劳动分为制度建构、制度运行、制度维护三部分，能够通过效能评估结果仔细分析制度机制形成问题的来龙去脉。

劳动创造价值有赖于制度的推动，因此制度也间接地创造了价值。为此，与制度相关的活劳动可以成为以劳动时间来表现新货币的组成部分的理由。这里将制度相关的"活劳动"从生产性"活劳动"中分离出来成为一种新币种，将该货币（暂时）称为"制度性劳动贡献币"。制度性劳动是一种人力成本投入，投入就需要考虑其产出情况，由于制度性劳动的产出情况是通过推动生产性劳动价值创造来实现的，生产性劳动生产的商品（服务）的内在价值表现为外在价格时，生产性劳动直接创造商品（服务）价值，内含制度性劳动推动生产性劳动实现价值部分，也就是说制度性劳动和生产性劳动的劳动价值在没有分离前是混在一起的，需要经过特殊的计算方法得到各自的产出数据，这样就可以得到与制度相关的配置效率的数据，为制度性劳动贡献币的发放提供依据。

### 五、制度劳动贡献币创新逻辑

商品交换表面上是物与物的交换，实际上是人与人之间交换劳动的关系。然而，认识货币的本质，不能仅停留在商品交换的物的层面上，需要从商品交换阶段向商品形成阶段进行回溯。商品形成过程存在着人与人之间的劳动合作关系，如果没有劳动合作关系，商品交换关系也就不存在，那么货币也就不存在。由此可见，我们目前的货币信息表述的内涵跳过了生产商品中人与人之间的合作劳动这个关键环节。马克思创立了唯物史观理论，并从人类劳动实践活动的角度来揭示货币的本质，即人类劳动的凝结。然而，目前，货币仅表现一般商品的价值，货币的使用价值是充当商品的价值尺度，用于进行商品交换的中介。货币的价值尺度只能衡量商品外在的价值尺度，并存于商品世界的货币固定地成为一般等价物的特殊商品。商品价值具有使用价值与价值两个因素，衡量商品的尺度分为内在和外在两个价值尺度。但作为特殊商品的货币，以物的形式衡量其价值的外在尺度。货币把商品的价值表现为外在价格时，也就掩盖了商品内在价值所包含的关键信息，即生产商品的过程中人与人之间合作所需要的制度、道德等人性价值信息。在商品生产形成价值的过程中，如果没有一种维护劳动合作秩序的一系列规则和衔接机制，就无法完成产品生产和商品交换。一系列规则和衔接机制虽然没有参与直接生产，但是为产品生产所需要的合作协调提供了前提条件，因此维护生产性劳动合作秩序所需要的一系列规则和衔接机制也间接地创造了价值。维护生产性劳动合作秩序所涵盖的内容是丰富的，涉及合作的制度、规范、责任、贡献、分配、激励等内容。货币完整性需要更为公平、正义的货币制度，让创造财富的劳动者得到分配上的公平，能够在激励劳动者为社会贡献更多的财富的同时，也让劳动成为一种幸福劳动。货币的完整性的获取，就是要在原有货币的基础上查漏补缺，来充实货币的内在价值，让具有完整性的货币为人类文明进步提供不竭动力。

要想让货币信息具有完整性，就需要进行货币制度创新和技术创新。就技术方面而言，需要一种网络技术去中心化的应用来揭示劳动合作的奥秘。对合作而言，既然是合作，就要在劳动合作的共同体中维护人员身份的平等。消除人与人之间的人身依附关系是有条件的，就是将人员的身份关系转为契约关系，实现制度面前人人平等。但是，在权力运行规范性不明朗的情况下，会出现权力和权利不平衡的情况，因此需要运用计算机技术进行去中心化，来对权力和权利与制度相关的信息进行疏通。

拜占庭将军问题，就是要解决信息的真实性问题。拜占庭帝国多个将军指挥着各自的军队，正准备攻克敌对国的城堡，他们在敌对国城堡周围分散安营扎寨。由于部队分散需要信使来传递将军们的各项行动计划和命令，以协调多支军队的作战配合来确保胜利。然而，将军们无法知道他们中间谁是忠诚者，谁又是叛徒。那么将军们如何达成一致确保攻下城堡呢？这就需要找到一种算法来解决忠诚问题。比特币就是找到了一种解决拜占庭将军困惑的去中心的共识机制，不需要有一个中心化传递信息的节点，就能达成去中心化的共识。劳动合作、协调是有条件的，就是对共同的制度形成共识，对制度的忠诚是提高合作效率的关键。

这里需要对分布式计算（Distributedcomputing）与去中心化（Decentration）的概念进行区分。分布式就是在一个系统中将原来在一个节点上的计算问题进行分解，形成多个节点来完成计算。对于去中心化的概念，我们先来看看什么是中心化节点。在一个系统中，以一个节点为主要中心，其他次要的节点必须和这个中心节点形成关联，这种形态的节点就是一个中心化节点。而去中心化就是在一个系统中分布有众多节点，任何一个节点都不会对其他的节点形成依附关系，每个节点地位平等，具有高度自治的特征。可以看出去中心化网络技术主要是解决了信息传递对称性的问题，可以利用去中心化网络技术为货币创新服务。

将治理理论模型转换为技术模型，需要借助去中心化网络技术。社会治理理论所描述的治理上下互动过程，合作、协商、伙伴关系等特征，说明了维持治理活动正常运行的秩序，需要利用制度关系构建权威体系。制度面前人人平等是治理活动可持续的前提条件，确保制度的信息传递畅通，将为制度面前人人平等提供技术保障。

具体来说，组织达到一定规模后，就会呈现多层次的科层制结构，一般这样的组织结构在制度规则的信息传递方面是不对称的。为此，就要对该类型组织信息传递模式进行重新规划，但并不改变原有的指挥链、职权链等结构。将去中心化网络技术系统与规划后的不同组织结构进行匹配，然后让每个组织实现去中心化的目标。这里所说的去中心化，是以组织和组织内的岗位为节点，让组织制度信息传递系统与岗位相连，围绕组织制度将责权利关系有针对性地分配到每个岗位。制度与岗位责任有关，而制度运行是专职管理人员完成的，区块链去中心化网络技术系统所提供的记账功能，将对每个岗位的制度运行、维护情况进行记录。制度运行、维护情况的记录源于专业化组织（或个人）监督或调查客观事实的记录，这为组织制度运行、维护的有效性分析提供了数据资源。

完整的货币信息需要对人类劳动实践过程进行观察才能获得，为不完整的货币填充与劳动相关的人的内在价值。劳动价值论认为分工与合作增加价值，制度性劳动作为价值源泉，为生产性劳动个体之间有序合作和增加价值创造提供了支持。虽然制度性劳动没有直接创造劳动价值，但是生产性劳动价值的增加依赖制度性劳动的推动，为此，制度性劳动理所应当成为货币的重要组成部分，这样制度性劳动和生产性劳动都成为填充货币内在价值的对象。通常意义上来讲，一旦制度性劳动与生产性劳动存在相关性，我们就可以从制度性劳动和生产性劳动之间的关系中寻找两者可能存在的因果函数关系。因果分析法是根据各有关指标之间存在的相互依存、相互制约的因果函数关系，建立相应的因果数学模型进行预测分析的方法，如回归分析法等。如何通过因果函数理解因果关系？在函数中，一个变量先变化，另一个变量随着它变化，如制度性劳动因素发生变化，那么生产性劳动就会因为制度性劳动因素的变化而发生变化。也就是说，后者都是随着前者的变化而变化的。如果我们把这个关系上升为抽象的逻辑关系，那么因果关系就是制度性劳动因素是因（自变量），生产性劳动因素是果（因变量）。

制度相关性数据源于制度构建、制度运行、制度维护的投入成本及奖罚等记录。比如制度构建（内部制度），制度创新一般需要投入成本费用以获得新制度，通过实践证明其价值可靠稳定或者相反等；制度运行主要是相关主体对制度关系的理解及其运行的技能方面的因素；制度维护主要是相关主体包括个体和群体，共同维护制度权威性相关能力等方面的因素。这里还包括制度性劳动人员的工资、奖励等成本费用。生产性劳动相关性数据源于生产性劳动所创造的产品（服务），这些商品（服务）内在劳动量的价值通过市场价格得到反映，包括生产性劳动人员的工资及维护制度性劳动的奖励等。

因果数学模型的自变量的取值范围或者说限制范围，我们称之为函数的定义域。这里的域是范围的意思，它表明一个函数所描述的变化规律是有范围限制的。当一个函数的定义域确定之后，因变量也就是函数值也就受到了相应的限制。函数值的变化范围，我们称之为值域。

社会治理下的组织治理，涉及人与人之间合作和与制度相关的诚信问题，其内容是非常多的，导致影响结果的各种变量也会非常多。试图不加选择地根据几个指标就预测今后的趋势，几乎是不可能的。根据治理目标和任务的不同，有时只能将制度关系中所构建起来的契约关系，以及由契约关系事先约定责权利相关的契约（协议），执行契约（协议）作为选定的范围。而执行与契约规定是否相符合，是否需要由制度诚信鉴定服务来为责任、贡献等数据的客观性进行背书，涉及数据质量、完整性、可靠性等要求，数据来源可追溯、有责任背书等才有可能将数据用于因果函数数学模型的计算。不能把相关性数据误解为因果关系数据，这样就不能确定必然性。同时，为了获得因果关系数据，需要对混合在相关性数据中的因果数据进行分离，先从相关关系中分离因果关联，进一步找出因素关联的相互作用后可以确定的因果关系，这个分离工作也是一个求真务实的实践过程，涉及前期各项工作是否满足提取数据质量要求，数据质量关系到能否满足必然性推理的准确性。当这些数据成为符合质量要求的大数据时，通过多重因果数据的叠加后，量和质的关系发生变化，在指向同一目标并能够进行相互印证时，多重因果数据将能够为大概率的必然性推理提供支持。

## 第五节　制度劳动贡献货币的提取方法

### 一、制度价值分析

就社会主义国家制度逻辑而言，生产要素中的劳动与资本相比，劳动优先而不是资本优先，将以劳动为中心的价值理念纳入社会治理制度逻辑框架内，坚持权利与义务相统一，让相关主体履行法定义务和承担社会责任。社会治理理论下的组织治理受到社会历史文化、道德水平以及法律制度的影响，不同组织之间存在道德水平和法治观念上的差异，其治理能力水平也会参差不齐。为加快推动社会治理高质量发展，需要从运行制度机制的建设入手，通过制度诚信来规范组织治理中的制度运行。组织治理的制度由内部制度和外部制度构成，如何评判制度运行的合理性？可以从制度价值分析入手，涉及制度构建、运行、维护等几个方面。对一项法律制度进行价值分析，能够为评判设立该制度的合理性和必要性找到标准和方向，同时能够对制度的完善起到推动作用。制度价值分析方法，一般可以通过对制度、规则相关的认知、规范行为、信念等内容进行梳理，来对制度功能、成本、效益等方面进行全面检视剖析，在此基础上评价制度的合理性、必要性和其在道德伦理、公平正义等方面的价值属性。

按劳分配制度是社会主义制度优越性的一个重要方面。需要将按劳分配与激励机制联系起来，并将两者之间的互动关系进行数据化，用科学的方法进行搜寻以找到组织发展和壮大的动力之源。社会劳动是财富的源泉，价值的唯一源泉是活劳动。劳动的分工与合作可以增加价值，而对合作劳动创造合作剩余的分配，要以劳动贡献为导向，建立社会财富的分配机制。而实际上，目前劳分配制度运行是否与激励形成对应这方面的研究数据资料并不丰富。按劳分配制度相对于某个组织来说属于外部制度，对相关组织执行情况的监管需要第三方专业力量介入。

在治理的实践活动中，活劳动之外的生产要素都是被物化后的劳动财富，以土地、本金、租金、利息等形式存在，所以某些生产要素与新增价值没有必然的联系。资本主义私有制决定了生产要素中资本占有剩余价值，体现了其非正义性的一面。不过，资本作为资本主义的一项制度也激励了一小部分剥削者和他们的受益者。相反，社会主义公有制下的按劳分配制度，从逻辑上推理可以激励更为广大的社会群体。为此，我们要进一步执行好按劳分配制度，将这项工作做细做实。以劳动为导向，而不是围绕"资本"建立起来的社会财富分配制度，是人类最终走向可持续发展的唯一道路。在社会主义公有制条件下的按劳分配制度本身存在正义性，而要让社会主义按劳分配制度全面发挥其价值功能，必须与该制度运行的实践相结合，重点从活劳动的贡献值的精确定位、计量入手，为优化按劳分配制度运行机制提供证据，使其对大部分社会劳动者的激励效果达到最佳。

按劳分配原则是国家制度逻辑的重要组成部分。社会治理实践是在国家治理制度逻辑下展开的，社会治理是一个系统性工程，属于一门综合性的工程技术和交叉学科。不过治理是围绕制度展开的，对于制度功能和成本分析，评价制度有益程度的测度，就需要用到价值工程。价值工程是以提高产品或作业的价值和有效配置资源为目的，通过有组织有步骤的创造性活动，力求以最低的寿命周期成本，可靠地实现使用者所需功能，以获得最佳的综合效益的一种技术。这里将治理所需要的制度作为一种由人创造的人文资源（产品）来看待，人文资源的要素中包括以制度、观念的形态表现出来的资源。制度资源具有使用价值，其价值源于人的认知能力所形成的创造性思维的劳动创造，制度资源开发需要消耗一定的物质和人力成本。制度资源一般属于无形资源，具有无形资产的某些特征。当制度资源用一定方法计算出以货币形式反映的价值量，并为该制度资源赋予某种权利时，就类似于无形资产。进入价值工程模式进行制度价值评价时，我们要将制度作为一种服务产品来对待，然而，服务于组织目标的制度是以体系方式存在的，多种制度相互交叉、相互融合才能发挥作用。

由于制度是通过人的劳动创造的，可以将制度作为制度产品（或商品）来看待。在组织的制度体系中，制度产品是以多层次、多品种的形式出现的，有部分直接用于组织内部与生产（服务）相关的制度，大部分属于内部制度，需要通过自主创新来获取。如果发现组织治理中制度的废品率太高，就要通过制度创新来保障供给。

价值工程简称 VE（Value Engineering），其基本要素包括功能、寿命周期成本、价值。价值工程以产品和作业功能分析为核心。价值工程中的价值是指分析对象具有的功能与获得该功能和使用该功能的全部费用之比，取决于功能和成本两个因素。

功能是指产品或作业的性能或用途，即产品或作业所承担的职能，一般用符号 F 来表示。功能实际上相当于产品的使用价值。寿命周期成本是指产品或作业在寿命周期内所花费的全部费用，一般包括制造成本、使用成本、维护成本，一般用符号 C 来表示。价值是指研究对象所具有的必要功能与取得该功能的寿命周期的比值，一般用符号 V 表示。

价值 V 的计算公式：价值 V = 功能评价值 F/ 功能的实现成本 C。

功能的改善期望值的计算公式：功能的改善期望值 = 功能的实现期望值 = 功能的实现成本 - 功能评价值。

提高价值的基本途径有五种：一是功能不变，降低成本，提高价值；二是成本不变，提高功能，提高价值；三是既提高功能，又降低成本，提高价值；四是成本略有提高，功能有较大提高，提高价值；五是功能略有下降，成本有较大下降，提高价值[①]。

价值工程运行的过程：选择价值工程对象；收集制度有关信息；对制度进行功能分析；提出改进方案，拟订制度创新计划；对改进方案和创新计划进行分析和评估；将创新制度与实践活动相结合，进行可行性试验；对试验数据进行分析，在符合质量要求的情况下，进行创新制度的推广评估，首先可以考虑在相同的组织环境中进行推广。

社会治理下的组织治理是通过制度体系进行的，组织治理绩效取决于制

---

① 刘秋华. 技术经济学 [M]. 北京：机械工业出版社，2015：123.

度的理性及运行制度的能力。而与制度相关的绩效与理性等的评判，需要通过制度价值分析才能得到相关的结论。在价值工程评价模式下，将制度作为产品（服务）来看待，尽可能地用最低的寿命周期成本实现产品（服务）的必备功能来提高制度价值，可以为组织治理有组织、有计划的创造性活动提供科学方法。

组织治理实践活动中的制度是一系列制度组合，每组制度功能实现成本分别包括制度构建、制度运行、制度维护三个方面的成本组合，可以用 C 来表达。制度组合由若干独立制度组成，是指每个制度产品所承担的职能，其实质是制度功能的使用价值，制度功能可以用 F 表达。但是，制度功能的价值体现是通过推动生产（服务）性劳动来实现的，制度功能本身一般不能直接以市场价格的形式出现，而是通过生产性劳动所生产的产品（服务）的价值实现来体现的，因此将价值工程运用于制度价值评价过程理想的方法，就是与事后市场价格建立联系。价值工程中的制度组合价值，指的是制度组合功能与制度组合寿命周期成本的比值关系，制度组合价值可以用 V 来表达。一系列制度组合功能评价值方法，包括经验估计法、理论计算法、间接评价法。间接评价法是比较常用的确定功能评价值的方法，主要有 0-1 评分法、0-4 评分法，用于对各种制度组合进行比选来获得最优的制度组合。

利用价值工程改进制度成本的技术全过程，其步骤是非常严谨的：第一，计算各项功能的功能指数；第二，确定各项功能的目标成本，功能评价值等于该功能项目的功能指数乘以总目标成本；第三，确定各项功能的成本降低期望值，成本降低期望值等于目前成本减目标成本；第四，确定功能改进的顺序；等等。

通过制度价值分析与评估，为组织制度安排提供效率。组织中的制度不是以单个形式出现的，而是以制度组合的形式出现的。这就会引发单个制度与制度组合之间的关系问题。什么样的制度组合是最优的？或者制度组合中还缺少什么样的单个制度？这些都是需要我们考虑的问题。同时，制度作为一种产品有它的使用价值和寿命周期，也就是制度产品具有时效性。当人们的价值观或物质条件发生变化时，制度适用的环境也会发生变化。制度是一种人工资源，构建制度需要成本费用的投入，在使用制度时就需要了解制度的产出成本等。对制度的评价要远离人为的主观偏好，也就是说不能用效用进行主观评价。所以需要定期对制度运行机制的制度成本、价值进行分析和评估，及时淘汰落后的制度，并且通过不断的制度创新来填补制度空缺。

## 二、制度诚信治理与区块链

20 世纪中叶，计算机技术的出现为信息技术的发展提供了强大的支持。信息技术的应用加快了信息流转速度，从而深刻地改变了人类社会的生产、生活方式。曾经与工业化相适应的科层制管理模式日益显现出其僵化、迟钝等弊端，等级森严的科层制难以与信息社会经济模式兼容，需要用新的治理模式来替代陈旧的规律模式。科层制管理模式多层级指挥链以单一性的直线命令为主，使得与制度相关的信息不对称。在新技术被少数人使用、管理模式更新不及时的情况下，组织中的机会主义行为难以被察觉。

从政治上说，马克思在《法兰西内战》和列宁在《国家与革命》中对科层制组织形式提出了一些观点，认为科层制是资产阶级的旧的国家机器，该组织形式不能与无产阶级专政的国家机器相匹配，完全否定了这种组织形式。列宁和韦伯都对科层制提出了批评并指出这种制度有利于大资本家[1]。伴随资本主义发展而发展的科层制，其使命是保护资产阶级利益，维护资产阶级统治，具体表现为保护资本权利，削弱劳动权利。科层制自上而下的压制力，更有利于榨取劳动者的剩余价值。

社会治理理论所描述的合作、协商、伙伴关系的运行场景，与社会主义民主制度相融相合。社会主义法治理念是宪法法律至上、法律面前人人平等，人们之间政治地位平等，是合作关系。社会主义公有制剔除了资本不正当权力，社会主义按劳分配制度主要是围绕劳动贡献来分配社会财富的。

从制度层面上说，社会主义公有制条件下有利于发展组织架构理论和治理理论，通过理论创新结合技术创新，可以发展出与社会主义制度相匹配的

---

[1] 布劳，梅耶.现代社会中的科层制[M].马戎，时宪民，邱泽奇，译.上海：学林出版社，2001：11.

组织治理架构，将坚持和发展社会主义伟大事业建立在科学基础之上。20世纪70年代，由于制度因素，西方发达资本主义国家热烈探讨的治理理论大概率会停留在理论层面上。这是因为治理模型需要排除一切特权，包括资本特权。而在社会主义国家制度逻辑下，除了排除封建特权外，还要排除资本特权。

从技术层面上说，社会治理理论中描述的治理特征，如共同的制度、共同的目标、共同的利益、共同的认同、依法的权威等，这些与社会治理特征相吻合。社会治理的科学和有效的实践路径，需要通过科学的方法来获得数据，怎样让无形的治理理论形成有形的治理实践数据？可以通过社会治理技术创新结合社会科学研究方法来获取。

在社会治理理论下，组织治理的数据是海量的，科学地获取这些数据为社会治理效能的科学评价提供了基础。如何获得这些海量的客观性的数据资源，关系到社会治理现代化能否实现的问题。建立有效组织治理的关键步骤，必须打破组织结构层次上信息不对称的壁垒，主体之间的利益冲突是形成信息不对称的重要原因，而在信息不对称的组织里无法对合作劳动成员之间的贡献程度进行定位，也就无法形成大范围的有效激励。判断组织资源是否有效配置，合作剩余分配是关键一项，必须让成员的劳动与贡献形成对应关系。要想破解组织各层级之间或同层级之间的信息不对称壁垒，首先要解决与制度相关的信息传递不对称的问题。一般组织管理结构是自上而下单线运行的，制度运行者受到利益驱使，能够利用信息的不对称性来阻碍制度的正常运行。治理理论所描述的自上而下与自下而上相结合的治理模式，能够让制度信息传递形成回路，大幅提高了制度信息的传递效率。从治理理论转化到治理实践过程，需要一种能够进行治理实践的技术来获得治理理论中所描述的应用场景，所以说，社会治理走向实践有一个技术创新的要求。

由于主导人们行为方式的是个体理性，而组织治理运行所需要的共同的制度、共同的目标、共同的利益等行事方式，需要依靠集体理性来维持，从而实现治理的各项目标。集体理性强调效率、公平、公正、合作、竞争，以及追求集体利益最大化。有关个体、集体理性的相关理论，可以从合作博弈理论的相关论述中得到进一步理解。由于不同层次组织的目标任务存在区别，细分后的各个组织对完成目标任务所对应的制度范围更加明确清晰。如果能够让组织成员之间呈现出既合作又博弈（竞争）的秩序，并且使这种秩序可观察、可控制，将为组织未来的发展带来更多的确定性。但是，创设一个既合作又充满竞争的组织环境，需要以组织成员相互信任为条件，那就要求通过制度诚信治理来提高治理效能，让制度变得有效，从而发挥制度的价值功能。可见，国家治理体系和治理能力现代化的核心是与制度相关的诚信治理。

每个组织成员在对制度的理解方面存在差异，或者各自因为利益取向不同而存在差异，这种差异会影响组织成员对制度的诚信度，进而影响成员之间的信任水平和合作质量。为了避免组织中个别成员不合作的行为，需要将某些制度转换为更加清晰的合作契约（协议），在参与合作的成员之间通过一个有约束力的契约（协议）。一般来说，制度框架下形成的契约（协议），其执行也具有强制性。明晰契约（协议）所包含的奖惩信息，最终会形成责任成本和贡献利益的奖惩信息记录，这些信息记录会成为治理数据。在分工与合作中，制度不仅规范个人行为，还规范群体行为，制度因素所形成的责任与贡献信息往往要从两人或以上的责任单元和贡献单元中进行分离，让责任与贡献与个人或群体对应起来。可以为每位组织成员建立与计算机相连接的区块链电子账户，根据事先约定最终将分离后的相关信息归结到区块链电子账户上；也可以根据合作博弈等相关分配理论进行技术创新，构建数学模型来处理这类信息。

在同一组织、多层次组织、个人之间进行纵横交错的责任与贡献分配，需要事先约定、达成共识。由于人的"有限理性"和"机会主义行为"的存在，需要有相关诚信治理主体对上述信息来源的客观性、真实性进行认证和背书，相关诚信治理主体要做自己诚信行为的"担保人"，为自己在认证结果方面的诚信行为终身负责。区块链技术为合作劳动中的组织治理建立与制度相关的去中心化的共识机制，保证满足组织治理需要的不同层次的知情权和监督权，同时对于信息记录可能存在的瑕疵，当事人对不符合实际依据的事实，可以进行反驳、纠正、追溯等信息重新确认的过程，来满足相关信息记录的客观性要求。区块链技术也是诚信治理主体提高工作效率的好帮手，将诚信治理主体公证人的角色从线下转移到线上。可以查阅《社会数字治理信用化建设研究》一书来增加对该系统的理解。

运用计算机区块链分布式账本技术，将组织中的制度信息及与制度相关的信息记录与计算机网络软件进行链接，使用的计算机软件具有分布式网络、共识机制、去中心化、加密算法、智能合约、价值测量、资源配置等能够承载治理活动所需要的不同功能。区块链分布式账本技术在参与组织治理活动的过程中，让制度信息传递变得畅通透明，突破了原有制度信息系统传递上的局限性，创造了一个新的应用场景。满足组织不同层次的成员所需要的知情权、监督权等，可以降低制度成本，制度的有效性为组织提供了一个信任环境。制度有效性源于治理主体和被治理主体对制度价值的共识，以及由此引发的各主体之间的合作。只有这样才能构建符合人人有责、人人尽责、人人享有的社会治理共同体的应用场景。

## 三、制度性劳动与活劳动时间货币

马克思的劳动价值论认为，商品的价值是由生产商品的社会必要劳动时间决定的。西方马克思劳动价值论的"新解释"将货币与劳动时间联系起来，用货币来代表社会劳动时间，也就是MELT，并且货币可以无中介地通过价格得到劳动时间。"MELT能够实现货币价格与劳动时间的相互转化，能够用货币理论较好地解答市场价格与物化劳动系数不一致的问题，从而避免建立基于物化劳动系数的独立系统。"[①] "新解释"依据马克思的"两个总量不变"的命题，即总价值等于总价格、总剩余价值等于总利润，得到产品的价格总和等于产品的价值总和的结论，为劳动价值论这个理论命题转换为经验性命题提供了理论依据。这为马克思劳动价值论由宏观层面上的货币理论转向微观层面上的货币创新打开了想象空间。

---

① 李朝前，刘楠，温玉卓.中国MELT的测算与分析[J].金融评论，2019，11（5）：102-115.

目前货币制度是伴随着资本主义制度的完善而发展起来的，围绕资本建立起来的货币存在不完整性，它束缚了人们的思想，阻碍了社会的进步。资本主义货币制度只反映了生产者之外的物与物之间的关系，而没有完整地体现出货币背后生产者之间的人与人相互合作的社会关系。缺乏人性价值信息的货币，必然存在不公平、不合理性等问题。从贵金属货币到目前的信用货币，信用货币与劳动价值创造的关联越来越模糊，背离劳动价值创造的货币发行制度，造成部分人对直接创造财富的劳动者进行掠夺和剥削。这种掠夺和剥削的形成原因，主要是没有将财富来源与其劳动贡献进行对应。不公平的货币制度不利于世界和平与稳定，因此研究开发人性的价值与物化劳动相结合的货币生成机制变得非常有意义。

商品价值是由人类劳动创造的，商品价值量是由社会必要劳动时间来衡量的。劳动价值论指出分工和合作能够增加价值，劳动合作增加价值的过程，也是劳动者与劳动者之间向增加价值的对象叠加价值的过程。这就引申出一个产权问题。在制度经济学里，有一个被广泛认可的产权定义，就是产权不是指人与物之间的关系，而是指由物的存在以及关于它们的使用所引起的人们之间相互认可的行为关系。中国的宪法有保护私有财产的相关规定。马克思的劳动价值论指出，抽象劳动是价值（抽象财富）的唯一源泉。财产权利的源头要与活劳动价值创造相联系，这是构建完整产权理论体系的前提。劳动者之间的分工与合作劳动按工艺、流程等向产品中叠加的价值量是多少，群体合作中的个体为产品提供的价值量如何衡量等问题，关系到产权所有权的完整性，也关系到参与分工与合作的劳动者之间的财富分配公平公正问题。处理好公平问题是形成有效激励的基础，也关系到经济增长的动力来源问题。这个衡量是对个体劳动者应得份额的衡量，要从合作劳动群体中分离出个体劳动者的价值份额。将其与产权定义联系起来看，每个劳动者在劳动群体中应得的份额存在着一个相互认可的行为关系，这将会涉及财富分配公平公正的制度性问题。事实上，理论上的公平分配制度需要得到实践的检验。实践是检验真理的唯一标准，组织治理作为一项科学实践活动，首先需要解决与制度相关的信息不对称问题。

马克思认为，分工协作提高劳动生产力和生产效率。由此可见，仅依靠分工与合作秩序的有效治理，也是一种间接提高生产力的诀窍。技术创新是组织取得高附加值的主要途径，高附加值颠覆性技术创新活动，有一个智力劳动叠加的过程，对协调创新团队创新合作需要的制度（契约）运行机制的要求更高。制度问题也日益凸显出它的重要性，使得与制度相关的交易费用成倍增加，控制它必然会增加与制度监督相关的交易费用，如何降低这类不断增加的交易费用也成为一个重要问题。这样的话，从构建制度、运行制度、维护制度几个方面来研究如何通过优化制度系统来控制费用成为一件很有意义的事。这就意味着提高制度使用效率和降低制度性交易费用，成为劳动创造财富的重要组成部分。提高制度使用效率和降低制度性交易费用作为一种制度性劳动，虽然不直接参与价值创造，但是为直接参与价值创造的生产性劳动创造出更多的价值提供了条件，作为一个具有参与价值的决定因素，它也在间接地创造价值，这样的制度性劳动参与价值分配具有它的合理性。而目前的货币没有将价值创造过程中所需要的人与人合作的制度因素揭示出来，也就不可能将合作需要的与制度诚信相关的人性价值内容纳入货币中。

"新解释"关于价值与价格转换的中间环节存在一个不为人知的"黑箱"，这与资本主义生产关系即制度安排有关。在马克思的劳动价值论里，在商品货币逻辑下，活劳动被物化在商品中，从表面上看是物与物之间的商品交换，但实际上体现了商品生产者之间交换劳动的关系。进一步对劳动生产商品过程进行追溯，体现出来的是人与人之间的劳动合作秩序需要制度（契约），制度性劳动推动了生产性劳动生产商品，货币形成与生产商品的劳动时间相对应，并存于商品世界。从商品形成与货币产出过程的前后顺序来看，商品价值衡量有外在尺度和内在尺度之分，货币价值是衡量商品价值的外在尺度，是通过商品的内在价值（停留在物的层面上）表现为价格。但是，"新解释"劳动时间的货币表现是根据总价值等于总价格和总剩余价值等于总利润来定义的，这样劳动时间的货币形成中间环节，理解它还是停留在物的层面上，而通过制度因素可以让货币原本无法表达的内在尺度得以拓展。

货币既然是一种特殊商品，它的形成与劳动价值创造密不可分。在生产商品的过程中，必然体现人与人之间的劳动分工与合作的社会关系，劳动分工与合作的秩序有赖于制度的推动。理解了这一点，就可以打开"新解释"的价值与价格转换过程中存在的"黑箱"，其实就是劳动合作秩序需要的制度因素。

### 四、让制度性劳动走进货币世界

不同的社会制度具有不同的概念系统，制度价值观的取向也各不相同。社会主义制度是站在人民立场上，服务于人民的制度体系。制度概念的外化是制度规范的载体，即通过组织系统来发挥制度作用。比如，社会主义按劳分配制度，具体是通过组织治理来体现的。当某一制度具有使用价值时，这种制度都会对应一种需求。制度规范能够让群体合作与协调井然有序；反之，就会混乱无序。制度发挥作用是有条件的，就是制度要与组织架构相匹配，制度之间不能相互冲突、相互抵消、相互抵触等；制度的作用必须是明确的，制度一旦作用模糊，就会流于形式，成为一纸空文；从制度关系中走出来的权威，更加尊重制度而不是仅服从于某个人的口头命令，权威必须服务于全体成员。组织发展或社会发展一般快于制度发展，所以需要适时清除旧制度，创建新制度。如果不进行制度创新，就会出现某个时间段上的制度真空，在没有制度阻拦的情况下，腐败就会出现。然而，当新制度与部分个人或某些群体在利益上存在冲突时，他们可能会逃避制度规范，干扰新制度的执行，这种情况需要用法治思维来化解。另外，个别制度的适用范围必须明确，当然，制度组合或制度系统也一样。

制度从功能方面来看，第一，制度能够抑制机会主义行为，提供有效信息，为组织发展注入确定性和正能量。第二，可通过制度的矫正来消除外部性带来的不利影响，即通过制度安排来让外部性内部化。外部性内部化是指将制度矫正经济行为带来的外部影响变为内部影响，从而消除外部影响，良好的制度能够使经济运行处在帕累托最优状态。以上两条运用得当可以为组织降低制度成本费用，提高生产（服务）效率和配置效率，为组织提供有效约束和激励。第三,在组织获取整体性的约束和激励后,一般来说,组织向社会提供的生产(服务)的质量会提高,增加消费需求使得生产(服务)产品价格也会同步提高,等等。不过在科层制组织中发挥制度价值功能是有条件的。在某些科层制模式下,与组织制度相关的信息传递不对称,将导致组织获取的整体性的约束和激励变得异常困难。

相关文献认为先进制度是不可能依靠自发演进来获取的,为此,对制度进行人为设计成为唯一的选择。什么样的制度是有价值的?如何完善制度运行机制?如何获得制度效率?提升制度效能的途径是什么等问题,以及制度通过何种途径为社会发展提供高质量服务?只有准确回答这些问题,才能对制度创新、运行、维护等进行规划。制度是责任的基石,只有完善责任机制,责任追究才具有可行性,而对责任的精确定位,为制度有效提供了条件。我们可以将制度视为具有使用价值的产品,有它的设计建造者、验收检验者、运行者、维护者等。良好制度作为一种稀有资源,使用好可以降低社会交易成本,为社会创造更多的财富。

制度效率测度是一种经济理性的表现,效率指标的优点能够以货币化形式表述,有助于社会治理数据信息的生产,为社会治理利用大数据进行分析提供数据资源。制度效率测度需要有与之配套的组织治理结构,就是将制度信息镶嵌在组织架构内来分门别类地建立多层次的治理中心,通过制度关系来引导相关主体的行为规范,从规范结果的记录以及其他相关利益中提取投入与产出效率数据,为每个治理中心提供绩效数据。绩效是效率和效能的总和,效率以产出与结果之间的关系来衡量,而效能常常以质量为实现程度来评估。制度效率指标的获取,能够对组织治理绩效评估起到关键性作用。所以,如果没有对制度效率的准确测量,制度变迁就会缺乏客观依据,可能导致制度创新的盲目性。

制度性劳动和生产性劳动不同,制度价值是通过推动生产性劳动来实现的,为此,要想获取制度效率相对准确的数据,应让制度性劳动与商品(服务)的市场价格建立联系,不同的行业、组织、环境,它们的制度效率标准是不一样的。在明确制度效率标准的前提下得到的制度效率数据,可以判断制度成本与制度收益之间的关系是否具有合理性。

目前，对制度效率相关的测量还停留在理论阶段。"目前新制度经济学家对制度效率的测度主要从测度制度的成本——交易成本方面展开，即假定制度的收益一定，主要关注制度的成本的测度。"① 出现这种情况的原因在于，对制度成本的范围没有达成共识。另外，劳动创造价值有赖于制度推动，制度性劳动成本容易提取，但是制度性劳动创造的价值和生产性劳动创造的价值是混合在一起的，要想分离这两种劳动价值，就需要利用商品或服务市场总价格进行分配，这样就能够为制度性劳动效率获得客观性数据提供条件。

制度包括制度构建、制度运行、制度维护三个组成部分。制度构建一般指制度创新劳动形成新的制度产品；制度运行是指在制度框架内利用职权行使治理（管理）职能；制度维护主要是指在某个治理中心，所有成员有共同维护制度的责任和义务。制度发挥作用是有条件的，需要在相互信任的基础上，由治理者和被治理者（或管理者和被管理者）相互配合、相互监督来发挥制度的价值功能。

劳动价值论"新解释"引入了MELT这一概念，用以表示每小时的劳动与对应的货币数量之间的关系，它等于某个时期以市场价格的增加值（产出价格减去工资以外的成本）与生产性活劳动的比率。在马克思劳动价值论中，没有给出价值向价格转换的详细过程。"新解释"将马克思的两个总量不变的命题，即总价值等于总价格、总剩余价值等于总利润作为理论支点，认为已经解决了马克思《资本论》中价值向生产价格转化的问题。研究"新解释"的另一位英国学者莫汉认为，在马克思的个量范畴和资本主义企业的会计之间，建立了潜在的直接的联系，因而有可能开创一个进步性的研究议程。

这样马克思劳动价值论可以让宏观货币理论走向微观。这个过程需要将活劳动价值创造与市场价格建立因果联系，以此来为劳动价值的量价关系构建数学分析模型。将劳动价值论理论与实践相结合，通过收集经济活动的相关数据来假设、探索、验证、分析其变量之间的关系，数据的科学性是获得未来发展确定性的关键，为货币制度创新和货币技术创新提供了科学依据。

---

① 袁庆明.新制度经济学教程[M].北京：中国发展出版社，2012：327.

会计学逐渐向基层组织、组织管理、生产领域进行渗透，这得益于信息化和计算机技术的快速发展让我们可以获取多层次的与经济相关的会计信息。为了获得劳动时间的货币数据，可以从会计信息找出我们需要的信息。

"不论是什么形式的货币体系，马克思的理论都暗含着在任何特定时期都存在货币单位和社会劳动时间的等同关系。"[1] 制度性劳动也存在社会劳动时间与货币单位的等同关系。制度性劳动为组织提供服务的数量与质量如何，也可以像生产性劳动一样，用劳动时间的货币表示。用货币表达的好处就是能够与数字建立联系，为数字治理大数据的应用提供丰富的数据资源。

社会信用体系以制度为媒介，使社会市场经济体制与社会治理体制建立联系。社会信用体系建设要在制度信用上努力，制度对经济增长发挥作用可以作为一个重点研究方向。生产性劳动创造价值，但必须依附于制度劳动的推动。这样两者之间就会存在一种数学中的因果关系，就是制度性劳动是生产性劳动的必要条件。这里将制度性劳动成本用字母 E 来表示，生产性劳动成本用字母 D 来表示。制度 E 是生产 D 的必要条件，如果没有制度 E，就必然没有合作，也就没有了生产 D；有制度 E，但是不一定有生产 D，也就是说 E 和 D 只有同心协力，才能成就事业。在数学上这种关系被称为 E 是 D 的必要条件，记作 E→D，意思为"D 含于 E"。在满足数学逻辑上的必要条件的情况下，就能够从生产 D 的结果上推导出条件制度 E 的努力程度。运用数学中的这种因果关系，可以对制度性劳动与生产性劳动之间的互动关系进行分析。

## 五、制度性劳动贡献货币与计算

社会主义消费品的分配，是按照"各尽所能，按劳分配"原则进行的。按劳分配不是平均主义，是依据劳动主体对社会的贡献程度来决定劳动所得。社会主义初级阶段存在商品交换，就不能取消货币。在社会主义公有制条件下，货币用以计量与核算社会生产中的劳动耗费，以此为依据进行消费品的分配。现在的货币主要是围绕着资本展开的，它是伴随着资本主义制度

---

[1] 弗里，高伟，张苏.劳动价值论的最新发展[J].政治经济学评论，2008（1）：18-41.

的建立而完善起来的。然而，目前围绕"劳动"能够对劳动者形成精确激励的货币制度并没有形成。社会主义与资本主义相比是更高一级的社会形态，是否需要有与社会主义制度相匹配的货币，这个问题是值得商榷的。

马克思说："只要理解了货币的起源在于商品自身，货币分析上的主要困难就克服了。"[1] 所以，货币制度创新和技术创新可以从分析商品本身开始。不过货币制度创新和新货币诞生，需要大量的经济数据来认证其可行性。目前，在分析货币制度以优化经济结构时，还是站在比较宏观的层面上进行的，一般是通过提取与货币相关的供给总量与需求总量的数据，形成宏观货币政策来促进经济增长，而没有从微观视角，从商品生产与货币形成过程去研究如何直接对劳动者形成有效激励，有效激励能够获得经济增长的原动力。货币创新牵扯到生产资料的所有制性质，以及所形成的雇佣劳动、劳动合作、合作剩余分配等系统性问题。

资本主义主导的世界货币体系是围绕资本展开的，在该货币制度下，货币资本成为掠夺劳动者剩余价值的工具，因此劳动与资本之间的利益博弈是不公平的。另外，由资本主导的利益博弈方式，劳动力被资本物化，忽视了人与人之间合作、互利、共赢所需要的公平理念。事实上，劳动合作剩余需要用公正的制度来保障劳动价值创造被公正地分配。制度的不公平必然导致非合作博弈，这就会带来人们之间合作的不确定性。为此，要想让非合作转换到有条件的合作博弈，需要从能够促进合作的公平正义制度入手，让博弈各方进入合作的状态。制度是个复杂系统，制度安排是否有效，需要一定技术的参与来检验。有效的制度能够发挥制度价值功能，从而提高合作水平，这需要在合作群体中发展与制度诚信相关的人的德性力量。

从技术层面来看，制度外化过程要注重诚信问题。社会信用体系所建立起来的诚信奖惩机制，可以维护制度的权威性。将收集的治理数据与市场价格数据进行比对分析，可以设立制度劳动贡献货币，让其成为一种服务于经济增长的工具。

---

[1] 中共中央马克思恩格斯列宁斯大林著作编译局.马克思恩格斯全集：第31卷[M].北京：人民出版社，1998：458.

组织承担社会责任，这也是各国政府通行的做法。社会责任涉及服务质量、产品质量、资源节约、环境保护、劳动权益、财富分配等内容，这些内容一般在国家法律制度里都有明文规定。组织为实现一定的目标，一般涉及外部制度和内部制度。真正意义上的治理模式，可以克服组织层级之间信息传递不对称的问题，在此情形下，外部制度应该由社会来监督，而内部制度被全体员工所监督。有效的监督是制度诚信治理的重要组成部分，这样才能对制度性劳动贡献进行测度。制度被相关主体监督是有条件的，首先在组织管理单向线性模式下，制度信息传递并不稳定，制度面前人人平等也会存在不确定性。要将管理模式切换到治理模式，就需要对原有的科层制组织进行系统改造，让与制度相关的信息传递和回馈变得通畅。治理模式的建立需要结合现代计算机信息技术来实现。具体来说就是要为每个参与合作劳动的成员建立区块链电子账户，用以记录责任成本、贡献收益等信息。对与制度相关的诚信识别和鉴定，需要专业组织或专业人员参与。

劳动创造价值是有条件的，必须由制度来协调和维持合作秩序。人的劳动能力不是商品，人的劳动能力各有所长，通过取长补短来达到均衡。这种均衡是通过劳动者的相互合作来实现的，合作需要制度来保障，当制度发挥作用时，就能够发挥人与人各自的长处，激发群体合作潜能。制度性劳动与制度相关诚信问题的甄别，需要通过专业组织和人员的背书确认。制度性劳动的成本费用，要从生产性劳动会计信息中分离出来进行独立核算。它也是生成制度劳动贡献币的数据来源。

以下对计算制度劳动贡献币做简单的陈述。

（1）"新解释"指出，"在马克思价值理论中，任何货币体系都与某一时期的社会劳动时间和货币单位存在等同关系，凝结在商品世界里的货币价值都是由生产中耗费的活劳动创造的"[①]。这样货币就可以无中介地使价值与价格建立联系，来实现价值与价格的统一。弗里将货币的价值定义为活劳动时间的货币表述，即 MELT。即一个时期内生产国内净产品的现行价格与经济

---

① 李朝前，刘楠，温玉卓. 中国 MELT 的测算与分析 [J]. 金融评论，2019，11（5）：102-115.

中耗费的活生产劳动的比值，表达式：单位劳动时间的货币表现＝生产单位现行价格/单位付出活劳动时间平均量。这里所谓的"MELT"，就是每小时新增价值货币的数量，表达式：MELT＝生产1单位的市场价值（价格）/所要消耗的劳动时间。MELT表示每小时的劳动和与之对应的货币数量之间的关系。

（2）"新解释"学者迪梅尼尔认为，MELT也可以被称为具体劳动时间的货币表现。具体劳动创造使用价值，抽象劳动形成价值。在基层生产（服务）组织里，具体劳动是生产不同使用价值和不同形式的劳动。对于单个组织具体劳动时间的货币测量，可以忽略掉简单劳动和复杂劳动在换算上的麻烦，暂时不考虑劳动的复杂程度。另外，英国"新解释"学者莫汉认为，对马克思经济学的研究是在经验的真空里开展的，没有把重心放到理论与实践的结合上来。为此，他以货币工资来表示劳动时间数量，将价格与价值对等，直接以价值进行交换。马克思所处的时代，还没有真正意义上的社会主义国家存在，发展和丰富马克思主义经济学，需要在社会主义制度环境下进行实践并不断完善。当我们把社会主义事业作为一门科学来研究时，应解决研究的对象应该包括哪些、构建什么样的指标体系才能符合学科研究的需要等问题。我们应以马克思经济学理论为指导，发展和丰富社会治理理论内涵，并让理论与实践相结合。社会治理从理论走向实践，需要运用社会科学方法论结合现代计算机信息技术，通过社会调查、实证检验等方法来收集海量的经验数据，为社会治理下的组织治理提供科学指导。现代计算机信息技术为大幅度降低社会治理成本提供了条件，能够有效筛选出符合社会治理需要的各项数据，并将收集到的海量的数据与大数据分析进行对接，让无形的治理理论通过实践形成有形的数据，这样就能让马克思经济学的研究走向现实世界。

（3）将"新解释"里的相关经济学用语内容与会计语言相对应。

先对概念进行简单描述：①活劳动生产总货币量；②活劳动生产的市场总价值（价格）；③活劳动耗费总劳动时间。

对于①的计算公式：活劳动生产总货币量＝活劳动生产的市场总价值（价格）÷活劳动耗费总劳动时间。

对于②的说明：活劳动生产的市场总价值（价格）在经济学中是总可变资本加总剩余价值；而在会计学中，就用进入商品成本的总劳动工资再加总利润来表示。

对③的计算：活劳动耗费总劳动时间涉及工资和利润这两部分，一般雇佣劳动者得到的是工资部分，为了计算方便可以先计算货币工资率。货币工资率=（总净收入－总利润）（单位：元）÷活劳动耗费总劳动时间（单位：小时），这样就可以得到活劳动力（工资）货币价值（单位：元）=货币工资率（单位：元/小时）×活劳动耗费总劳动（单位：小时）。

（4）活劳动生产的市场总价值（价格）包含总劳动工资和总利润两个部分，这里要对工资部分进行分解。将总劳动分为制度性劳动和生产性劳动，再对制度性劳动再次分解，即可以计入产品成本的制度性劳动和不可计入产品成本的制度性劳动。制度性劳动将计入和不计入生产成本的制度性劳动进行合计。

（5）制度性劳动生产率计算。先计算进入产品成本制度性劳动效率。

新增总利润=活劳动生产的新增总价格（不包括非工资性成本和不可计入产品成本的制度性劳动工资）－（可以计入产品成本的制度性劳动工资＋生产性劳动工资）。

根据生产性劳动创造价值必须依附于制度性劳动来推动的相关理论，制度性劳动和生产性劳动之间就会存在一种数学中的因果关系，即制度性劳动是生产性劳动的必要条件。在它们满足数学逻辑上的必要条件的情况下，就能够从生产性劳动的结果上推导出条件制度性劳动的努力程度。

可以计入产品成本的制度性劳动生产率=新增总利润/可以计入产品成本的制度性劳动工资。

总制度性劳动生产率=（新增总利润＋不可计入产品成本的制度性劳动工资）/总制度性劳动工资。

这里的产出不是名义上的，而是以市场价格来表达的实际产出。对于每单位的投入与产出的产品与服务，根据需要可以进一步细化为每小时产出多少元，等等。以上可以用于相同行业、相同类型组织之间进行对比评价，同时可以利用该投入产出比关系，结合相关数据，如组织诚信治理的奖惩记录、激励数据等，通过汇总这些相关客观数据进行分析，作为提取制度性劳动贡献货币的依据。可以做成专项的奖励金，或者用于工资整体等与激励相关的用途。

在此之前，组织需要有完善的制度和契约管理制度，组织全体成员由身份关系进化到了契约关系。组织结构与治理相关制度、技术紧密结合，为每个成员设立与责任和贡献相关的区块链分布式电子账户，在同一个分工与合作劳动组织中，每个成员对制度（契约）的事先约定必须是清楚的，并与区块链的共识机制相结合，责任与贡献定位的记录需求客观公正，为此，需要由专业人员对数据的真实性与客观性的鉴定进行背书，专业人员同时要承担与质量问题相应的终身责任，等等。制度性劳动贡献货币提取是一种人力成本投入，投入就需要考虑未来的产出，不仅考虑个体，还要考虑群体产出问题。产出可靠性的预期，依赖各项数据质量和数据的完整性。为了获取客观的、高质量的社会认同数据资源，要避免自己人评价自己人、行业内部通过主观判断得到数据，而应在制度下建立契约（协议）的事先约定，并由非本行业的专业的横向组织来承担公正裁判的角色。责任与贡献定位涉及分配技术，可以通过事先约定（符合公平公正的原则）并结合经济学、会计学、统计学、诚信管理学等相关学科来进行处理。

# 第四章　社会治理与人类未来货币

马克思给货币下的定义："同商品界本身相脱离而自身作为一个商品又同商品界并存的交换价值，就是货币。"[①] 劳动价值论的"新解释"，即MELT，是根据马克思提出的总价值等于总价格和总剩余价值等于总利润来定义的。目前货币的价值尺度只能衡量商品价值的外在尺度。而"新解释"里所描述的MELT强调了货币与活劳动时间之间的对应关系，活劳动包括制度性和生产性劳动。制度性劳动价值是通过推动人与人之间的合作劳动来实现的，合作就会涉及人性价值因素等。制度性劳动是生产性劳动的必要条件，推动两种活劳动相互合作能够增加价值。世界单一货币需要一个稳定的锚用劳动贡献对应货币锚来弥补货币中缺失的人性价值因素能够让货币内涵走向完善。货币的不完整性影响了产权制度的完整性，而产权制度的完整性需要通过货币制度的完整性来获得。那么，下一站的货币形式如何呢？货币是凝结在一般等价物上的劳动价值的体现，通过MELT可以直接用劳动价值为货币填充价值。

---

[①] 中共中央马克思恩格斯列宁斯大林著作编译局.马克思恩格斯全集：第46卷[M].北京：人民出版社，1979：90.

# 第一节　货币与制度安排和组织治理

## 一、与货币相关的制度

学术上没有对货币形成统一的定义，货币的产生源于商品交换过程中商品内在矛盾的发展及价值形式不断演变的过程。马克思所处的时代，各国普遍实行金铸货币流通。马克思在创立货币理论时认为，在金属货币制度下，货币是商品生产和商品交换发展到一定历史阶段的必然产物，是固定地充当一般等价物的特殊商品，并反映一定的生产关系。马克思的货币本质论，以劳动价值为理论基础，同时以金属货币为假设背景。金属货币是商品，那么它就有使用价值和价值。金属货币是特殊商品，它可以用来衡量其他一切商品的价值尺度。货币是充当一般等价物的特殊商品包含两层意思：一是货币是商品，具有使用价值和价值；二是货币是特殊商品，可以衡量其他一切商品的价值。货币是商品交换和商品生产不断发展形成的产物，它是从偶然的价值形式发展到扩大的价值形式，再发展到一般的价值形式的一次质的飞跃。它促进了商品流通和交换，推动了社会专业化和分工精细化，为社会提供了越来越多的商品和专业化服务。

货币反映一定的生产关系，表现为商品由不同劳动者所生产、不同个体群体所占有，并通过将货币作为媒介让商品实现等价交换来形成人与人之间的社会联系。货币本质上反映的是人与人之间的社会生产关系。社会主义生产关系中的生产资料由全体劳动者共同占有，人们互助合作，且地位是平等的，只不过在劳动合作中的社会分工不同；社会主义生产关系中的个人消费品实行按劳分配原则，按劳分配就是按照劳动贡献的大小进行分配。劳动贡献的精确定位是对劳动者形成大范围有效激励的条件，只要将按劳分配建立在科学的基础之上，社会主义必定战胜资本主义。要将劳动置于资本之上，紧紧围绕着"劳动"这个中心议题，通过与按劳分配相关的制度创新和技术创新来充分发挥按劳分配制度的价值功能。社会主义可以推行按劳分配制度这项激励大多数劳动者的伟大事业，激励大多数人比激励一小部分资本所有者更有意义。资本主义的局限性决定了其代表资产阶级局部利益，注重对少数的大资本所有者进行激励。

1988年邓小平在会见捷克斯洛伐克总统胡萨克时指出："马克思说过，科学技术是生产力，事实证明这话讲得很对。依我看，科学技术是第一生产力。"科学技术是发展生产力的第一要素，在社会主义优越的制度推动下，科学技术应该是突飞猛进的。只有资本主义制度下的科学技术发展速度远远落后于社会主义制度下的科学技术才是正常的，资本主义乞求社会主义科学技术的输出才是合乎常理的。如果说没有达到这个目标，或者说我们的科学技术发展在某些方面仍然落后于资本主义制度下的科学技术，那么就需要查找原因。生产资料公有制消灭了人与人之间的剥削关系，但是如果我们在其他制度建设上或在制度运行上仍然存在某些短板，那么这个短板到底是什么？比如在分配制度方面，就是按劳分配制度运行需要客观的贡献依据，需要有相关技术参与来完成贡献的精确定位。社会治理下的组织治理任务之一，就是要让制度来做主，权力乱作为的背后是非法利益的索取。贡献精准定位能够成为查漏补缺、把权力关进制度的笼子里的有力帮手。

生产关系包括生产资料所有制、人们在生产中的地位及相互关系、分配形式，它们是不可分割的整体，三者相互影响、相互联系。生产关系是关于生产、交换、分配和消费的关系，需要规则和合约来规范。制度对生产关系的形成、运行和变迁起着决定性作用，而生产关系也对制度具有反作用。制度性问题会影响到劳动生产（服务）中人们之间互助合作的质量，合作质量水平的高低与按劳分配原则是否被有效地执行相关。制度价值论认为，劳动创造价值，但必须依附于制度。从微观层面上看，如果按劳分配原则下所建立起来的分配制度出现了偏差，在劳动合作组织中就会出现懒汉剥削勤劳的贡献者的情况，从而使得该组织无法对人员形成有效激励。在组织中依照身份关系而非契约关系建立起来的所谓按劳分配制度，同样也无法对组织中大多数成员形成有效激励。

马克思在《资本论》里说，货币"用物的形式掩盖了私人劳动社会性质以及私人劳动者的社会关系，而不是把它们揭示出来"①。分工与劳动合作，这种劳动合作都是由作为个体的私人提供的，劳动者之间的合作创造商品的同时，也为货币形成提供了前提条件。货币代表一种社会生产关系，在资本主义剥削制度下，货币掩盖了私人劳动社会性质，让资本成了资本主义的一种制度安排，成为统治广大劳动者的异己力量。马克思说："货币主义的一切错觉的根源，就在于看不出货币代表着一种社会生产关系，却又采取了具有一定属性的自然物的形式。"②货币主义没有将货币形成过程、人与人劳动合作秩序需要的制度因素进行揭示，而是将并存于商品世界里的货币形成本源问题以物的形式来掩盖。所以说，伴随资本主义制度建立起来的货币制度，存在某些先天性的劣势。人类社会可持续发展需要建立以人的劳动为本的货币制度。

货币本身没有价值，货币依附于商品形成价值，而商品价值源于人的劳动创造。社会大生产为社会提供了丰富的商品，然而，丰富多彩的商品世界的背后，需要劳动合作的有序进行，这种有序性源于制度的力量。制度为生产提供了必要条件，生产性劳动创造价值依赖于制度性劳动所提供的服务。因此，共存于商品世界里的货币，其价值源头也是由制度性劳动推动的。货币不能简单以自然属性来表达，还包含了人与人之间的合作需要的制度因素。维持合作秩序需要制度，有效的制度源于人们对制度尊崇的人性的价值。因此，货币发行应对"以人为本"作出回应，以人为本就是要肯定人在社会历史发展中的主体地位，对人的能力和贡献给予充分的尊重和肯定，可以激发人的聪明才智为社会作出贡献，在惠及全社会的同时也促进了人的全面发展。货币作为生产关系是一种制度性安排，制度具有内在价值，制度的外化价值是通过人与人之间的合作形成的，所以货币的安排不能仅停留在物的层面上。将货币安排与"以人为本"联系起来，就要围绕劳动贡献来构建

---

① 马克思.资本论：第1卷[M].北京：人民出版社，2004：93.
② 中共中央马克思恩格斯列宁斯大林著作编译局.马克思恩格斯全集：第31卷[M].北京：人民出版社，1998：427.

货币体系，必将促进人和社会的共同发展，使得人类社会整体充满活力。当货币不再停留在物的层面上，并将人与人相互合作的劳动贡献放进货币篮子里时，将会从根本上消除人剥削人的不公平的寄生制度。随着资本主义完善而形成的货币制度已经丧失了其先进性。只有将劳动置于资本之上，并逐步驯服游荡在世界各国的资本幽灵，全世界被奴役的劳动人民才能从某些腐朽国家的强权逻辑中解放出来。解放全人类是马克思毕生的追求，新时代赋予新使命，货币的完整性不仅能够为世界谋大同，还可以为世界劳动大众谋幸福。

## 二、金属货币的局限性

以黄金为例，黄金本质上是一种金属物质，因其在自然界的数量稀少，易于分割，化学性质极其稳定，极容易保存，所以很早开始就被世界上很多民族、国家、地区作为流通货币使用。黄金货币具有两种价值属性，即黄金本身的价值和黄金的名义价值。黄金本身的价值是指单位黄金量的价值在市场上的价格；黄金的名义价值一般是指金币上的面额与其本身的黄金价值不一定相符，这是与强调金币的流通功能相关的。由于黄金具有特殊的属性，即货币属性，目前黄金仍然是许多国家官方金融战略储备物资。黄金具有货币属性，其价格近年来一直走高，这和国际政治、军事、经济形势的不确定性有关。当然，和信用纸币不一样，黄金是实物货币，其价值是本身相对固有的。马克思在《资本论》里这样描述："货币天然不是金银，但金银天然就是货币。"目前，大部分黄金用于储备，有部分用于工业生产方面。自然界中的黄金，一般源于两种途径：一种是太空中的中子星相撞发生爆炸而产生；另一种是宇宙太空中大恒星最后的死亡和爆炸，也被称为超新星爆发，这个过程会产生许多新的物质，其中包括黄金。

黄金成为商品也是人类劳动要素参与的结果，其价值必然可以用社会必要劳动时间进行衡量。在自然界中开采天然黄金，由于金矿的品位、开采难易程度不同，开采成本千差万别，从几十元人民币到几百元人民币不等。人造黄金可以吗？随着科学技术的快速发展，1941年在美国哈佛大学科研团队的努力下，实现了人造黄金的梦想。1997年日本科学家也进行了人造黄金的成功尝试。但两个项目都存在成本过于昂贵的问题，低成本人造黄金需要技术上的突破。

1816年，英国议会通过了《金本位制度法案》，标志着英国首先拉开了金本位货币制度的帷幕。其他西方资本主义国家纷纷跟进，也建立了金本位制度，使得金本位制度逐步演化为世界性货币制度。典型的金本位制度就是以一定量的黄金为货币单位铸造金币，也称为金币本位制度。金本位制度实现了金币币值的名义价值与实际价值相一致，金币价值符号能够在国际上得到认同，有利于资本主义国家之间经济和贸易的往来。金本位制度建立前期促进了资本主义国家的经济发展。

黄金退出流通货币体系有多种原因。黄金矿产在地球上的含量少，可开采的黄金产量有限，世界人均黄金持有量更少，随着世界经济发展步伐加快，黄金产量已经难以满足世界商品生产和交换的需要，贵金属货币体系下出现了货币短缺的情况，长此以往会形成通货紧缩。黄金是金属，可携带数量少且不安全，另外黄金是无息资产，大量持有存放和保管还要面临支付昂贵的保管费用等问题。随着西方资本主义各国经济发展不平衡的加剧，各国黄金存有量的水平越来越不平衡，影响各国之间的正常贸易往来。第一次世界大战爆发，西方参战国滥发无法兑现的纸币和银行券用以筹集军费，从而削弱了金币自由兑换的基础；在大萧条时期，许多资本主义国家为了保证本国的黄金储备，在国家内部不再向商业银行注入黄金资产，导致商业银行纷纷倒闭。从国家外部来看，各国为了增加国家的黄金储量，也开始对黄金在国际的自由输出输入进行了限制。第二次世界大战后，各种因素导致金本位的流通基础不断地走向衰微，最终在美国政府的主导下建立了布雷顿森林体系，宣布美元与黄金挂钩，也就是黄金的固定价格为35美元/盎司。美国保证外国央行可以以该价格兑换美元，与此同时，美国同样可以用黄金兑换外汇。但是，随着世界经济总量的不断增长，黄金供给速度跟不上经济增长速度，黄金的流通手段无法满足经济发展的需要，黄金也就无法承担世界货币的职能了。

### 三、信用货币的局限性

20世纪30年代爆发了世界性的经济危机，以贵金属为代表货币的金本位制度彻底崩溃，货币发行走出了与实物商品相挂钩的时代，西方资本主义国家被迫脱离金本位和银本位，随之而来的不兑现的信用货币出现。20世纪70年代起发行的与实物挂钩的纸币不再能够兑换金属货币，由此，信用货币就被资本主义国家用债务创造出来了。

信用货币是以整个国家可交换的社会财富为基础建立起来的货币，并且是强制性流通的不可兑换的货币。信用货币一般是由代表政府的央行发行的货币。政府信用是一个主权国家的重要资源，信用货币一般可以分为实物货币和数字货币两种。一般来说，政府发行的数字货币和纸币、硬币等实物货币具有等同的价值和功能。在信用制度下，信用货币的发行本身没有价值，从而不能像黄金那样起到自动调节通货和价格的效用。在纸币发行量超过经济中实际需要的货币量时，就会催生通货膨胀；而在货币的投入量小于市场的需要量时，就会产生通货紧缩的情况。这也就要求政府在将货币投入市场时，为了维护货币市场机制正常运转，需要以科学的方法计算货币准确的投入量。从理论上说，必须在国家主权范围内，以国家法律制度来保障其信用货币的发行量与社会财富增长保持同步，这也是维护货币信用度的一个重要方面。

金属货币阶段强调货币价值的稳定性，锚定的是金银实物；而信用货币通常是债务创造出来的货币，价值符号锚定的是国家信用。随着人类社会经济的不断发展，国家间的贸易交往逐渐加深，信用货币的发行数量会受到他国信用货币、贸易量等因素所引发的自利行为的干扰，引发各国信用货币之间的无序竞争，从而引发人们对货币公平性问题的探讨。信用货币是资本主义货币制度创新的产物。资本主义国家的债务货币创造原理，用债务来锁定货币发行，债务源于政府、企业以及私人等。信用货币挣脱金银货币数量上存在限制的束缚，与资本主义国家制度结合，对资本主义经济发展起到了重要作用，可以让资本家从原来的利用生产商品赚取剩余价值的资本积累模式，即资本投入—产品销售—赚取剩余资本，转化为从资本市场上通过支付利息获取资本借款的间接方法来赚取剩余资本。但是，金融资本获利的本质并没有脱离资本剥削劳动者剩余价值的事实。信用货币为商品资本主义快速转化为金融资本主义创造了条件。在现代资本主义国家中，对劳动者的剥削不再是资本家利用自有资本积累从劳动者身上直接攫取剩余价值，而是可以通过金融市场融资间接获得劳动者的剩余利益。比如，银行通过信用程序发行债务吸收存款（创造货币），再通过发放贷款将信用货币投入市场，投入市场的信用货币再流回银行作为存款，银行继续将这些贷款对外放款，如此循环往复，货币创造的过程也在刺激经济的发展，同时也使银行不断赚取利息差价。金融服务业务的不断深化是经济不断虚拟化的主要原因，如证券市场、债券市场等都是通过负债、资本等相关程序来赚取各种利益的，但这些利差最终都是由实体经济来买单的。同时，实体经济也需要金融服务业为其提供融资上的便利等。

金融资本主义通过信用货币相关的制度和技术进行创新，以此来保持自己在货币竞争中的优势地位，打压别国主权货币，利用技术优势和货币政策上的主导权，在国际金融市场中制造混乱来收割全世界劳动者的剩余价值。金融资本收割剩余价值的手段越来越高明，造成不同国家和地区人民的贫富差距悬殊和阶层固化。如果没有一个可以解决问题的办法，将给全世界政治、经济等方面带来持续冲突和动荡。推动人类文明进步和社会的可持续发展，需要有一种公平公正的货币制度和安全的货币体系。

## 四、货币价值从制度共识中来

无论是金属货币还是信用货币或者是以符号表达的数字货币，为什么它们具有价值？货币价值的来源是什么？分析货币价值的形成，要从最容易被人们忽视的地方寻找答案。

在巨大的商业利益诱惑下，人们原本具有的诚信、正直的品质正在逐步丧失。货币资本的所有者更在乎"钱"字上的输赢，而并不在乎道德和正义。工商业文明具有竞争性，在精神文明方面并没有与物质文明同步发展。西方精神文明的发展停留在法律制度层面上，无法为社会孕育出更为高级的道德和正义，只能通过倡导契约精神、塑造契约文化来弥补道德上的缺失，维持社会生产、生活的正常秩序。然而，这种缺失的弥补是有条件的，就是需要为社会构建完善的社会信用体系。契约精神追求守约践诺，要求缔约各方在契约实施过程中共同遵守契约中的各项约定。尊重事先约定属于道德范畴。只有诚实守信、信守承诺，才能算得上具有契约精神。遵守契约、诚实守信是一种道德的要求，对于德性的判断是需要从事先、事中、事后的结果上去验证的。另外，在竞争激烈的工商业环境中，一切都将围绕着资本利益来计算得失，对于违约责任的处理，需要考虑违约者在付出多大代价的情况下才愿意放弃违约选择守约。这需要对大量的信用记录数据进行收集，并对数据进行分析，然后才能得到我们所需要的那些有用的数据。

古希腊孕育了古典工商业文明，在竞争激烈的工商业环境下发展出了契约精神和契约文化。契约成为文化，向社会群体意识注入契约精神是一个漫长的历史过程。另外，在不同的文化环境中，人们对契约精神和契约文化的理解也是不一样的。更何况某些人将契约技术作为利己的工具，往往会在契约上做手脚，设计出有违道义的、用于欺诈的契约。这种缺乏德性约束的、虚幻的契约精神，非但与诚实守信无缘，更是走向了诚信的对立面。自由、平等、诚信是契约精神的基础。契约精神形成的前提是对法律制度的虔诚与敬畏，虔诚和敬畏之心是信仰的重要特征。当信仰的对象是法律制度时，那就形成了一种法律制度信仰。

对法律制度信仰来说，首先信仰者要能够发自内心地认同法律制度，在自觉遵守法律制度的同时，还要能够站出来维护法律制度的权威性。组织中的契约往往是依据组织内外的制度形成的。契约的本质要求缔约各方通过合作来获得可预期的收益。法律面前人人平等，需要契约精神。正义是客观存在的，将法律制度与正义联系起来，正义就能够被人们触碰到，"以客观事实为依据，以法律制度为准绳"就能够在实践中体验到制度正义的力量。

制度本身不具有物质形态，但是制度能够约束价值交换、疏通价值渠道、确立价值空间，推动价值形成。制度具有使用价值，是一种社会稀有资源。制度价值一般需要通过群体合作才能形成，因为制度和道德一样存在于群体之中。群体中的制度价值形成，需要德治和法治相结合。要想确保群体中制度信息的传递通畅，就需要发展群体中与制度诚信相关的德性，通过与制度相关的诚信治理形成共识，让制度价值得到兑现。制度具有使用价值，是一种特殊的商品，一种好的单向制度、制度组合、制度运行机制，与人相对应能够形成有效激励，为组织发展提供动力，与物对应能够对生产（服务）的成本降低与收益增长起到决定性作用。

### 五、货币是一种经济合约和制度安排

马克思认为"货币代表着一种社会生产关系"，进一步说明货币是关于生产、交换、分配和消费关系的各种制度安排。在资本主义私有制条件下，一切以资本为中心服务于资本，货币只能以物化的形式表现出来，将人的主体性和创造力排除在外。伴随资本主义制度完善而发展起来的货币制度，与资本的寄生性遥相呼应。在资本的逻辑下设立游戏规则，资本所有者在承担一部分资本投资风险的同时，通过控制雇佣劳动者的精神活动和物质资料来榨取雇佣劳动者的剩余劳动价值。空想社会主义者欧文认为，货币将个人利益从群体利益中强行分割出来；货币是一种欺诈工具；货币是让人类形成无数谬见和灾难的原因；等等。金币闪光的背后隐藏着罪孽之源，为此，欧文提出了劳动券的概念，用劳动券来替代原先的货币。劳动券制度蕴含着按劳分配的思想。"马克思对欧文的'劳动货币'曾给以赞许，而且设想在社会主义社会里，'劳动卷'将成为按劳分配的工具。"[①] 劳动券体现按劳分配的思想，是从群体劳动合作中分配给个人消费品的一种凭证。马克思在《哥达纲领批判》里指出："社会劳动日是由所有的个人劳动小时构成的；每一个生产者的个人劳动时间就是社会劳动日中他所提供的部分，就是他在社会劳动日里的一份。他从社会方面领得一张证书，证明他提供了多少劳动（扣除他为社会基金而进行的劳动），而他凭这张证书从社会储存中领得和他所提供的劳动量相当的一份消费资料。他以一种形式给予社会的劳动量，又以另一种

---

① 胡培兆. 评"劳动货币"说[J]. 学术月刊，1981（6）：18-20.

形式全部领回来。"① 以上关于劳动券的阐述，让我们对按劳分配思想有了更深的理解。马克思所处的时代，无论是制度条件还是技术条件，都不支持系统性地开展对劳动券制度的实践活动。然而，劳动券的实际使用要与按劳分配思想相配套，不仅涉及一系列制度配套性问题，还需要与社会科学相关的技术支持，才能真正让按劳分配制度得到公正落实。对于劳动者领回属于自己的劳动份额，涉及一个严肃的组织制度诚信治理问题。索取劳动份额，需要劳动者与劳动者之间有个互认的过程，需要在治理模式下客观测量彼此的劳动量，要不然就无法形成有效的激励机制。治理理论走向实践，需要民主制度来保障治理活动的良好秩序。必须对治理活动中的各项制度的功能进行划分，用于维护上下互动、合作、协商、伙伴关系的治理秩序。

　　制度发展有时需要技术推动，制度和技术相互促进、相互替代。制度是否具有先进性必须在实践中得到检验，而检验是在一定技术条件下完成的，先进的技术为制度创新和运行技能提升提供助力。虽然我们已经有了先进制度，但是如果制度运行存在偏差，或者相关主体在面对制度时，由于技术问题难以执行制度，那么再好的制度也不能创造价值。制度执行是一种与制度相关的劳动，其特点无形而难以捉摸，必须在相关技术的加持下才能显露出它的端倪。因此，在一定的社会关系下，生产性劳动增加价值创造，必须依附于制度性劳动的有效性。制度性劳动是否走在制度的轨道上呢？制度赋予制度运行主体权力（权利），制度运行主体就需要承担相应的责任和义务。制度运行主体从制度关系中运用权力（权利）进行各项规范活动，倘若不能走在法治轨道上，那么就会演变成一种无限的权力欲望。"在人类无限的欲望中，居首位的是权力欲和荣誉欲。……真正上乘的欲望不会为物质舒适的嗜好所左右。当舒适的生活得到保障时，个人和团体所追求的将是权力而不是财产，他们也许以追求财产来作为得到权力的手段……"② 为什么那么多的人对权力都趋之若鹜？因为权力具有支配他人的力量，越来越多的人希

---

① 中共中央马克思恩格斯列宁斯大林著作编译局.马克思恩格斯全集：第19卷[M].北京：人民出版社，1995：21.

② 罗素.权力论[M].靳建国，译.北京：东方出版社，1992：3.

望支配他人。在人类漫长的历史进程中，人们不是支配他人就是被他人所支配，为了摆脱被支配地位，人们尽力实现支配他人，由此引发争夺支配权的斗争，其背后的原动力是拥有能够支配与利益相关的资源的权力。在权力欲的驱使下，为了获取权力，不少人即便赌上自己的性命也在所不惜。因此，社会群体对各种权力欲的控制能力，能够衡量一个社会、一个国家的文明程度。坚韧而强大的权力欲是把双刃剑，如果将其控制在正义的制度范围内，可以服务国家、造福社会、惠及民生，为人类可持续发展作出贡献。如果权力欲摆脱制度的束缚，那么无论制度有多么正义，邪恶的权力欲都会体现出狰狞面貌，沦为赏恶罚善的工具。

劳动创造价值依附于制度，从制度理论到制度实践的过程，需要考虑制度构建、制度运行、制度维护。制度构建需要付出劳动，这种劳动的价值被物化后，作为制度知识形成各种制度条例，成为生产要素的一部分。生产要素包括劳动、资本、土地、知识、技术、管理、数据等。制度条例与生产要素所描述的"知识"比较接近。而制度运行和制度维护劳动一般以活劳动的动态形式出现，与生产要素中的"技术""管理"比较接近。在社会主义国家里，从政治层面上看，依法治国就是依照体现人民意志和符合社会发展规律的法律制度来治理国家，权力由人民赋予，权力必须服务于人民，权力运行在法律制度的轨道上，必须接受人民的监督。从微观层面上看，全面实现依法治国的目标是在社会治理理论指导下的组织治理实践中完成的，治理实践需要制度面前人人平等。人人有责、人人尽责、人人享有的治理共同体中，制度是责任的基石，责任在治理的实践活动中得以体现，制度发挥其价值功能，需要通过责任和贡献定位等进行评判。

2022年，中共中央办公厅、国务院办公厅印发的《关于推进社会信用体系建设高质量发展促进形成新发展格局的意见》提出："扎实推进信用理念、信用制度、信用手段与国民经济体系各方面各环节深度融合，进一步发挥信用对提高资源配置效率、降低制度性交易成本、防范化解风险的重要作用，为提升国民经济体系整体效能、促进形成新发展格局提供支撑保障。"对文件中提到的"效率""成本""效能"需要利用技术手段进行客观评价。

对于降低制度性交易成本、防范化解风险问题，其实都与制度运行的权力有关。由于之前受到知识和技术条件的限制，权力规范问题存在长期的争论。如果将制度条例与制度性运行相分离，对制度条例是否陈旧、价值含量如何以及制度运行创造的价值如何分门别类地进行测量，这样对争论的讨论孰是孰非将会一览无余。要确保制度条例具有价值，它为制度运行创造价值提供了必要条件。对制度运行价值量的测量，要从制度条例开始，逐步延伸到制度性劳动、制度维护劳动，这样就能够体现出制度运行的整体性效率。依法治国不是停留在文字层面，而是一个理性实践的过程。社会信用体系的理论工具和技术工具要为理性实践服务。

制度性劳动要从生产性劳动中分离出来。生产性劳动需要计量它们的劳动效率，那么制度性劳动也需要计量它们的劳动效率。而且制度性劳动是生产性劳动的必要条件，计量制度性劳动的劳动效率比计量生产性劳动效率更具有意义。通过对生产性劳动和制度性劳动与价值创造相关的贡献客观数据的提取，就能够对部门、组织、个体之间的贡献程度进行对比。设立劳动贡献货币，可以对劳动竞赛中的优胜者进行奖励，以这种方式来精确激励一批又一批的贡献者，精确激励必然能够为经济增长带来动力。以劳动价值创造为依据来完善产权制度，可以提高人力资源的配置效率。将劳动置于资本之上是马克思劳动价值论的精髓所在。

并存于商品世界里的货币，和商品不一样的是，信用货币本身无法体现其内在尺度，是通过制度规则将价值赋予了货币，而事实上，货币的内在价值寄生在商品的内在价值上，商品价值的形成是由于社会劳动的价值创造，而社会劳动的价值源于具体劳动的价值集合，资本主义货币制度以物的形式遮蔽了货币中人与人之间的合作关系。要想揭开资本主义制度下货币的物的面纱，就要与劳动合作的价值创造紧密联系起来，从劳动合作制度入手，通过制度性劳动推动生产性劳动增加价值，并使劳动成果与市场建立联系，来明晰劳动合作货币的形成逻辑。

社会生产关系涉及制度安排，具有公共性的特征，制度效率是收益与成本之间的比较。将劳动分为制度性劳动和生产性劳动，生产性劳动是由制度性劳动来推动的，从生产性劳动的结果可以考核制度性劳动的效率。这样现实中的每个人都可能以劳动者的身份出现，在一个组织中大家走到一起，仅仅是一种分工与合作劳动的关系，如果能够清晰定位合作劳动中每个人的贡献程度，那么就为消除阶级对立开启了一扇大门。依据客观劳动贡献的定位来建立公平正义的社会财富分配制度，能够让劳动合作中的懒汉剥削勤劳者、职权私用、资本权力的剥削性等消失，因为清晰定位贡献意味着你所得到的是你自己劳动的那一份付出。这样就与马克思理论相符合，即"证明生产者个人参与共同劳动的份额，以及他个人在供消费的那部分共同产品中应得的份额"[①]。将分工与合作劳动中人与人的合作关系中体现出来人的德性与贡献结合起来，就能够创造一种能够体现人性价值的新的货币体系，从而扬弃伴随资本主义制度发展而发展起来的货币体系。

## 第二节　劳动贡献货币与理性的力量

### 一、维持合作与制度成本

1987年诺贝尔经济学奖获得者美国经济学家罗伯特·索洛提出的经济学增长模型又称索洛增长模型，最基本的公式是总体生产函数，从中可以分解出经济增长的主要原因。在增长模型的索洛余值里，归集了无法对经济增长提供解释的内容，索洛余值已经剔除了劳动力和资本投入增长的因素。经济增长无法得到解释的原因，应该归集为那些无形的因素，如技术创新、制度创新等与人的主观能动性相关的因素。在经济增长中，资本增长对于人均收入的增长是有贡献的，那么能不能不断提高资本投资量来实现经济的持续性增长呢？索洛给出的回答是否定的，主要原因是资本的边际报酬率是递减的。索洛进行经济增长的要素禀赋和生产力研究后得到的结论是，维持长期经济增长所需的是技术因素，技术进步对经济增长的贡献具有决定性作用，

---

① 恩格斯. 反杜林论[M]. 北京：人民出版社，1975：298.

唯有生产技术的进步才是经济增长的持续动力。这对一个国家经济的持续增长或一个组织的发展壮大至关重要，要想获得经济增长的持续动力，就需要通过制度创新来推动技术创新。

技术创新为人类文明进步提供不竭动力。世界经济合作与发展组织（OECD）在《学习型经济中的城市和区域发展》这一报告中指出："创新的含义比发明创造更为深刻，它必须考虑在经济上的运用，实现其潜在的经济价值。只有当发明创造引入经济领域，它才成为创新。"2019年我国时任科学技术部部长王志刚答记者问时说："科技活动主要依靠科研人员，科技创新本质上是人才创新。"科技创新以人为本，解决人的发展问题，就应把制度性问题建立在科学之上。制度创新要与制度实践相结合，并将制度运行与制度实际创造的经济价值联系起来，以科学方法来证明制度运行机制的完整性与可靠性。

科技创新能够增加高附加值产业的比重，调整和优化产业结构，实现传统产业的升级换代。创新有个发现价值与实现价值的过程，这个过程需要制度的呵护。组织成员之间创新合作的阻力来自制度的不合理。如果好的制度在运行中出现诚信问题，就会导致制度无效，引发的成员之间的不信任将影响合作质量。必须建立与制度相关的诚信治理机制，为团队创新合作营造信任环境，让成员彼此尊重对方的劳动成果，使得创新合作活动变得持续和有效。治理理论下的组织治理是一个理论与实践相结合的过程，科研创新也在组织治理的范围内。组织与制度诚信相关的治理实践，不能将治理停留在语言文字层面上，需要将治理的理论知识转换为能够为治理实践服务的技术工具，对制度关系进行建构和解构形成各种反馈，让制度与责任建立密切的联系，让制度变得有效、责任和贡献被定位、合作剩余分配公平公正，从而使得合作、协调、伙伴关系与创新相关活动变得有条不紊。

从政治层面上看，"马克思和列宁是把科层制（官僚制）作为资产阶级国家机器来看待的，是与资本主义的发展相联系的"[①]。马克思主义著作将科

---

① 布劳，梅耶.现代社会中的科层制[M].马戎，时宪民，邱泽奇，译.上海：学林出版社，2001：8.

层制作为资本主义国家机器来看待，并对这种组织形式给予否定的评价。因为科层制以上治下的结构在制度失灵的情况下容易形成脱离群众的特权阶层，这些人会站在人民群众的头上，与人民群众为敌，最终可能蜕变成资产阶级的代理人。20世纪苏东社会主义阵营里的特权者蜕变成资产阶级的代理人，在党组织内部大力排挤共产党人，并抵制和破坏社会主义制度，这也导致了苏联在20世纪初解体，解体的根本原因就是没有发展出符合社会主义建设事业需要的组织架构，没有对资产阶级发展起来的旧国家机器——科层制进行彻底改造。列宁的预言和历史的验证，说明了科层制与弘扬共产主义理想信念需要的组织形式并不兼容。马克思主义的历史使命，就是要对资本主义制度进行变革或改造，首先需要重点改造的对象就是伴随资本主义发展而完善起来的科层制。

从技术层面上看，科层制以上治下的运行结构存在信息不对称的弊端，需要通过技术手段打开科层制封闭的结构，从组织结构上消除上下级、层级之间的信息不对称，让组织的外部和内部制度运行情况变得可观察。不经改造的科层制的制度信息运行不对称，使得信息数据来源真假难辨，导致无法对群体的信任度、合作质量、责任和贡献等情况进行科学的观察。一个内部纪律涣散的组织，制度必定也是混乱的，成员之间貌合神离，无法形成真正的团结。提升组织合作质量需要制度来保障，实现制度面前、人人平等是提升合作质量的前提。制度的有效性能够让成员彼此信任，需要发展组织中与制度诚信相关的道德约束机制。诚信属于道德范畴，通常是指人的良好品德行为；诚信道德规范被纳入社会信用体系中，主要是通过制度来约束相关主体，并通过与制度相关的行为来判断该主体的德行。对人的德行和道德品质的评判，需要通过社会信用体系的一系列工具来完成。科层制的内部存在信息不对称的反功能，这是不可能通过组织自我革命来革除的，口头上的科层制自我革命实现自我超越是需要被科学验证的。这种科学观察和验证需要第三方专业化的横向组织参与其中，才有可能得到令人信服的结论。在制度经济学理论中，制度性交易费用是指组织在执行内外部制度（契约）时需要付出的费用。对交易费用的测量描述是一项很困难的工作。治理理论不能停留在语言层面上，需要有能够与治理实践相连接的技术模型，才能对组织治理效能进行客观评价。

科技兴则国家兴，科技强则国家强。制度一旦被证明是有效的，群体信任就会生成，人们就会选择合作，那个时候也就大概率没有人愿意选择"躺平""懒惰"了。

## 二、创新与奈特不确定性

美国经济学家弗兰克·H.奈特的《风险、不确定性与利润》一书，主要内容包括完全竞争条件下的利润理论和企业组织理论。"事实上，奈特是将企业视作经历史演变而成的制度，广义上讲是一种满足人类欲望的制度安排，狭义上则是在雇员与所有者之间有效分配风险的制度安排。"[①] 奈特对风险与不确定性做了区分。风险的概率是可以预测到的，并且在一定的条件下是可以控制的。比如，当你发现对一项风险难以规避时，会想到通过保险公司来转移该项风险。而对于不确定性问题的认知，奈特认为已超出了概率可知范围，利润产生的原因是不确定性的存在。概率在自然界中是固有的、客观存在的。概率的数据一般是可以通过频率实验来得到的，也就是随机事件发生的次数与总试验次数之比值。一般情况下，常用随机事件的频率去估计该事件的客观概率。

奈特所指的不确定性，是一种无法获取客观概率分布的不确定性、不能被计算或然率的风险，是一种非系统性风险。这与人类认知能力的有限性有关，不过奈特所处的时代和我们目前所处的时代有所不同，社会科学日益与自然科学相结合，很多以前的不确定性，现在可以被纳入风险的概率范围之内。对经济组织来说，首先需要排查风险和不确定性有哪些内容，这是一个细致严谨的重新审视的过程，并依托数学和统计学等开发出科学的决策系统，依靠科学的力量来弥补集体智慧上的不足，改变陈旧观念以获得不同寻常的见识，事先将可能出现的风险内容从不可分类转化为可以分类和区分，

---

① 安佳.风险、不确定性与利润以及企业组织：奈特理论介评[J].科学·经济·社会，2006（1）：15—18.

来对组织未来的不确定性事件进行预防性处理。关键是要能够提出新见解，预先想到可能出现的新问题，来建立预防可能出现的不确定性事件的制度。这取决于信息收集能力，信息具有知识秉性，而人的知识积累到一定程度会形成高级智慧，智慧是原始创新的基础。"弗兰克等人认为，虽然有时不能计算出某种随机事件的一个概率分布，但可以利用贝叶斯定理中的主观概率，对这个随机性事件指定一个先验信念，这样对建立数理模型的技术选择就没有区别，奈特对不确定性的分类就没有什么意义了。"[1] 贝叶斯定理是由英国数学家托马斯·贝叶斯提出的最重要的概率定理之一。该概率定理也称贝叶斯公式，是指当分析样本大到接近总体数时，样本中事件发生的概率将接近总体中事件发生的概率。"奈特不确定性下的风险度量问题有三个重要特征：一是决策变量缺少经验数据；二是采纳专家观点进行决策非常必要；三是需要同时考虑参数不确定性和模型不确定性。"[2] 笔者认为贝叶斯决策理论在处理奈特不确定性下的风险度量问题时具有一定的优势。其实人类社会的发展就是挑战不确定性的发展过程，我们不能厌恶不确定性，而是要用我们的知识和智慧去转化不确定性，制定出巧妙的制度使其成为风险可控的利器，在这个转化过程中为组织创造价值。

奈特认为经济组织在均衡的状态下，总收入刚好等于投入的总成本，不会产生利润，要想获得利润就需要打破均衡状态，如通过技术创新来突破这种均衡。对经济组织之间的竞争来说，自身的技术创新的突破会给自身的竞争对手制造不确定性，而自身由于技术创新上的突破会给自己组织带来超额利润。按照奈特的逻辑就是经济组织的利润来源就是这种技术创新的不可预见的变化。需要由具有超凡能力的人来应对不确定性，这些人就是具有专业能力的企业家。资本家在风险中寻找机会，但他们并不能创造利润；企业家通过制度创新来化解不确定性而创造了利润，最终还是要归结到处理不确定

---

[1] 徐元栋，黄登仕，刘思峰. 奈特不确定性下的行为决策理论研究综述 [J]. 系统管理学报，2008（5）：481-489.

[2] 周丽莉，段明红，丁东洋. 奈特不确定性下的贝叶斯学习行为模型 [J]. 统计与决策，2016（19）：16-19.

性的制度与制度运行的人的能力问题上。《风险、不确定性与利润》第十章认为，人类行为的结果难以预期，并强调了人的责任问题，谈及责任问题就必须与制度联系起来，经济组织制度的建立过程也是解决不确定性的过程。随着组织规模的不断扩大，组织制度也会变得越来越复杂，组织就要应对更多的不确定性问题。将组织相关制度用于责任控制，奖惩机制是否有效很重要。

不确定性是自然形成的吗？还是组织行为形成的？奈特更多地讲了后一种。他认为组织中的控制和责任两者是分离的，人的知识结构是有差异的，组织更多地要关注察人之失问题；在组织决策行为方面，汇总众多个人决策来降低个人决策的不确定性，也就意味着在组织中发挥集体智慧能够获得好处；要对责任进行分解，让决策者承担失误的风险责任是非常重要的；在科层制组织中，即便是最底层的工作岗位，也存在不确定性，但底层岗位的责任一般会部分转化给他的管理者（他的主管），并且这种责任转移可能不会停止下来，而是继续向更上一级管理者转移；每个岗位必须接受评估，就算是位高权重也需要评估，最终的责任者必须承担失误的后果。奈特的《风险、不确定性与利润》一书出版于1921年，至今仍被世人关注，说明随着社会科学技术的高速发展，不确定性问题反而有愈演愈烈的趋势。不论是国家还是组织，由于各种竞争的不确定性的存在，为了生存最好的办法就是创新，将不确定性留给竞争对手，从而摆脱不确定性带来的困惑，为自己争取主动。同时，从国家治理层面来看，组织创新又给社会治理带来更多的不确定性，这就给国家治理带来了前所未有的风险挑战。面对新问题、新挑战，要主动化解风险、战胜不确定性，必须通过制度创新进行组织变革。制度创新需要与技术创新相生相伴，来应对可能给社会带来的不确定性。控制不确定性的相关职能部门获得与本领域相关的应对不确定性即将到来的先机，重点在于我们的社会治理探测不确定性的灵敏度。

奈特在书中还批判了官僚主义者，他认为官僚真正的毛病不是他们的轻率鲁莽，而是他们的一种"小心行事"的趋向，成为保守主义者。组织中的保守者一般也会涉及领导或高级管理者，他们思想保守且僵化，逃避责任，缺乏进取意识。要想摆脱官僚主义，就要在制度创新、制度控制上下功夫，而不是一味逃避责任。逃避责任是一种退缩胆怯的行为，为了个人利益将责任成本留给他人和组织，终将损害组织利益。要以锐意进取的态度，通过制度创新来应对可能的不确定性。有效控制官僚主义是组织先进性的体现，愚昧落后的组织管理模式是组织内部官僚主义盛行的主要原因，不是制度落后，就是制度运行不力。制度创新需要人们具备丰富的知识储备且附加一定的技能要求，不仅要考虑单向制度功能，还要考虑制度系统功能，需要一定实践数据的积累。不是某个领导拍个脑袋就能随随便便发明出来一个制度，需要有制度在实践中被验证的过程。受官僚主义的保守思想影响的组织，部分人会将个人利益置于组织利益之上，从表面上看，就是制度创新止步不前，依旧沿用老方法、老套路等一些毫无价值的老掉牙的陈旧制度。再加上制度虽有，但制度执行不严，缺乏实证研究、现场调查研究，导致工作的质量和效果等方面无法取得实质性进展。破解它的方法就是对其责任进行定位、通畅问责渠道等，通过组织诚信治理，将责权利联系起来形成奖惩制度，从而让制度创新、制度执行工作顺利展开。

创新社会由无数个创新组织和创新团队组成，这些组织或团队在争取确定性的同时，也向社会释放了不确定性和风险，这就告诉我们一个事实，那就是创新社会也是一个风险社会。风险与机会相伴相随，在国家号召人人皆可创新、人人尽展其才的同时，我们需要构建与之相适应的社会治理机制，来应对创新可能给整个社会带来的不确定性与风险。

奈特曾经告诫人们，经济学家的知识是有限的，并不能对未来提供准确的预测。虽然经济学是资源配置效率的科学，但是经济学处理未来的部分不确定性风险时，往往没有什么好的办法。不过经济学往往给我们提供一种或多种思路，社会治理需要吸取经济学的精华并与其他学科相结合，通过提升社会治理效能来设立多道防护墙，从而预防和应对社会未来由创新引发的不确定性问题。解决社会不确定性的风险也就为国家的发展带来了确定性。

## 三、货币生成与伦理规范

"金银作为货币代表一种社会生产关系，不过采取了一种具有奇特的社会属性的自然物的形式。"[①] 马克思说，"因此，只有商品价格的分析才导致价值量的决定，只有商品共同的货币表现才导致商品的价值性质的确定。但是，正是商品世界的这个完成的形式——货币形式，用物的形式掩盖了私人劳动的社会性质以及私人劳动者的社会关系，而不是把它们揭示出来。"[②] 生产关系是不以人类的意志为转移的客观存在。生产关系体现的是生产过程中的经济关系，与社会政治、法律、制度、道德等内容存在相关性。目前的货币还停留在与商品并存的物的层面上，商品的价值是由生产该商品的劳动凝结的，商品具有使用价值和价值双重属性。使用价值是商品的自然属性，指的是商品作为物的本身属性；价值是商品的社会属性，指的是人类社会劳动合作中人与人之间的关系。然而，货币代表一种社会生产关系，以物的形式而存在，而没有体现出人的本质属性。货币通过商品物化了人类劳动，忽略了人与人在劳动合作过程中需要的人性的诚信美德；货币作为一种制度性安排，没有对人性的价值部分作出正面的回应，为人性恶打开了通道，伴随而至的是良心的泯灭和道德的沦丧。由此可见，伴随资本主义制度完善而建立起来的货币制度具有时代的局限性。

伦理是指人与人之间相处时需要的各种道德准则。而在揭示货币背后的私人劳动者之间的社会关系时，当然也包括劳动合作中的各种道德准则。货币不仅是一个技术性问题，还是一个制度性问题。货币制度需要伦理规范，伦理规范包括道德行为、社会责任和公平正义等丰富内容。正义就是要对善恶、是非作出肯定的判断，涉及政治、法律、道德等各领域。古希腊的政治思想家就把一个良好的社会视为正义的社会，在柏拉图的《理想国》中有关苏格拉底对正义的认证，他认为正义值得追求的理由是正义能够为人们带来友好、团结与和谐；正义应该是每个人灵魂深处渴望追求的一种德性，即便

---

[①] 马克思.资本论：第一卷[M].北京：人民出版社，2004：99.
[②] 中共中央马克思恩格斯列宁斯大林著作编译局.马克思恩格斯文集：第5卷[M].北京：人民出版社，2009：93.

你是一个强者,你也是渴望正义的;正义并不代表强者的利益,也不是由强者来定义的,而是正义本身就可以定义什么是真正的强者,同时真正的强者也绝不是仅为了自身的利益,而是为了被统治者或者是那些弱者的利益。那么,正义是否客观存在呢?柏拉图以严谨的逻辑推断认为,正义一定是客观存在的。这样我们就要从经验上去搜寻正义客观存在的证据,为公平正义寻找一个客观对象。比如,这个对象是一种利益分配制度,该制度是否正义呢?简单地说,制度如果是正义的,那么就是确保每个人应得份额的分配是被社会公认的,正义的分配制度包含贡献奖励和责任惩罚等道德伦理观念。正义的分配制度内容是丰富的,包括财富、权力、权利、自由、消费、休闲等有价值的标的,社会利益分配的内容范围非常广泛。不过,一般都需要通过正义制度才能实现利益分配上的公平正义。制度是否正义,要从两个不同的角度来考虑。制度运行首先需要考虑程序上的正义,再考虑其实质性的正义。制度的正义性能否发挥作用,与制度实践中所需要的各种客观技术条件因素有关,也和人的责任感、使命感有关。尊重正义制度,按照制度办事,离不开人的主观能动性。通过对制度运行的轨迹进行分析,不仅可以分析制度是否正义,而且可以对运行制度的人的能力进行考核。让正义具有一种筛选是否正义的功能,制度或制度运行背后都有人的劳动因素,所以筛选正义的基本原理之一,是关于人对正义制度的态度问题。以此为前提,就是要将具有德性的、有正义感的人筛选出来,淘汰那些不作为的、只为了个人利益投机钻营的人。这就会涉及实质性的正义议题,制度是否正义,需要在制度运行的程序上和结果上进行双向论证。面对社会公平正义问题的争议,我们需要有从局部到整体的认证过程。社会利益分配问题之所以争议不断,从某个方面来说,就是因为没有将局部利益分配的论证与整体利益分配的认证结合起来。从局部或微观层面来看,关于利益的分配问题,可以用效率和增长因素来建立标准指标,用于评价和衡量制度是否正义,当这类指标构建的完整性能够满足社会公平正义评价时,公平正义将不再停留在语言文字层面,自然成为促进社会进步的工具,必将带领人类走向更好的未来。

货币伦理问题就是以物的形式对劳动的物化问题,货币本就是一种制度设计，对劳动的物化本质是对生产关系的物化。另外，货币异化现象的存在，使得劳动社会贡献与财富分配不匹配，当货币通过法令强制推行时，可能会侵犯与劳动相关的私有财产权。另外，货币垄断也可能导致通货膨胀等，从而出现贫富悬殊、阶级对立等各种问题。货币作为权力的一种来源，在被正式授予这种权力时也涉及它的正当性。马克思主张通过劳动者的联合劳动来实现对货币的支配和控制。我们可以从产权制度正义性的角度进行讨论，产权关系的制度化和正义性必然与制度诚信相关道德伦理存在相关性。关于产权界定和产权制度的完整性问题，学术界没有形成统一认识。如果产权界定清晰，那么就能够最大限度地从根源上消除产权界定的模糊性带来的"外部性"和"搭便车"等社会负面因素。这要从人与财产（物）的关系和与产权相关的人与人之间的关系进行讨论。从人与财产（物）的关系来看，个人如何与社会进行财富的交换？是否应该以他为社会提供的劳动贡献为基础呢？从与产权相关的人与人之间的关系来看，主要表现在人们之间存在的财富差距到底由什么来决定，除了他人馈赠之外，是否也应该由他们各自为社会提供的劳动量的不同来决定？如果不是从这两点出发，那么任何产权的界定都是含糊不清的。事实上，目前不论是私有产权还是共有产权来源界定，不管在理论上还是在实践中，都无法实现产权界定上的精准性和完整性，这是由于产权的界定没有完全走进马克思劳动价值论框架，所以产权制度和产权界定必然存在不完备性。目前的产权界定，只能说仅停留在制度、习俗层面，产权制度还缺乏与实践相关的道德伦理层面的认证。要想获得货币的完整性，就需要将人们的劳动合作伦理关系压缩到货币制度之中。

将数字技术的最新成果与相关的治理技术相结合，从联合劳动中将个体劳动贡献份额从群体劳动总贡献中进行分离，当这种分离技术能够为劳动者应得份额提供客观性的认证时，就能够得到产权制度的完整性。当道德力量和伦理价值的要素能够注入货币时，这样的货币就能够对劳动者形成有效激励、改善和升级组织系统、形成新质生产力、提高科技创新水平等。

## 四、货币需求理论和货币数量论

《资本论》中指出:"劳动是价值的实体和内在尺度,但是它本身没有价值。"[①] 马克思劳动价值论中把价值定义为凝结在商品中的无差别的人类劳动,价值是通过抽象劳动来表现的。人是价值主体,也可以是价值客体,人还是价值关系的实践者和创造者。价值是客观存在的,可以通过客观评价来反映价值。人的价值与物的价值不同,物的价值是由人的价值创造的。物的有用性让物有了使用价值。使用价值是一切商品都具有的共同属性之一,商品的价值离不开使用价值,商品的价值是由人的劳动赋予的。不同商品之间有着不同的使用价值,在商品中凝结了无差别的人类劳动,就是商品的价值。商品之间在进行交换时,将按价值量相等的原则进行。货币源于商品的交换,并且逐渐成为一种特殊商品。货币作为一种特殊商品在与普通商品相交换时,同样会受到商品的等价交换原则的支配。货币之所以有价值,是因为货币是凝结在商品中的劳动价值的化身,商品价值的货币表现是价格,价格标准则是货币的计量单位。

马克思的货币需求理论是建立在劳动价值论基础之上的货币理论,从商品流通决定货币流通这一基本关系出发,分析和研究流通中的货币流通规律。商品流通所需要的货币数量取决于商品价格总额与单位货币的流通速度。马克思的货币流通公式反映了一定时期流通中所必要的货币量与该时期待实现的商品价格总额成正比,与货币流通速度成反比。马克思的货币流通公式:执行流通手段的货币量 = 商品价格总额/同名货币的流通次数。用英文字母表示公式是:$M=PQ/V$。$P$ 是商品的价格水平,$Q$ 是待售商品供应数量[没有包括赊销(信用)部分],$V$ 是货币流通的平均速度(次数),$M$ 是货币必要量。从这个公式来看,国家经济越发达、货币流通速度次数值越大,那么该国所需要的货币发行量就越少;相反就越多。因此,$V$ 与 $M$ 成反比。假设社会全部商品和劳务的价值是 60 万亿元,货币流通的平均速度(次数)为 6,那么需要多少的货币供应量?根据公式:$M=PQ/V$=60 万亿/6=10 万亿。

---

① 马克思.资本论:第 1 卷 [M].中共中央马克思恩格斯列宁斯大林著作编译局,译.北京:人民出版社,2004:615.

与马克思的货币需求理论不同的一种货币理论叫货币数量论。货币数量论是一种用货币需求数量上的变动来说明商品和服务价格变动的货币理论。货币数量论没有揭示劳动创造价值的深层次内涵，仅仅研究商品与货币流通中的供需变量关系。

"从根本上讲，马克思货币流通规律与货币数量论的区别是理论基础的不同，价值范畴是马克思研究货币问题的基石，而数量概念则是货币数量论分析问题的基点。两者由此而产生的货币本质论、货币职能观以及货币流通论也就根本不同。"① 二者的理论基础、研究对象不同，也就不是研究同一个问题。

"实际上，马克思的货币职能理论就是他的货币需求理论，同时，与费雪方程式、剑桥方程式、凯恩斯理论和弗里德曼理论等相比，马克思的货币需求理论更加全面系统。"② 现代社会各国大多数使用的是脱离金本位后的信用货币，是由各国的货币信用制度所决定的，信用纸币内含的劳动价值量约等于零。马克思时代的货币理论以金币流通为条件，金属商品货币内含无差别的人类劳动。如果纯粹用货币数量论来解释货币现象，就会脱离马克思劳动价值论。

美国经济学家欧文·费雪在总结前人货币数量论的基础上进行了创新，他的货币数量论将货币流通速度也纳入货币交易方程式中，用于解释在自由经济条件下，商品是如何进行交换和流通的，以及在商品流通中与之相关的货币数量、商品价格、商品数量、货币流通速度之间的相互关系，并且给各个变量赋予了特定内容，建立了它们之间的函数关系，从而来说明各种变量之间的因果关系。费雪货币数量论的提出侧重于货币流量分析，为货币在流通过程中的需求数量研究作出了一定的贡献。原因在于在市场经济条件下研究货币流通量的大小，可以揭示国民经济发展正处于哪种状态，从而及时调整货币的投放量等各种相关政策措施。费雪方程式可以反映国民收入水平与价格水平、货币供应量之间的数量关系，对于国家向流通中投放的货币数量

---

① 钟晓鹰.发展马克思的货币需求理论：重温马克思货币流通公式 [J].金融与经济，1989（8）：14–17.

② 王国刚.马克思的货币理论及其实践价值 [J].金融评论，2019，11（1）：1–14.

可以做到心中有数，有利于对宏观经济相关内容进行调控来维持社会总供给与总需求的基本平衡。

费雪的交易方程为：$M \cdot V = P \cdot Y$。其中，$M$ 表示流通中的货币数量，$V$ 表示货币流通速度，$P$ 表示商品和服务价格水平，$Y$ 表示各类商品和服务的交易量。该方程式表明，货币数量和货币流通速度的乘积等于出售商品和服务所需要的货币总额。该方程式也表明，一定水平的名义收入引起的交易水平决定了社会的货币需求。货币数量主要取决于交易规模这个因素，货币数量的变化取决于收入水平、价格水平。对于费雪货币方程式有许多讨论，费雪和其他学者也注意到这一点，因此他们做了两个重大假设：其一，短期内的货币流通速度 $V$ 可以看作一个常数；其二，商品和服务的交易量 $Y$ 短期内也可以视为常数[①]。对费雪的交易数学方程式进行变形，可以将方程式中其他各种因素表达出来，来对其他相关因素进行变量分析。

如果一种具有特殊功能的新货币与信用货币并行，假如劳动贡献货币能够获得各方认可，就会用到货币数量论。劳动贡献货币将凝结在商品中的无差别的人类劳动合作中的人性价值因素包含其中，从而获得了一个完整性货币概念。这是一种更高层次的货币种类，和目前市面上的虚拟数字货币有着本质的区别。假设劳动贡献货币能够与信用货币并存，就需要将其纳入信用货币总需求分析的范围。将劳动贡献货币引入费雪交易方程式进行分析，根据上面的方程式可以得到：$M \cdot V + Me \cdot Ve = P \cdot Y$，$Me$ 表示流通中的劳动贡献货币数量，$Ve$ 表示劳动贡献货币的流通速度。

## 五、会计计量与诚信治理

管理会计萌芽于 20 世纪初的西方资本主义国家，管理会计经过一段时间的发展，使得西方企业管理朝着标准化、制度化的方向发展，对于促进资本主义经济发展起到了积极作用。历史经验表明，发展管理会计能够提升组织治理水平。管理会计本身就是一种制度，为了推进国家治理体系现代化，

---

[①] 才凤玲，冷丽莲. 货币银行学原理[M]. 北京：清华大学出版社，2012：228.

以及进一步优化市场资源配置，保障基本民生，我国于2014年发布了《财政部关于全面推进管理会计体系建设的指导意见》，作为全面推进我国管理会计体系建设的纲领性文件。

我国经济的增长和计算机信息技术的快速发展促进了会计电算化技术的发展。管理会计在对经济制度的控制方面发挥了积极作用。管理会计信息很多内容与组织治理信息相重叠，更何况治理相关的制度内容都可以通过事先规划，让制度与价值形成对应关系，从而转换为会计信息，由此来满足某些组织从管理模式向治理模式转型的需要。

管理会计是从财务会计中分离出来的，形成了自己的独立业务，与财务会计并列。"管理会计是随着社会经济的发展、科学技术的进步、企业经营管理的现代化而逐步发展起来的，它是在财务会计基础上孕育、发展并分离出来的一门新兴的综合性边缘学科，是会计学和管理学相结合的产物。"[①] 管理会计的含义可以分为广义和狭义两个方面，同时可以将管理会计分为宏观和微观两个方面。管理会计师一般需要具备三大能力：第一，管理会计是会计与管理（治理）相结合的，所以管理会计师需要具备与人沟通的能力、数据收集能力、通过数据分析解决实际问题的能力，并且善于人际交往等。第二，除了需要具备一定的管理能力和领导能力外，道德品质方面要求管理会计师诚信敬业。管理会计师职业的本质属性要求其具备诚信能力，这里所说的诚信能力主要是针对组织内的制度体系的，也就是在执行会计制度的过程中遵纪守法的能力。因此，与外在制度相关的社会责任控制也是管理会计师应该具备的能力。除此之外，会计与管理（治理）相结合，也就意味着会计技能与管理（治理）技能相结合，包括对会计与管理（治理）制度的持续改进、制度（契约）控制、风险控制等。第三，熟练运用管理会计基本技能与技术方面的能力。组织治理是个分权治理的过程，是以有效的组织制度来保障的，制度的有效性是建立在责任得到控制的基础上的，需要对组织内部治理相关数据进行收集。为了更好地收集这些数据，有时就需要制作各种临时性电子统计表格来记录与管理会计相关的内外部非财务报表信息，并且需要

---

① 胡元林，杨锡春. 管理会计[M]. 2版. 上海：立信会计出版社，2018：1.

在参与相关组织的决策、规划、预算时运用会计技能来提高工作效率,以及对税务数据进行分析等。

2016 年,财政部印发《管理会计基本指引》,第五条指出,管理会计应用主体视管理决策主体确定,可以是单位整体,也可以是单位内部的责任中心;第十条指出,单位应根据管理模式确定责任主体,明确各层级以及各层级内的部门、岗位之间的管理会计责任权限,制定管理会计实施方案,以落实管理会计责任。以上两条都是对责任要求的描述,如责任中心的建立、责任权限的划分、管理会计的责任等。财政是国家治理的基础和重要支柱,而管理会计能够成为国家宏观治理向微观的组织治理推进的重要工具,有助于企业、行政事业单位优化组织内部治理结构,构建起完善、规范、透明、卓有成效的组织治理制度,通过管理会计规范化运行,让各项组织内外制度在实践中充分发挥制度的价值功能,以彰显中国特色社会主义的制度优势。管理会计内容丰富,主要围绕管理会计与责任相关的内容来展开。"责任会计是现代分权管理模式的产物,它是根据授予各级单位的权力、责任以及对其业绩的评价方式,将企业内部各单位划分成若干个不同种类、不同层次的责任中心,并对其分工负责的经济活动进行规划和控制以实现业绩考核与评价的一种内部牵制制度,即责任会计制度。"[①] 管理会计的控制技术,主要涉及在科层制纵横向组织结构上建立责任中心。相关文献对责任中心进行了详细的描述:"责任中心是指具有一定的管理权限并承担相应经济责任的企业内部单位。它的基本特征是权、责、利相结合。责任中心应具备如下四个条件:一是承担经济责任的主体——责任者;二是确定经济责任的客观对象——资金运动;三是考核经济责任的基本标准——经济绩效;四是具备承担经济责任的基本条件——职责权限。"[②] 价值创造需要制度来推动。制度是责任的基石,制度所对应的就是责任,负责任是诚信的表现。有了完善的制度,还需要诚信的人来有效地运行制度,这是确保责任落实的基础。定位责任是解决实际问题的关键。劳动合作需要制度,制度一般不是单一存在的,而是一个

---

① 胡元林,杨锡春.管理会计[M].2 版.上海:立信会计出版社,2018:191.
② 胡元林,杨锡春.管理会计[M].2 版.上海:立信会计出版社,2018:191.

系统。科层制纵横交错的层级组织对制度的侧重点不同，同一层级组织的制度也分主次，同时每个岗位都有与之对应的制度。

"从绩效评价的角度看，在企业层级制度下，管理会计对行为控制、结果控制的支持特性与不同层级的信息特性相关。越是往高层，信息的柔性就越大，可计量性就越低，行为监督就越困难，结果控制就越重要。"[①] 在组织管理模式下，由于制度运行难以发动全体员工共同监督，与制度相关的责任控制也成为一个难题。要想提高绩效评价的质量，就需要将组织管理模式转换为组织治理模式。治理模式能够让组织成员从身份关系转为契约关系，这样就能够实现制度面前人人平等。必须让每个岗位的责任清晰化，否则绩效评价就会出错，将导致各项激励无效。

"现代管理会计实践比较侧重于技术层面即工具的应用实践，而忽略了对制度层面的研究，对管理会计活动的相关性研究不足，对管理会计相关性的判定标准与公司治理及企业价值创造的关联性重视不足。"[②] 管理活动与制度相关性，要从与组织制度相关的诚信治理的角度来把握，为每个层级组织建立与之对应的责任中心，从而对制度诚信问题进行控制和监督。从规范制度运行、维护制度的有效性来说，管理会计需要和与制度相关的诚信治理联系起来。管理会计师和信用管理师在国家政策文件中都有明确的分工。

2014 年财政部发布《财政部关于全面推进管理会计体系建设的指导意见》；2016 年财政部印发《管理会计基本指引》；2022 年中共中央办公厅、国务院办公厅印发《关于推进社会信用体系建设高质量发展促进形成新发展格局的意见》，提出"扎实推进信用理念、信用制度、信用手段与国民经济体系各方面各环节深度融合，进一步发挥信用对提高资源配置效率、降低制度性交易成本、防范化解风险的重要作用，为提升国民经济体系整体效能、促进形成新发展格局提供支撑保障"。以上文件所提到的内容，不仅是信用

---

① 贺颖奇，陈佳俊. 交易成本经济学、组织失灵与管理会计研究 [J]. 会计研究，2006（2）：75-80.

② 焦明朋，裴璇. 金融企业公司治理中管理会计应用探讨 [J]. 财政科学，2020（12）：44-53.

管理师的工作，还需要管理会计师来完成。从实践层面来说，制度信用与国民经济体系各环节深度融合，不仅涉及信用专业领域，还涉及会计专业领域。另外，诚信入法，就应该依据法律规范性条款进行操作，信用管理和管理会计都有自己的操作规程，这就要求信用管理师和管理会计师携手参与组织治理。

劳动创造价值必须依附于制度的推动，可以从制度的交易成本（费用）入手。阿罗认为，交易成本是利用经济制度的成本；迈克尔·迪屈奇认为，交易成本还包括调查和信息成本、谈判和决策成本以及制定和实施政策的成本；科斯认为，交易成本是为了获得准确的市场信息所需要付出的费用，以及谈判和经常性合约的费用[1]。由于组织制度是由内外制度组成的系统，如果事先不对各种制度进行梳理，就会使制度关系主次不分，影响制度价值评价。劳动价值论认为分工与劳动合作增加价值，合作秩序需要制度来维持，制度是提升合作质量的基础。制度发挥作用意味着制度价值功能得以体现。制度发挥作用是有条件的，就是合作中的劳动群体对制度的尊崇和服从，这都源于一种道德的力量——诚信。因此，应通过诚信治理来发展集体理性以获取道德力量，这个过程需要管理会计师与信用管理师共同参与。

## 第三节 共同富裕

### 一、制度与共同富裕

马克思说社会主义的本质属性就是共同富裕，如果贫富差距所形成的社会阶层固化不可逆转，那就和马克思所说的社会主义的本质属性不相兼容。劳动是人的谋生手段，在劳动能力方面，每个劳动者的先天禀赋和后天际遇存在差别，还有就是与国家相关的财富分配制度，这些客观因素对贫富差距产生影响。从劳动价值论的逻辑来思考，劳动者之间的贫富差距悬殊是社会

---

[1] 周飞跃.制度经济学[M].北京：机械工业出版社，2016：52.

财富分配制度出现了问题，而理性社会的共同富裕应该是区分贡献大小基础上的共同富裕。这种共同富裕要与劳动者通过自己的劳动为社会提供财富的数量与质量联系起来。首先，我们要考虑社会在提供劳动机会的同时，排除微观层面的与制度相关的各种垄断，通过制度面前人人平等来提供公平竞争的机会。人的劳动能力的先天禀赋与后天机遇，对劳动个体来说难以把握，但是与财富分配相关的激励制度的调整可以用来纠正个体劳动者在先天禀赋与后天机遇方面的问题。分配制度涉及配置效率问题，分配制度是否具有激励效应，要与经济增长的动力问题联系起来。对劳动主体的客观贡献进行定位，能够为优化资源配置提供依据，从而实现大多数人的利益最大化。

实际上，治理是依据制度关系构建权威体系，以确保制度面前人人平等为前提，让权力和权利形成合力，共同引导、规范治理行为走在制度的轨道上，从而发挥制度的价值功能。推进共同富裕是夯实社会公平正义的物质基础，共同富裕需要通过正义制度来保障，共同富裕的制度构建需要考虑起点平等、程序公平、机会公平、崇德诚信。因为制度正义是客观存在的，所以共同富裕的制度的正义性是可以进行验证的。坚持制度面前人人平等，在法治轨道上运行各项治理职能，就要发扬自我革命精神，坚决破除和抵制各种特权思想和特权行为。

共同富裕是马克思主义的一个基本目标，资本主义私有制是贫富两极分化的根源。无论是封建主义社会还是资本主义社会，生产资料都被地主或资本家垄断和掌握，地主或资本家利用生产资料私有控制权来达到剥削劳动剩余价值的目的。在马克思时代，资本主义得到快速发展，资本对生产力的发展最鲜明的体现就在于"资产阶级在它不到一百年的阶级统治中所创造的生产力，比过去一切世代创造的全部生产力还要多，还要大"[1]。按理说劳动者也应该快速富裕起来，但不是这样的。相反，资本主义社会制度下的雇佣工人阶层的实际生存状况是痛苦不堪。恩格斯提出："我们的目的是要建立社会主义制度，这种制度将给所有的人提供健康而有益的工作，给所有的人提

---

[1] 中共中央马克思恩格斯列宁斯大林著作编译局.马克思恩格斯文集：第 2 卷 [M].北京：人民出版社，2009：36.

供充裕的物质生活和闲暇时间，给所有的人提供真正的充分的自由。"①马克思主义认为，生产以所有人民的富裕为目的，是社会制度变革的前提。生产资料所有制是生产关系的核心，也是社会经济制度的基础。发展经济的生产资料所有制性质决定分配原则。在生产资料的私有制下，经济财富只能是按资分配，将导致社会财富收入走向两极分化，贫富差距将不断扩大。生产资料公有制是生产资料由联合劳动者共同占有、支配和使用的所有制形式。共同劳动的财富是按劳分配的，这种社会制度的发展结果将是走向共同富裕。

恩格斯也强调，无产阶级及其政党的一个重要使命，就是"建立这样一种制度，使社会的每一个成员不仅有可能参加社会财富的生产，而且有可能参加社会财富的分配和管理，并通过有计划地经营全部生产，使社会生产力及其成果不断增长，足以保证每个人的一切合理的需要在越来越大的程度上得到满足"②。可见，共同富裕的关键还是一个制度性问题，就是每个社会成员参与社会财富创造的劳动生产，还要参与到社会财富的分配和管理中。

马克思、恩格斯在《共产党宣言》中进一步指出，"过去的一切运动都是少数人的，或者为少数人谋利益的运动。无产阶级的运动是绝大多数人的，为绝大多数人谋利益的独立的运动"③。也就是说，共同富裕是为大多数人谋利益的独立运动，要动员一切可以动员的力量，在不断做大做强社会经济这块蛋糕的同时，不断拓展经济发展新空间。

## 二、劳动贡献与共同富裕

马克思主义认为，生产劳动以所有人的富裕为目的，是人类进入文明社会的基本目标。习近平同志在2021年中央财经委员会会议上，对共同富裕进行了阐述："我们说的共同富裕是全体人民共同富裕，是人民群众物质生活和

---

① 中共中央马克思恩格斯列宁斯大林著作编译局.马克思恩格斯全集：第28卷[M].2版.北京：人民出版社，2018：652.

② 中共中央马克思恩格斯列宁斯大林著作编译局.马克思恩格斯文集：第3卷[M].北京：人民出版社，2009：460.

③ 中共中央马克思恩格斯列宁斯大林著作编译局.马克思恩格斯文集：第2卷[M].北京：人民出版社，2009：42.

精神生活都富裕，不是少数人的富裕，也不是整齐划一的平均主义。"共同富裕不是少数人的富裕，但也不是平均主义，平均主义很明显已经违反了社会主义按劳分配原则。平均主义是最大的不公平，破解平均主义就要对人的贡献程度进行度量。马克思阐释共同体思想可以与共同利益联系起来，共同体是由具有共同利益特征的人组成的群体。资本主义私有制构建的是虚幻共同体，社会主义公有制为共同体的存在提供了条件，随着社会主义从初级走向高级，个体与个体、个体与集体之间的利益高度一致，真正的共同体终将走向"自由人联合体"。共同利益是合作的前提，共同富裕具有共同利益的特征，为共同奋斗注入原动力。共同富裕不仅指物质上的富裕，还包括精神富裕，精神富裕是指人的精神层面充实和满足的状态。共同富裕就是消除贫富两极分化基础上的普遍富裕，共同富裕的实现需要将国家宏观政策与微观制度实践相结合。共同富裕不是等来的，而是依靠每个劳动者的辛勤劳动，并通过参与群体合作和共同奋斗来实现的。

劳动价值论认为分工与劳动合作能够增加价值创造。个体劳动所创造的价值量是有限的，而群体合作所创造的价值量是巨大的。然而，人与人之间的劳动合作是有条件的，除了寻找共同利益和确立共同目标外，还有就是良好的合作秩序。良好的合作秩序源于制度的有效性，离不开与制度相关的运行机制等，它包括制度运行、制度维护等制度性劳动。制度性劳动关系到合作劳动中人们之间的信任水平，信任水平的高低决定了组织合作中个体对他人的信任强度。随着社会信息技术的快速发展，生产劳动方式正在脱离以往工业化社会时代的模式，人们的劳动合作方式也在不断迭代更新，这种合作方式不仅存在于组织内，还拓展到组织外。而信息社会的劳动合作更多的是群体之间的智力合作劳动。科技是第一生产力，组织之间的竞争往往是围绕技术与创新展开的，创新活动以脑力劳动为主，高集成、高附加值的技术创新也是劳动者之间智力叠加的合作创新，对制度构建、制度运行、制度维护提出了更高的要求，以达到符合智力叠加的合作创新需要的信任强度。必须对原本适用于工业社会的创新管理模式进行变革，切换为符合信息社会创新需要的治理模式。智力叠加的合作创新活动有时需要的信息资源量更大，人与人之间的信息交流更为密集,对制度的规范要求更为严格。如何保障创新价值贡献者的成果不被他人窃取?这对制度诚信治理提出了更高的要求。

目前社会仍然大量使用科层制组织形式,但科层制组织的制度信息传递是单向的,并不符合创新合作所需要的公平竞争、上下互动、协调、共同利益、合作互助的运行环境。科层制组织具有抵制社会变革天然的劣根性,对实现社会主义共同富裕起到消极影响,而推进创新实现科技自立自强对促进共同富裕具有重大意义。

改革开放以来,社会财富差距拉大的问题,被社会各界所重视,社会对共同富裕的呼声越来越大。实现共同富裕是一个庞大的系统性工程,需要考虑经济效率与社会贡献之间的关系,并从它们之间的关系中获取海量数据,为社会共同富裕提供切实可行的决策依据。而社会信用体系所提供的一系列技术工具为获取这些客观数据带来了希望。

随着资本主义的发展而发展起来的货币制度和资本的逐利性,导致贫富差距急剧扩大,我国也同样存在贫富差距。劳动收入往往以获取货币多少的方式表达,货币本身就是支配资源的一种权力。货币本身没有包含人性价值信息,却是一部分社会群体形成仇富心理的重要原因。在劳动合作中,主体之间的贡献情况模糊,将会影响群体之间的合作质量。为此,为货币注入"德性"及"德行"的人性价值,可以提高群体合作水平,消除世人的仇富心理。当我们能够证明每个人的货币源于他(她)的辛勤劳动时,仇富心理就会变得不道德了。贫富差距持续扩大,一般可以归因于不正义的制度因素或制度运行上的偏差。共同富裕也存在理论与实践相结合的过程,社会主义按劳分配制度运行需要建立在科学的基础上,用科学手段精确定位贡献收益和责任成本,为共同富裕实践活动提供决策数据。

## 三、责任与担当是强国的根本

德国哲学家康德将责任视为一切道德价值的源泉,他通过三个命题对责任进行了界定:责任行为具有道德价值;责任行为的道德价值不在于它实现的意图,而在于它所规定的准则;责任就是出于尊重规律而产生的行为必要性。当责任的他律转化为自律，责任的行为才具有道德价值，也就是责任的道德价值从他律转换到自律才能形成，责任属于道德范畴[①]。

一个国家真正强大的力量，来自人民的责任意识。责任行为的道德价值需要有好的制度，制度通过自律和他律来形成约束力，自律的稳定性需要他律来支持。对好制度尊崇就能够形成道德价值。党的十九届四中全会提出建设人人有责、人人尽责、人人享有的社会治理共同体，其实也等于宣布了全民责任时代的到来，群体责任要与个人责任联系起来。习近平总书记指出："制度稳则国家稳，制度强则国家强；制度优势是一个国家的最大优势，制度竞争是国家间最根本的竞争。"如何让国家制度强起来？制度强国的内在逻辑是什么？马克思早期在对市民社会进行探讨时认为，不是政治国家决定市民社会，而是市民社会决定政治国家。市民社会是基础，建立在市民社会基础上的国家的上层建筑，只不过是市民社会的正式表现而已。由此可见，构建责任社会要从基层的市民社会开始。

党的十八大报告将保障和改善民生提到了更加突出和很高的位置，强调"必须坚持人民主体地位"，改革开放、发展生产力的根本目的是共同富裕。人民是国家的基本组成部分，人民的富裕就是国家的富裕，人民的强大就是国家的强大，而国家强大源自制度强大，制度的强大不仅体现在制度的优越性方面，还要考虑制度的优越性如何发挥作用，而要想让制度发挥其应有的价值，就要构建与制度规范相关的他律系统，让与制度相关的责任行为具有道德价值。

在中国古代，春秋战国时期的秦国的"强国弱民"思想使国家治理出了大问题。一个国家的人民不认同国家的法律、制度、政策等，都会给国家的未来带来不确定性。秦国的"强国弱民"思想，也就是商鞅所说的"民弱国强，国强民弱"，成为秦朝快速灭亡的原因之一。中国近代国弱民弱与缺乏科学民主以及落后的政治制度有关。在中国近代，代表性人物严复希望以西方学术思想来影响和改变当时国弱民弱的社会现状，提出了"国富民强"的政治理想。"严复有两项重大历史贡献：其一，揭示西方富强之源在科学民

---

① 康德.道德形而上学原理[M].苗力田，译.上海：上海人民出版社，1986：81-101.

主，这也是后来的五四新文化运动的两大旗帜。其二，引进社会达尔文主义到中国。"① 达尔文主义的"物竞天择，适者生存；优胜劣汰，弱肉强食"是现代生物学的理论基础，也叫丛林法则。尽管达尔文思想存在争议，但是将科学与民主联系在一起还是对当时的社会进步有推动作用的。"通过对历史的观察我们也知道，没有强民的强国对老百姓没有意义；而有了强民，即便是没有霸权的小国，它的老百姓也可以生活得很自豪。"② 孙中山指出："国家的基础，是建筑在人民思想之上，只要改造人心，除去人民的旧思想，另外换成一种新思想，这便是国家的基础革新。"③ 这也就是孙中山富国强民的国家建设思想。在我们积极探索共同富裕的实现路径上，孙中山的富国强民智慧仍然值得国人认真学习和重视。古人的智慧早就告诉了我们："国无常强，无常弱。奉法者强，则国强；奉法者弱，则国弱。"强民的路径，就是将制度建设与问责机制对应起来。责任通常不是独立存在的，往往更多地以连带责任的方式存在，这也是强调人人有责的原因。这正映衬了一句古话："国家兴亡，匹夫有责。"

公共法律是以国家为中心的法律，私法主要的法典是民法典，用于规范市民社会或市民阶层的经济活动。社会主义市场经济不仅涉及公法，也涉及私法领域。国家法律一般属于组织的外部制度。外部制度一般是指由代理人设计完成，并依靠政策命令自上而下地强加和执行的规则。组织的内部制度是在群体解决问题的经验中演化出来的规则，涉及制度契约、道德伦理、公序良俗以及自然法等。无论是外部制度还是内部制度，两者叠加所组成的制度系统对相关主体都具有相对应的约束力。法律制度的主要作用，就是维护社会秩序，推动社会进步，维护最广大人民群众的利益。宏观上的法律制度与微观上的制度规则之间存在密切联系，组织制度能够维护合作秩序、推动组织发展壮大、增加员工福利等。为此，构建组织制度就要依据国家制度，

---

① 吴仪.严复富强思想与中国现代化[J].福建师范大学学报（哲学社会科学版），2004（2）：28-30.
② 杨渝.民富则国富 民强则国强：对中国被列为"世界第二强国"的思考[J].重庆与世界，2007（12）：68-71.
③ 万建中.孙中山富国强民的国家建设思想[J].团结，2016（4）：61-64.

而不是利用职权来制定服务于部分人利益而损害大部分人利益的内部制度,这对富国强民没有任何好处。

强国必先强民,富民必先强民。为什么以强民先行呢?实现国富民强路径的选择,可以从法律制度的相关理论中寻找线索。诺斯在对制度的重要性进行了深入的历史考察后发现:第一,在要素投入没有增长的情况下,只要有制度创新,也能实现经济增长;第二,制度是经济组织实现效率的关键因素①。这两点可以说明一个重要的问题,就是制度本身是有价值的,制度是一种珍贵的人工资源。

1955年毛泽东指出:"现在我们实行这么一种制度,这么一种计划,是可以一年一年走向更富更强的,一年一年可以看到更富更强。而这个富,是共同的富,这个强,是共同的强,大家都有份。""这种共同富裕,是有把握的,不是什么今天不晓得明天的事。"② 毛泽东所说的这种共同富裕是有把握的,这个"有把握的"就是要从强民开始,而强民从制度关系中的责任开始。进入全民责任时代,责任的内容必定是丰富的,对责任的追溯是要从制度入手的,制度与责任存在对应关系。共同富裕的实现路径,必然是从宏观理论层面进入微观实践层面,从富民强民实践中寻找各种更好的方法。

## 四、共同富裕与按劳分配

在现代科学技术迅猛发展的今天,全球新一轮科技革命和产业变革方兴未艾,尤其是数字技术对促进经济社会发展的作用日益凸显。要充分将新兴数字科技与创新治理模式相结合,助力共同富裕稳步朝着高质量目标迈进,通过推动共同富裕来促进中国式现代化。共同富裕是社会主义的本质要求,也体现了中国式现代化的价值追求。要坚持和发展马克思主义实践观,坚持以人为本的发展理念。共同富裕是物质富裕与精神富裕的统一。全面把握共同富裕的内涵和本质,可以促进社会生产力迈向更高台阶,为社会提供更丰富多彩的物质财富。另外,为满足人民群众多样化、多层次的精神文化需

---

① 周飞跃.制度经济学[M].北京:机械工业出版社,2016:175.
② 毛泽东.毛泽东选集:第6卷[M].北京:人民出版社,1999:495.

求，要生产更多的精神产品，等等。

实现共同富裕要从制度入手，而共同富裕概念下的制度体系是否科学，关系到能不能带领大家一起走向共同富裕。那么，如何判断制度体系是否科学呢？先撇开制度设计规划、理论基础上的科学性不谈，制度的科学性最终需要用科学的方法论来证明，证明制度的科学性是需要与制度实践相结合的。制度具有使用价值，在实践中具有它所对应的需求，如果制度在实践中找不到所对应的需求，那么这样的制度就无法发挥其价值功能。因此，能够被称为科学的制度体系，需要在制度实践中解决实际所对应的问题，才能够对共同富裕实践活动的发展产生巨大的推动作用。

对相关制度实践进行科学测量和评估。在微观层面，共同富裕的实践场所在基层组织，基层组织的制度分为外部制度和内部制度。对组织内部来说，社会主义按劳分配制度是组织的外部制度，需要以外部制度为依据构建组织内部的分配制度，用于落实具体的按劳分配制度。这项内外部制度相结合的内部分配制度，由哪个主体来对其进行科学性、有效性的测试呢？关注和重视这个问题，有利于将按劳分配制度所对应的问责机制建立在科学基础之上。按劳分配制度的运行是一项实践活动，不能停留在语言文字上，而应通过数字技术来获取数据，从数据的变化中发现问题。这就需要将按劳分配从理论命题转换成经验性命题。从微观的实验数据入手，对按劳分配制度的运行进行优化，具体来说，将合作剩余分配与实际贡献挂钩，对分配结果与激励效应进行科学取证，用社会科学的技术手段收集符合质量要求的数据，通过数据分析与结果呈现，对原有的分配制度进行调整。共同富裕是利国利民的事业，无论是对社会群体还是对个人来说都是大好事。同时，共同富裕事关富国强民，也需要更多的社会团体、组织参与到这项实践中，从田头地间到工厂车间，深入现场收集客观数据，以严谨的科学方法将虚假不实的数据剔除，对各项数据之间存在的对应关系进行科学分析。科学的方法就要有科学态度与科学精神。科学态度的表现就是实事求是、谨慎严谨，尊重事实；科学精神就是要不怕苦、不怕累、持之以恒、永不放弃，将事实呈现给世人。

法律是国家意志的体现，社会主义按劳分配制度是国家意志的组成部分，坚持和完善社会主义基本分配制度，就要将共同富裕与按劳分配制度紧密联系起来，在实践的基础上，通过按劳分配实践的具体数据的收集来分析和推演实现共同富裕的各种有效的运行路径。社会主义按劳分配制度作为组织的外部制度，要与基层组织的内部分配制度相连接。如果基层组织的内部制度和国家宏观的共同富裕制度相脱节，必将导致部分群体难以分享社会主义制度的红利。同时，要对现有的与共同富裕相关的制度进行重新梳理和分类，淘汰陈旧落后的制度，以新制度来取代旧制度等；提高各项制度的运行能力，运用社会治理体系与社会信用体系所构建起来的一系列工具来完成制度诚信治理。

全球治理委员会在 1995 年发表的《我们的全球伙伴关系》的报告中，对治理一词下的定义具有一定的代表性和权威性："治理是各种公共的或私人的个人和机构管理其共同事务的诸多方式的总和，它是使相互冲突的或不同的利益得以调和并且采取联合行动的持续的过程。"[①] 对相互冲突的或不同的利益进行调和，是建立在制度认同的基础上才能实现的。制度认同是摆事实、讲道理运用说服力资源，提升说服力资源价值，需要科学数据背书并进行认证。共同富裕需要一个系统性的制度体系，制度体系的有效性是推动共同富裕向前发展的关键。共同富裕制度运行的全过程应该是公开透明的，共同富裕制度运行结果的质量也应该有认证数据。

制度与技术之间存在互动关系，制度与技术在满足条件时是可以相互替代的，制度劳动是价值的来源，技术劳动是实现价值的手段。可以利用先进的数字技术来促进主体责任的落实和提高制度运行效率。责任与制度之间存在相互依存关系，也与两者之间依存关系的安排得当、紧凑、有序有关。制度构建于责任之上，制度的维系以责任为基础；良好的制度运行机制必然要发展出一套科学的问责系统。另外，制度运行需要有一个良好的环境，那就是人人有责的环境。社会治理"人人有责、人人尽责"，也可以对应到组织中的人人有责。当责任的他律转化为自律时，责任的行为才具有道德价值。责任自律行为是不可触摸的，只有和制度建立联系，才能从制度运行的结果

---

① 严新明.公共管理学[M].2版.北京：科学出版社，2016：254.

中确定责任行为是否具有道德价值。所以，问责方法需要通过有效的治理实践来确定是否科学。治理实践需要制度面前人人平等的环境。治理的特征是通过制度关系建立理性的权威系统来维持合作秩序，理性的权威是建立在远离个人利益而存在于法律（制度）秩序之上的法理性权威，让权力和权利共同维护制度的权威性。

## 五、制度与技术相互促进

技术进步和制度变迁推动了人类社会的发展，信息技术革命导致产业结构的大调整，使得分工与合作向精细化的方向发展。有效的分工与合作本身代表着一种生产力，这种生产力是通过制度来促进的。分工与合作的秩序和效率源自制度高效运行，制度能否创造价值、获得更高的效率，有时取决于技术对制度赋能增效的力度。

马克思政治经济学的研究对象是"一定历史发展形态的生产方式以及与之相适应的社会生产关系和人们之间的交往关系"。另外，马克思还指出："应用自然科学来解决由此产生的问题。这个原则到处都起着决定性的作用。"科学技术作为生产力中最为活跃的因素，推动了生产方式与生产关系的变革。关于生产力与生产关系之间到底谁来决定谁的问题，在理论界仍然存在争议。实际上，生产力和生产关系之间存在循环过程，无论是生产力决定生产关系，还是生产关系决定生产力，都要看两者所处的历史环境。

1978年，党的第十一届中央委员会第三次全会通过了对内改革、对外开放等一系列政策。会议认为，"为了保障人民民主，必须加强社会主义法制，使民主制度化、法律化，使这种制度和法律具有稳定性、连续性和极大的权威，做到有法可依，有法必依，执法必严，违法必究"。文件内容涉及法律制度安排问题，制度不是摆设，制度是用来实现某些目标的。劳动分工与合作维护秩序需要制度，生产性劳动的投入所形成的商品增加值需要依赖制度的推动，制度虽然不直接创造价值，但间接地创造了价值。研究制度价值生成机制是否完善、全面、高效，就要利用相关技术对制度价值生成机制进行分析。在科学技术是第一生产力已经深入人心的今天，科学技术对制度安排与实践具有促进作用。"实践是检验真理的唯一标准"是马克思主义哲学的重要原理之一。马克思指出："人的思维是否具有客观的真理性，这并不是一个理论的问题，而是一个实践的问题。"[①] 1978年，《光明日报》刊登的《实践是检验真理的唯一标准》一文指出，检验真理的标准只能是社会实践。同年12月，党的十一届三中全会召开，在对真理标准问题进行讨论后，重新确立了党的实事求是的思想路线。坚持马克思主义的基本原理要与社会实践紧密结合，不能把马克思主义理论当作教条，而是要将马克思主义与中国的实际情况相结合，并且随着社会实践的发展而发展。这次会议对加强社会主义法治建设也作了重要论述，由此掀开了新时期依法治国的序幕，为我国后来全面推进依法治国奠定了基础。

制度属于社会科学的研究领域，然而各种法律制度对应不同的需求，使得制度内容丰富，成为一个复杂的系统。制度是价值的重要来源，由于制度以非物质形态存在，要想探究制度的价值量，除了制定相关原则外，还要结合相关技术对制度的价值量进行测度。制度价值量测度的意义在于，可以为制度创新提供方向，增加获取高价值制度的机会，加快制度变迁速度，从而确保以更高效的制度来服务社会生产。

制度在实践中的有效性，需要在治理实践活动中得到检验和确认。因此，制度的实践活动本身也是一个治理对象，要想推动我国社会政治、经济、文化等各方面的进一步发展，需要对制度在实践活动中的相关主体运行制度的情况进行研究，从而评估制度构建、制度运行、制度维护的理性问题。

马克思认为，实践是检验真理的唯一标准。在字典中，实践指的是改造社会和自然的有意识的活动；这里的检验相当于检查、验看，一般在做科学实验时要有一系列的工具来对实验的结果进行检测以获取数据。马克思曾预言："科学只有从自然科学出发，才是现实的科学。历史本身是自然史的一个现实部分，即自然界成为人这一过程的一个现实部分。自然科学往后将

---

① 中共中央马克思恩格斯列宁斯大林著作编译局.马克思恩格斯选集：第1卷[M].北京：人民出版社，1995：55.

包括关于人的科学，正像人的科学包括自然科学一样：这将是一门统一的科学。"① 而运用科学技术去研究人的科学，如果与有价值的制度联系将是一件非常有意义的工作。社会科学方法与技术主要包括定性与定量、个体与整体、事实与价值三大方法，社会科学的有些方法已经与自然科学相互整合与渗透，有力地推动了社会科学的发展。社会学科普遍运用构建数理模型、社会调查、收集数据等方法来获得客观结论。真理不是依靠主观判断得来的，而是通过在现实的、具体的社会实践中的检验测量所获得的。制度运行是一个复杂系统，不仅涉及制度产品本身的质量，还涉及人们制度运行行为的诚信问题。

改革开放以来，我们党和国家实现了历史性伟大转折，全国各族人民在中国共产党的带领下，解放思想、实事求是，开拓创新、同心同德，在社会主义建设事业上取得了举世瞩目的成就。光阴飞驰，转眼间40多年过去了，推动新质生产力发展成为我们这个时代的重要任务。习近平同志在学习贯彻党的二十大精神研讨班上的讲话指出："既要创造比资本主义更高的效率，又要更有效地维护社会公平，更好实现效率与公平相兼顾、相促进、相统一。要统筹发展和安全，贯彻总体国家安全观，健全国家安全体系，增强维护国家安全能力，坚定维护国家政权安全、制度安全、意识形态安全和重点领域安全。"这段话的信息量非常之大，字里行间都洋溢着不断向上的进取精神。国家高质量发展要求我们抛弃那些不再适合现代社会发展需要的旧制度、旧观点、旧论调等，就是要结合制度创新与技术创新来构建更为高效的社会规范体系。从制度运行层面来说，就是通过诚信治理技术的不断迭代更新，进一步把握好守信、失信的奖惩尺度等，来推动经济社会的快速发展。必须建立起与高质量发展相适应的高质量的法治社会，要深刻领悟制度作为实现社会各项价值的前提，相关主体不能凌驾于法律之上，必须服从法律的管辖。法治社会建设是个法治理性化的过程，对与制度相关价值的解读，必须摆脱主观意识的桎梏而建立在真凭实据的基础上。制度与技术的良性互动所构建

---

① 中共中央马克思恩格斯列宁斯大林著作编译局.马克思恩格斯全集：第42卷[M].北京：人民出版社，1979：128.

的一种理性模式，必将为实现国家治理体系和治理能力现代化作出贡献。

社会治理下的组织治理实践依据制度逻辑进行，组织制度和制度的运行机制涉及制度性劳动中人的诚信能力问题，制度价值功能的发挥离不开诚信能力，相关主体必须遵从、敬畏和服从制度。人们对制度的遵从、敬畏和服从，需要通过社会治理体系与之相关的组织诚信治理来完成，人们诚信水平的提升，需要通过社会信用体系的一系列工具来实现。社会信用体系是社会主义市场经济体制和社会治理体制的重要组成部分。要想提高社会治理效能水平，需要从提高社会主义市场体制的经济运行效率入手。

英国经济学家弗里德里希·奥古斯特·冯·哈耶克说："法治之下才有真正的自由。"在法律制度维护下的自由环境中，人的创造力更容易被激发，人们愿意展示自己的聪明与才智，有利于组织中集体智慧的生成。

## 第四节　劳动共同体与劳动贡献货币

### 一、共同体的一般概念

网络字典对共同体的解释：人们在共同条件下结成的集体；由若干国家在某一方面组成的集体组织。德国社会学家裴迪南·滕尼斯著有《共同体与社会》一书，通过"共同体联系"和"社会联系"两种类型的划分来说明欧洲工业革命后的社会变化，并且滕尼斯以这两个概念为基础展开了他的社会学说体系。相关文献认为滕尼斯的社会概念范围大于共同体概念的范围[1]。滕尼斯认为"共同体是一种自然形成、整体本位的有机体，受本质意志支配，通过默认一致和信仰将人们联系起来，而社会则是非自然形成的、个人本位的机械聚合和人为产物，受选择意志支配，通过法和公众舆论将人们联系起

---

[1] 秦晖.共同体·社会·大共同体：评滕尼斯《共同体与社会》[J].书屋，2000（2）：57-59.

来"①。共同体概念的基本形式一般分为以下几种：血缘共同体，一般指基于血缘、感情和伦理关系的家庭成员之间形成的关系；地缘共同体，如邻里关系、朋友关系等；意缘共同体，一般指具有相同宗教信仰的团体。共同体也可以译为"社区"。而社会的概念是"通过惯例和自然法联合起来的集合——被理解为一大群自然的和人为的个人，他们的意志和领域在无数的结合中处于相互关系之中，而且在无数的关系之中也处于相互结合之中，然而它们仍然是独立的，相互之间对内部没有影响"②。对于社会的概念一般为表述非自然形成的人为的产物，是基于制度、规则、政策、舆论和利益聚集到一起的社会联系。相比共同体概念，社会的概念联合程度较为肤浅、松散、有条件，在时间上相比于共同体来得更为短暂，一般人与人之间在建立联系时，对方不一定是自己所熟悉的人，存在陌生人关系。在社会概念中，人们在私密性和排他性方面，一般同共同体呈反向关系。目前在大多数的国家、城市、企事业单位、公共机构、各类营利或非营利组织中，人与人之间的社会联系都含有一种社会概念。社会概念下的各种组织，一般都是以法律制度、契约关系和理性意志为基础形成的个体聚集起来的群体共同体组合，人们的目标是通过分工与合作来创造更多的价值，谋求群体、组织利益最大化，进而让群体、个体获得更大的利益。因此，可以将社会这一概念理解为，人类进行生产、服务、生活的一种基础性组织方式，从社会中集聚起来的群体、组织，除了与他们的信仰有关外，一般都是为谋求他们自己的利益而结合在一起的。要想实现组织、群体、个体的利益最大化，只能从法律制度和契约关系以及与之相关的责任中寻找解决办法。让陌生人携手构建共同体是有条件的：首先，需要这个社会有健全的法律制度；其次，寻找共同利益形成的凝聚力；最后，在法的社会里，伦理与法律制度之间有一种有效的调节机制，以确保它们的协调性和一致性。

---

① 腾尼斯. 共同体与社会 [M]. 林荣远，译. 北京：北京大学出版社，2010：273.
② 腾尼斯. 共同体与社会 [M]. 林荣远，译. 北京：北京大学出版社，2010：108.

## 二、马克思的共同体和劳动异化

马克思没有明确地对共同体的概念进行严格的定义,但是在马克思看来,"所谓共同体就是人们的群体结合方式或集体存在方式或组织形式,而无论它以实体还是关系表现出来,无论它以什么样的形态存在,也无论它的规模大或小,也无论它处于何种发展阶段,这些通通无妨"[①]。马克思在其不同时期的著作中所描述的共同体思想也是不同的,主要包括原始社会的自然共同体、资本主义生产方式下的虚幻共同体以及"真正共同体"即未来共产主义社会的"自由人联合体"等。"自然形成的部落共同体(有血缘、语言、习惯等方面的共同性),或者也可以说是群体,是人类占有他们生活的客观条件和占有再生产这种生活自身并使之物化的活动(牧人、猎人、农人等的活动)的客观条件的第一个前提。"以上描述的就是一种原始状态下的自然劳动共同体。然而,随着人类社会的不断发展,资本主义的生产方式瓦解了原来的劳动共同体。"这种共同体是一个阶级反对另一个阶级的联合,因此对被统治阶级来说,它不仅是完全虚幻的共同体,而且是新的桎梏。"[②] 马克思通过分析资本主义国家和市民社会的结构关系,揭示了资本主义虚幻共同体的本质。这种虚幻共同体形成的根本原因是社会分工和私有制。"个人力量(关系)由于分工而转化为物的力量。"[③] 劳动者只要处在被迫分工及资本权力的强制性之下,就会处在一种被控制的状态。要想搞清楚虚幻共同体,要从马克思"劳动异化"或"异化劳动"思想开始。马克思在《1844年经济学哲学手稿》中提出劳动异化理论,认为异化劳动就是在资本主义生产方式下的劳动异化,是劳动者创造的力量作为外部力量又反过来支配劳动者本身,这种不属于劳动者自己的劳动就是劳动异化。在资本主义制度下,劳动者通过劳动创造出来的产品变成了奴役和统治劳动者自身的一种异己力量。

---

① 秦龙.马克思对"共同体"的探索[J].社会主义研究,2006(3):10-13.
② 中共中央马克思恩格斯列宁斯大林著作编译局.马克思恩格斯选集:第1卷[M].北京:人民出版社,1995:119.
③ 中共中央马克思恩格斯列宁斯大林著作编译局.马克思恩格斯文集:第1卷[M].北京:人民出版社,2009:570.

劳动异化的根源在于资本主义生产资料私有制。马克思提出的劳动异化有四个方面：人和产品，即劳动者同自己的劳动产品的异化；人和生产过程，即劳动者同自己的劳动相异化；人和自身，即劳动者同自身相异化；人和社会，即人与他人相对立，以及他们中的每个人都同人的本质相异化。正如马克思所说的那样，在劳动的异化中，劳动者的"这种劳动不属于他，而属于别人；他在劳动中也不属于他自己，而属于别人"①。异化劳动形成的根本原因是资本对劳动过程的支配，没有将实现劳动者自身的价值作为劳动的最终目标，而是将劳动满足资本升值保值作为目的。马克思说："劳动过程的简单要素是有目的的活动或劳动本身、劳动对象和劳动资料。"② 在资本主义私有制条件下，劳动者的劳动活动与劳动对象、劳动资料相分离是异化劳动的原因之一。劳动对象是劳动者在生产过程中进行加工的一切劳动对象，一般指原料。劳动资料是劳动者用来影响和改变劳动对象的一切物质资料和物质条件的总和，以生产工具为主。生产资料包括劳动资料和劳动对象两个方面。在资本主义社会中的劳动力成为商品的条件下，生产资料和货币成为剥削工人的手段，这时生产资料和货币成为资本。资本的本质不是物，而是一定的历史社会形态下的生产关系。劳动力成为商品，是货币转化为资本的前提条件。马克思指出："两种极不相同的商品占有者必须互相对立和发生接触。一方面是货币、生产资料和生活资料的所有者，他们要购买他人的劳动力来增值自己所占有的价值总额；另一方面是自由劳动者，自己劳动力的出卖者，也就是劳动的出卖者。"③ 劳动者与生产资料相分离，失去生产资料的工人只能通过出卖劳动力来换回生产资料以维持自己的日常生活。劳动者陷入一种被控制的状态，不得不接受资本对劳动过程的支配。在资本权力的压迫下，劳动发生了异化。马克思在《资本论》中认为，劳动力成为商品是资本关系

---

① 中共中央马克思恩格斯列宁斯大林著作编译局.马克思恩格斯全集：第42卷[M].北京：人民出版社，1956：94.
② 中共中央马克思恩格斯列宁斯大林著作编译局.马克思恩格斯文集：第5卷[M].北京：人民出版社，2009：208.
③ 中共中央马克思恩格斯列宁斯大林著作编译局.马克思恩格斯全集：第44卷[M].北京：人民出版社，2001：821.

形成的主要因素，资本关系的表现形式为一定数量的货币和生产资料，但是货币和生产资料本身不代表资本。货币和生产资料转化为资本，资本也就成为资本家用于剥削雇佣劳动者的一种隐蔽手段。资本运动的逻辑决定着劳动异化的逻辑，从而让商品、货币、资本等形成了一连串的共同体异化。可见，以劳动引发的各种异化让资本主义成为一个虚幻共同体。

马克思的劳动共同体是超越市民社会的共同体，马克思在《德意志意识形态》中认为，市民社会是在资产阶级发展起来之后才出现的，但是市民社会不等同于资本主义社会，一般从一定历史时期的社会关系、生产关系、交往形式来理解。超越市民社会的劳动共同体就是共产主义的社会形态，需要消灭社会分工、私有制，消灭阶级，消灭国家。从社会分工方面来说，马克思认为这种状态"不能靠人们从头脑里抛开关于这一现象的一般观念的办法来消灭，而只能靠个人重新驾驭这些物的力量，靠消灭分工的办法来消灭"[1]。关于私有制方面，"共产主义革命就是同传统的所有制关系实行最彻底的决裂，毫不奇怪，它在自己的发展进程中要同传统的观念实行最彻底的决裂"[2]。关于消灭阶级方面，恩格斯指出，"社会化生产和资本主义占有之间的矛盾表现为无产阶级和资产阶级的对立"[3]。然而，无产阶级和资产阶级矛盾是不可调和的，可以发现资本增值的过程就是资产阶级剥削无产阶级的过程，仅这对矛盾就是难以调和的。马克思说："这个阶级的历史使命是推翻资本主义生产方式和最后消灭阶级。这个阶级就是无产阶级。"[4] 关于国家消亡方面，在马克思和恩格斯的《德意志意识形态》中包含着非常丰富的国家理论，提及的国家其实是在资本主义国家制度下，利用资本奴役广大民众的一

---

[1] 中共中央马克思恩格斯列宁斯大林著作编译局. 马克思恩格斯选集：第1卷 [M]. 北京：人民出版社，1995：118.

[2] 中共中央马克思恩格斯列宁斯大林著作编译局. 马克思恩格斯文集：第2卷 [M]. 北京：人民出版社，2009：52.

[3] 中共中央马克思恩格斯列宁斯大林著作编译局. 马克思恩格斯文集：第3卷 [M]. 北京：人民出版社，2009：551.

[4] 中共中央马克思恩格斯列宁斯大林著作编译局. 马克思恩格斯文集：第5卷 [M]. 北京：人民出版社，2009：18.

种工具，国家被统治者用于维护自身的阶级利益。在《德意志意识形态》中，马克思、恩格斯明确指出："正是由于特殊利益和共同利益之间的这种矛盾，共同利益才采取国家这种与实际的单个利益和全体利益相脱离的独立形式，同时采取虚幻的共同体的形式。"① 在消灭社会分工、私有制，消灭阶级，消灭国家等后，新的"真正的共同体"就是"在控制了自己的生存条件和社会全体成员的生存条件的革命无产者的共同体中，情况就完全不同了。在这个共同体中，每个人都是作为个体参加的。它是个体的一种联合（自然是以当时发达的生产力为前提的），这种联合把个体的自由发展和运动的条件置于他们的控制之下"②。这里比较关键的是如何控制的问题，就是需要有与之配套的控制制度和依据制度的治理方式。可以消灭分工、私有制、阶级、市民社会、国家，但是不能完全消灭共同体。"没有共同体，这是不可能实现的。只有在共同体中，个人才能获得全面发展，也就是说，只有在共同体中才可能有个人自由。"③ 其实马克思所构建的是一个人人为我、我为人人的相互平等合作的劳动共同体（联合体）。"代替那存在着阶级和阶级对立的资产阶级旧社会的，将是这样一个联合体，在那里，每个人的自由发展是一切人的自由发展的条件。"④ 当社会发展到了社会主义的高级阶段，也就是进入共产主义社会，已经消灭了分工和生产资料私有制。消灭私有制，资本支配劳动者的权力也就不存在了，用《共产党宣言》里的话来概括，就是"共产主义并不剥夺任何人占有社会产品的权力，它只剥夺利用这种占有去奴役他人劳动的权力"。那时所构建的与真正共同体相对应的就是"个人所有制"和"自由人联合体"。真正共同体其实是建立在平等合作基础上的，由每一个自由人共同组成的劳动合作集体。

---

① 中共中央马克思恩格斯列宁斯大林著作编译局.马克思恩格斯文集：第 1 卷 [M]. 北京：人民出版社，2009：536.
② 中共中央马克思恩格斯列宁斯大林著作编译局.马克思恩格斯选集：第 1 卷 [M]. 北京：人民出版社，1995：121.
③ 中共中央马克思恩格斯列宁斯大林著作编译局.马克思恩格斯选集：第 1 卷 [M]. 北京：人民出版社，1995：119.
④ 中共中央马克思恩格斯列宁斯大林著作编译局.马克思恩格斯选集：第 1 卷 [M]. 北京：人民出版社，1995：294.

## 三、私人劳动和私有财产的再认识

马克思说的"私人劳动"有狭义和广义之分：狭义上的私人劳动，与社会制度和私有制相联系；广义上的私人劳动，是指劳动者之间互不依赖的独立劳动，在经济上具有独立性①。马克思在《1844年经济学哲学手稿》中对私有财产理论进行了阐释。其重点主要是资本与劳动之间的对立关系，具体来说就是资本的积蓄是通过劳动来实现的，资本反过来对劳动及其产品有支配权力。马克思指出："私有财产的关系潜在地包含着作为劳动的私有财产的关系和作为资本的私有财产的关系，以及这两种表现的相互关系。"② 私有财产包含两种关系，即作为劳动的私有财产的关系和作为资本的私有财产的关系。马克思明确地提出了异化劳动是产生私有财产的直接原因，也可以说私有财产会导致异化劳动，私有财产是异化劳动的根源和结果。异化劳动使得作为劳动者的人，同劳动产品、劳动本身、人的类本质以及人与人之间的关系都形成了异化关系，这种异化导致劳动者与劳动者自身的劳动相分离。"我们也看到工资和私有财产是同一的，因为用劳动产品、劳动对象来偿付劳动本身的工资，不过是劳动异化的必然的后果。"③ 对作为劳动的私有财产的关系和作为资本的私有财产的关系的理解是，在资本主义国家中，资本家支付给雇佣劳动者的工资的这部分，可以对应劳动价值的私有财产部分，但这部分私有财产的支付是不足的；而资本家剥削劳动者剩余劳动价值的那部分，所对应的是作为资本的私有财产的关系的这部分，它是独立于劳动之外的被资本家所截获的那部分。但是，对作为资本的私有财产的部分，是否需要将资本家排除风险的能力和管理才能归属于劳动价值创造的一部分？这里可以将资本家的剥削和资本家的管理劳动相区分。马克思提到资本主义国家管理的二重性问题时，认为"资本家在生产过程中是作为劳动的管理者和指

---

① 钟光亚.马克思所说的"私人劳动"是商品经济存在的依据[J].社会科学研究，1986（4）：32-35.

② 中共中央马克思恩格斯列宁斯大林著作编译局.马克思恩格斯全集：第3卷[M].北京：人民出版社，2002：283.

③ 中共中央马克思恩格斯列宁斯大林著作编译局.马克思恩格斯全集：第42卷[M].北京：人民出版社，1979：101.

挥者出现的","是一种加入产品价值的劳动"①。也就是说,这种资本家直接参与的管理劳动,是产品价值的一部分。这样资本家这部分管理劳动所创造的价值,是否需要从资本家剩余价值的剥削中扣除?马克思认可斯密在《国富论》中关于劳动创造财富的观点,私有财产的主体本质就是劳动。马克思还说:"私有财产的主体本质作为自为地存在着的活动、作为主体、作为个人的私有财产,就是劳动。"② 然而,劳动作为人类创造财富的源泉,本该是谋求人类生存和发展的需要,但在资本主义私有制下,雇佣劳动者通过劳动生产出来的财富,不仅不属于雇佣劳动者本身,反而让资本作为私有产权成为劳动的对立面。

在一定历史时期内,私有财产的产生是人类历史进步的标志,它是推动社会生产力向前发展的重要力量。私有财产是社会生产力发展的产物,同时随着社会生产力的不断发展和社会制度的不断进步而发展。不过私有财产的变革是有条件的,那就是需要在社会主义公有制下,通过对劳动贡献的精确定位,让抽象劳动向具体劳动回归,来实现对资本主义私有财产的扬弃,建立起与社会主义公有制相适应的私有产权,从而从根本上消除异化劳动等与之相关的异化现象。私有财产的消亡也是有条件的,社会生产力高度发达,创造了高度发达的物质文明、精神文明,劳动者能够占有自己的劳动及其生产资料,为人类彻底解放提供了根本保证。

我国目前仍然处于社会主义初级阶段,主要的任务仍然聚焦在解放和发展生产力上。私有财产仍然对推动社会生产力发展有着积极意义,需要对私有财产的创造进行激励以及对合法私有财产加以保护。马克思主义者认为,科学社会主义自成为科学以来,就要求人们把它当作科学对待。也就是说,要把社会主义建设事业的实践活动作为科学来加以研究。社会主义初级阶段的制度建设是否成熟、制度优势的价值功能如何发挥作用、通过什么途径发

---

① 中共中央马克思恩格斯列宁斯大林著作编译局.马克思恩格斯全集:第26卷[M].北京:人民出版社,2002:550.
② 中共中央马克思恩格斯列宁斯大林著作编译局.马克思恩格斯全集:第3卷[M].北京:人民出版社,2002:291.

挥作用等，要想回答这些问题，有时需要利用数字技术对其进行科学认证以增强说服力。

从制度关系入手，对制度价值来源进行度量和评估。

私有财产的产生是人类历史进步的标志，它是推动社会生产力向前发展的重要力量。保护私有财产就要重视产权制度的建设，中国特色社会主义的建设需要不断发展与之相适应的产权制度。产权即财产权利，不是人与物之间的关系，而是指由物的存在以及关于它们的使用所引起的人们相互认可的行为关系。资本主义的产权制度是围绕资本和服务资本展开的；而在社会主义公有制逻辑下的产权制度，可以从人们相互认可的合作劳动开始，这种认可可以沿着劳动者的具体劳动对社会的贡献程度来理解。如果你的劳动财富创造被劳动合作中的群体、社会所认可，那么你所占有社会财富部分的私有财产才能算是被认可了。马克思对劳动的描述非常清楚地告诉我们："只有把劳动理解为私有财产的本质，才能同时弄清楚国民经济学的运动本身的真正规定性。"① 马克思很早就告诉了我们私人财产的真正来源，私人财产归属权的划分，就是要从社会劳动中分离出属于私人劳动的份额，而这个分离的过程需要在社会主义按劳分配制度的指导下进行。保护私有财产，要从谁是劳动价值创造主体开始认证，这关系到产权制度的完整性以及产权制度本身的正义性。而保证产权制度的完整性和正义性，只有在社会主义生产资料公有制的条件下，通过按劳分配和与之相关制度的精细化运作才能完成。

### 四、劳动共同体与劳动贡献认可

人类的劳动是社会存在和发展的前提，劳动不仅创造了人，也创造了人类所有的社会关系。我们可以通过人类合作劳动的过程来理解人类社会及其历史发展规律。恩格斯在《自然辩证法》里提到"劳动创造了人本身"，让人类从自然界中独立出来成为有别于动植物的人，那么人的本质必然不同于自然的本质；人具有能动性的自由精神，以此为核心，在人类劳动活动不断

---

① 中共中央马克思恩格斯列宁斯大林著作编译局.马克思恩格斯全集：第3卷[M].北京：人民出版社，2002：293.

改变自然界的过程中，人类自身的实践能力也在不断提升；劳动是推动人类历史进步的决定性力量。

马克思经历了从人本主义到唯物史观的转变后，认为社会存在决定社会意识，意识是社会存在和物质关系的产物。在《德意志意识形态》中，马克思、恩格斯提出了真正的共同体："从前各个人联合而成的虚假的共同体，总是相对于各个人而独立的；由于这种共同体是一个阶级反对另一个阶级的联合，因此对被统治的阶级来说，它不仅是完全虚幻的共同体，而且是新的桎梏。在真正的共同体的条件下，各个人在自己的联合中并通过这种联合获得自己的自由。"① 在阶级社会中，个体和群体在不同维度上存在着对立关系，共同体的存在形式只能是虚幻的共同体，在这样的虚幻的共同体中，人们之间不能实现真正的联合（合作），在这种对立的状态下，人们难以获得自己的自由。

《共产党宣言》对共产主义的论述中，用的是"联合体"而不是"共同体"这个概念。马克思、恩格斯说："代替那存在着阶级和阶级对立的资产阶级旧社会的，将是这样一个联合体，在那里，每个人的自由发展是一切人的自由发展的条件。"② 在未来的理想社会里，人与人之间、人与自然之间都将形成和谐的关系，这揭示了未来共产主义社会共同体的本质。以上将"共同体"用"联合体"来表达，也反映出真正的共同体是对以往共同体类型的超越。

"共产主义赋予了劳动者劳动的幸福感和归属感，让个体不仅通过劳动产品的生产和流通完成社会关系之中的相互承认，更完成了从相互承认到相互成就的逻辑提升。劳动者在生产劳动产品的同时，也在创造着自身，创造着共同体。"③ 最大限度地实现劳动者的幸福感和归属感，要从如何创造真正的共同体环境的角度来考虑相关问题。个体劳动者之间通过劳动的分工合作增加价值，在合作中到底是谁贡献的价值多一点或少一点，或者根本没有任何贡献，这是一个客观存在的问题。在劳动共同体中对个体劳动贡献程度的彼

---

① 中共中央马克思恩格斯列宁斯大林著作编译局.马克思恩格斯选集：第1卷[M].北京：人民出版社，1995：199.
② 马克思，恩格斯.共产党宣言[M].北京：人民出版社，1959：52.
③ 方舟.论马克思《1844年经济学哲学手稿》中的劳动共同体思想[J].宁波大学学报（人文科学版），2020，33（1）：75-82.

此互认，可以提升社会整体资源的配置效率，进一步激发劳动者的积极性和创造力，实现经济学所推崇的帕累托最优。帕累托最优是关于经济效率和收入分配的概念，是指通过资源最优配置来实现大多数人的最大利益。帕累托改进是博弈论中的重要概念，指的是资源配置方式的理性选择所获得的一种理想状态。在现实世界中，帕累托最优的状态并不能完全实现。虽然帕累托最优在现实世界中很难达到，但通过市场机制的优化、公共政策的调整、制度和技术创新等方式，能够让资源配置方式朝着构建帕累托最优的状态发展。

资本逻辑和异化劳动的对立，是形成"虚幻共同体"的根本原因；如何驾驭资本和消除资本逻辑的不利影响，将成为脱离"虚幻共同体"的关键。按劳分配制度是社会主义制度优越性的具体表现，对该制度进行深入挖掘、精细研究并付诸实践，消除资本逻辑的不利影响。

把真正共同体的概念引入微观的劳动共同体，这样的共同体中除了分工与岗位不同，人与人的关系都是平等的，由于这种平等关系的存在，可以形成制度面前人人平等的制度环境，能够引导劳动共同体中的每个个体共同维护制度的权威性，从而提高制度运行的效率，进一步增加劳动合作剩余数量。

将劳动分为制度性劳动与生产性劳动。在劳动共同体中，劳动之间除了分工不同外，制度面前人人平等，有利于两种不同性质的劳动之间相互合作。对这两种劳动之间相互合作的水平技术的评估，需要结合与治理相关的技术工具来对制度诚信进行科学观察，并获得可靠的数据。组织通过制度安排来规范组织行为，以确保完成组织的目标和任务。而组织制度的规范是通过与制度相关的诚信治理来实现的，同时理性的治理行为也需要有自己的制度来保障，从而让治理实践活动有序进行。不同的组织架构，其组织治理结构也是不同的，在治理语境中，成员之间是平等的。围绕制度认同、协商互助、伙伴关系、上下互动等来呈现治理的运行场景，治理运作方式只有在真正的共同体里才能做到。由于在资本主义私有制下存在资本与劳动的对立，人与人之间无法建立平等制度，也就无法形成广泛的劳动合作关系。

不过形成真正共同体仍然离不开制度的有效性。首先，治理需要让组织中与制度相关的信息的传递得以通畅，使得制度诚信行为结果能够被记录；其次，与制度相关的制度性劳动能力，不同于生产性劳动那样能够通过劳动数量和质量进行评判，由于制度性劳动没有直接对应的产品和服务，需要依据生产性劳动所生产或服务的数量或质量做出判断。只有在真正共同体中，劳动者在劳动共同体中创造的价值才有可能被承认。制度面前人人平等，为客观地测量劳动质量和数量提供了制度性保障，也是私人劳动被社会认可的前提。

"所谓承认问题的要义如下：黑格尔第一次让我们知道，被人承认是人类的一种重大需要，人只有在得到别人承认的条件下才能正常地成长，得不到别人承认或只得到扭曲的承认，就会对人造成伤害，甚至成为一种压迫的形式。"[1]

劳动个体或群体的劳动贡献在社会中被普遍认可，标志着社会制度已经实现了一个历史性的跨越。对劳动贡献认可问题的探索是一个非常复杂而又深远的问题。能否处理好这类问题，对人类未来可持续发展具有决定性意义。在黑格尔的《精神现象学》中，主奴辩证法表明，人类历史就是一场又一场血雨腥风的战斗，就是为了争得承认而进行殊死的较量。在古代西方世界里，国家之间、地区之间、人与人之间经历了数不胜数的征服与被征服战斗，许多的征服战斗其目的就是为了让不承认方被迫承认，从而来确认主人和奴隶关系。但是，主奴关系并不是一种稳定关系，存在着相互制约和依赖的关系，主奴辩证法更多的是为了强调对主奴状态及其蕴含的相互依赖的否定。马克思认为："我的物品对你的物品所具有的权力的大小，当然需要得到你的承认，才能成为真正的权力。但是，我们相互承认对方对自己物品的权力，这却是一场斗争。"[2] 德国社会学家霍耐特指出："黑格尔坚持认为，主体之间为相互承认而进行的斗争产生了一种社会的内在压力，有助于建立一种保障自由的实践政治制度。个体要求其认同在主体之间得到承认，从一开始就作为一种道德紧张关系扎根在社会生活之中，并且超越了现有的一切社会进步制

---

[1] 张盾.交往的异化：马克思《穆勒评注》中的"承认"问题[J].现代哲学,2007（5）：16-20.

[2] 马克思.1844年经济学哲学手稿[M].北京：人民出版社,2004：181.

度标准，不断冲突和不断否定，渐渐地通向一种自由交往的境界。"① 为承认而斗争，对社会进步有着积极作用，虽然"为承认而斗争"更多地表现为零和博弈形成的互损互毁结果，但如果我们足够重视"为承认而斗争"的积极一面，并投入一定的资源将主体之间的斗争纳入社会治理范围，将有助于社会群体、个体之间处理好公平竞争与团结合作的关系，使得个体之间、群体之间形成良性互动，让人类社会逐步朝着通往法治与伦理的理性道路前进。

平息因为承认而引发的无休止的战斗，要从产权制度的正义性入手，这种产权制度的构建不是先从货币、资本维度来追根溯源的，而是在社会主义公有制条件下，消除资本主义私有制的不公正的产权制度，建立起将劳动置于资本之上的产权制度。在真正共同体中，有效治理让劳动者用双手创造出来的财富归属权，在正义的产权制度呵护下得到社会广泛的承认。

## 五、合作共赢与真正共同体

德国社会学家滕尼斯认为，"共同体"是有机的，是以血缘、地缘、宗教为天然纽带而结合的；"社会"是机械的，是以利益为纽带强制结合的。法国社会学家埃米尔·涂尔干在他的《社会分工论》中提出"有机团结"，认为古代社会强制力是以集体意识为基础的机械团结；随着社会人口的增长，人际交往日益频繁；随着社会经济的快速发展，社会分工的精细化程度越来越高，在增强了协调与合作的集体意识的同时也弱化了社会的整体意识，这也对社会整体性的协调与合作提出了更高要求，从社会治理的视角来看，要对分工精细化形成的越来越复杂的有机连带进行模块化的拆解分析，这种拆解分析要从利益入手。

现代科技的快速发展将促进人类文明形态的深刻变革，让扬弃资本主义生产方式的理论批判能够上升到实践层面。伴随资本主义发展而发展起来的资本体系，其实质是人为构建起来的一系列的制度组合。资本作为资产阶级统治和剥削劳动人民的逐利工具，其影响力无处不在。资产阶级在发展资本

---

① 霍耐特. 为承认而斗争 [M]. 上海：世纪出版集团，2005：1.

主义的过程中，犹如一把双刃剑，一方面推动了科学技术的进步、促进了社会的发展，另一方面在无形中异化了人，把人变成利己主义的个体，使人沦为失去激情和活力的机器。人的劳动是经济发展中最重要的因素，而不正义的制度安排将资本置于劳动之上，表现在资本对人的劳动异化的四个方面，即工人与劳动产品相异化、工人与劳动活动本身相异化、人与自己的类本质相异化、人与人相异化。资本异化了人，人沦为资本的奴隶，让人们迷失自我。资本对人的劳动异化，无法让劳动共同体形成真正的共同体。

马克思的共同体理论，从"自然共同体""虚假的共同体"到"真正共同体"，形成了丰富的思想内涵，是马克思主义理论体系中的重要组成部分。马克思和恩格斯在《共产党宣言》里阐述："代替那存在着阶级和阶级对立的资产阶级旧社会的，将是这样一个联合体，在那里，每个人的自由发展是一切人的自由发展的条件。"这也是马克思共产主义理想社会中的"真正共同体"思想。"真正共同体"将人们之间平等互助、合作共赢作为一个重要条件，也是人类命运共同体的实现路径中不可或缺的重要组成部分。马克思指出："资本不可遏止地追求的普遍性，在资本本身的性质上遇到了限制，这些限制在资本发展到一定阶段时，会使人们认识到资本本身就是这种趋势的最大限制，因而驱使人们利用资本本身来消灭资本。"[①] 资本的异化现象，导致贫富差距拉大、阶层分化和阶级对立等，对推动真正共同体的构建具有反作用。马克思对资本主义国家不平等的物质利益占有和人的自由的普遍缺失的客观事实提出了尖锐批评。马克思提出的"真正共同体"的理论内涵，为我们揭示了人类获得解放和自由的途径。

习近平指出："共同富裕是社会主义的本质要求，是中国式现代化的重要特征，要坚持以人民为中心的发展思想，在高质量发展中促进共同富裕。"共同富裕不仅是中国人民的共同富裕，也是人类合作共赢命运共同体的重要组成部分，而如何驾驭资本要素是实现共同富裕的一个重要议题。资本主义国家就是围绕资本并服务于资本的机器，资本的形态是多变的，表现为货币

---

① 中共中央马克思恩格斯列宁斯大林著作编译局.马克思恩格斯文集：第 8 卷 [M].北京：人民出版社，2009：91.

资本、生产资本、商品资本的不断循环的过程。资本不是价值创造的源泉，这在劳动价值论中早有阐述。

随着经济全球化进程的加快各国之间的经济与贸易往来更加频繁。资本在乎的是其在博弈中的输赢，并不在乎资本本身是否正义。资本正搭载经济全球化的快车无休止地盲目追逐剩余劳动，成为剥削阶级剥削无产阶级的工具，使得全球社会财富不断集中到一部分资本所有者手中，造成了世界经济发展的不平衡和贫富差距不断扩大，引发了国家之间、群体之间、组织之间的冲突。

在《哥达纲领批判》中，马克思明确指出，在共产主义社会的第一阶段即社会主义阶段，只能实行按劳分配的原则，并对按劳分配的含义进行了阐述。按劳分配指消费品的分配，即每一个生产者为社会提供劳动后，他从社会领回的产品所包含的劳动量在做了必要的扣除以后，与他们为社会提供的劳动量是相等的。生产者从社会领回的产品数量，也要与他们为社会提供的劳动量成正比即需要体现多劳多得、少劳少得的原则。马克思说过这样一段话："生产者的权利是同他们提供的劳动成正比例的，平等就在于以同一尺度——劳动——来计量。"① 马克思鲜明地指出："这种平等的权利，对不同等的劳动来说是不平等的权利。它不承认任何阶级差别，因为每个人都像其他人一样只是劳动者；但是它默认不同等的个人天赋，因而也就默许不同等的工作特权。"② 可见在马克思著作中，按劳分配就是从你的社会劳动中，等量地领回你劳动数量的份额，并不承认你在社会中所处的地位，也不承认任何阶级差别。总之，在社会主义初级阶段，要以劳动为尺度来公正地评判劳动者为社会提供的价值，要以劳动对社会的贡献、凭劳动量来获取相应的报酬，不应该单凭政治权力或社会资格等。按劳分配是建立在公有制基础上的社会财富分配制度，是对资本主义以资本为中心的剥削制度的否定。马克思

---

① 中共中央马克思恩格斯列宁斯大林著作编译局.马克思恩格斯选集：第 3 卷 [M].北京：人民出版社，1995：304.

② 中共中央马克思恩格斯列宁斯大林著作编译局.马克思恩格斯文集：第 3 卷 [M].北京：人民出版社，2009：435.

在《哥达纲领批判》中提到了按劳分配原则还存在资产阶级法权,这是由于共产主义社会第一阶段,即社会主义初级阶段是从资本主义脱胎而来的,在这一阶段,还不可能与资本主义割断所有的联系,必将带有资本主义社会遗留下来的旧痕迹。所以,按劳分配的平等权利具有一定的局限性,就是资产阶级仍然有凭借生产资料参与分配的权利。"资产阶级法权的特点是,形式上是平等的,但实际上是不平等的,形式上的平等掩盖了事实上的不平等"[①]。这也导致我们在市场经济条件下的分配形式仍然存在按生产要素分配的方式,这是社会主义初级阶段必须面对的问题。不过资本作为生产要素参与分配,只能算是形式上的不平等而非事实上的不平等,这为我们探索去除这种不平等的方法提供了理论依据。围绕劳动贡献展开的社会财富分配制度,为合作共赢提供了制度保障,而按劳分配制度的科学运行,需要有与真正的共同体类似的劳动共同体。

2015年9月,习近平在第七十届联合国大会上发表关于人类命运共同体的演讲,提供了中国的全球治理思想:弘扬联合国宪章的宗旨和原则,构建以合作共赢为核心的新型国际关系,打造人类命运共同体。2017年2月,"构建人类命运共同体"理念首次被写入联合国决议,中国作为一个有担当的东方社会主义大国,承载着为人类谋求美好未来的使命,希望通过每个人的努力,将人类带入一个没有战争、公平竞争、互助协商、伙伴关系、合作共赢、繁荣昌盛的真正的共同体世界。

人类命运共同体是从联合国宪章的宗旨和原则入手的,简单地说就是从制度入手的。如果将马克思所说的真正共同体概念纳入其中考虑,那么制度的正义性就成为考虑的重点。

国家、群体、组织、人们之间在追求真正的共同利益的条件下形成的制度关系是民主、自由、平等的。另外,治理是个不同利益得以调和并采取联合行动的协调过程,不仅有事先拟定好的迫使相关主体必须服务的制度,也有在治理过程中偶然遇到新问题,通过协商达成协议(契约)的非正式制度,

---

① 周新城.既反对平均主义又反对两极分化:关于按劳分配与资产阶级法权问题[J].毛泽东邓小平理论研究,2019(9):68-70.

这种非正式制度往往更加注重各主体之间的合作来履行相关责任与义务。制度是用于在群体中服务众人的。为了提高制度或契约的执行质量，避免遇到复杂组织架构时制度信息传递可能出现阻塞的情况，需要调整组织治理结构，让制度信息传递变得通畅。

## 第五节 世界需要一个统一货币体系

### 一、从劳动价值论中理解货币

亚里士多德提出了使用价值与交换价值这组概念，后来这些概念得到了不断发展。英国经济学家威廉·配第在前人的基础上，对相关概念进行拓展，区分了自然价格和政治价格，并认识到劳动是商品价值的源泉。英国经济学家亚当·斯密进一步提出"劳动是一切财富的源泉""专业化分工与劳动合作可以增加价值"等。英国经济学家大卫·李嘉图在劳动量增加与商品价值增加之间建立了对应关系，认为商品价值是由劳动时间决定的。马克思在前人的基础上，对劳动时间、劳动强度、生产力等之间的关系进行了总结，形成了完整的劳动价值论，主要包括商品的二因素、劳动的二重性原理、价值量与劳动生产率的关系、货币的产生与发展、价值规律五个基本内容。

商品的二因素是指商品的使用价值与价值。对同一个商品的生产者和消费者来说，同一件商品的使用价值和价值不可兼得。使用价值体现了人与自然的关系，是商品的自然属性，而价值反映了商品生产者之间的经济关系，体现了商品的社会属性。就使用价值与价值二因素而言，商品使用价值是一切可用物品都包含着的共有属性，是一个永恒的范畴，而商品价值是特有的属性，既是一个经济范畴，也是一个历史范畴。对商品使用价值与价值的统一性来说，价值是交换价值的基础，交换价值是价值的表现形式。使用价值与价值是统一的，二者之间不可或缺。商品的使用价值是价值存在的前提，使用价值是价值的物质承担者，价值寄存于使用价值之中。

劳动二重性是指特殊的具体劳动和一般的抽象劳动。不同的具体劳动生产出具有不同使用价值的商品，自然物质只有与具体劳动相结合才能形成具有使用价值的商品；一般的抽象劳动是撇开了具体劳动形式的无差别的一般人类劳动，抽象劳动形成了商品的价值，是价值的唯一源泉。具体劳动和抽象劳动的二重性是生产商品的同一劳动的两个方面或两重属性。

在价值量与劳动生产率的关系中，价值量一般指商品的价值量，它是由商品价值的大小所决定的。第一，社会必要劳动时间决定了商品的价值量；第二，商品的价值总量＝单位商品价值量×商品数量。会计学对劳动生产率的定义为劳动生产率反映经济总体或分行业劳动力单位时间的产出效率，等于一定时期内经济总体或某一行业的增加值与劳动投入的比值。实际上就是反映劳动力资源投入与产出的一种比率关系，也可以说是劳动者在一定时期内创造出来的劳动价值量与其相应的劳动消耗量的比值。提高劳动生产率涉及技术投入、专业化分工、劳动力资源的配置、制度等因素，在这些因素中，制度因素比较复杂。制度价值论告诉我们，生产性劳动创造价值需要制度的推动。

货币形成是与商品交换和发展分不开的，货币产生经历了四个阶段，分别是物物交换、扩大的物物交换、以一般等价物为媒介的交换、金银作为一般等价物的交换，也就是在一般等价物固定在金银上的这个阶段，货币形成了。一般等价物是从商品中分离出来的，用于表现其他商品价值的特殊商品。比如，金银货币就是一般等价物之一。一般等价物是商品生产和商品交换发展到一定阶段的产物，商品交换在现象上是物与物的交换，但其本质上是商品生产者之间交换劳动的关系，货币从商品世界中分离出来以后，作为一种特殊商品固定地充当一般等价物，反映了商品生产者之间的社会关系。货币伴随着商品交换逐步由原来的金银货币转化为信用货币，并向电子货币的方向发展。从目前来看，大多数主权国家的信用货币或电子货币（或计划中），一般仍然锚定的是政府信用，属于信用货币制度，亦称"不兑现的信用货币制度"，简单地说就是一种制度性货币。制度价值论认为："社会制度是价值的源泉，劳动技术是价值的手段。因为社会制度确定了社会结构与交易结构，也就是通过社会有机化或者差异化规范商品的交易价值体系。"①劳动价值论向制度价值论的延伸，为新的货币理论的形成与发展提供了新契机。在缺乏制度价值论介入的前提下，目前的货币发展仍然停留在信用货币层面，没有深入最原始的货币——劳动合作的制度层面。由于劳动价值推动是由制度价值决定的，一方面制度具有强制性，另一方面制度要想达成它的目标，需要强制与被强制各主体相互合作。如果上下互动、相互合作就能够降低制度运行成本，提升制度推动价值生成的效率，那么货币创新发展的下一个站点，就是要揭开马克思所说的货币用物的形式掩盖了私人劳动的社会性质以及私人劳动者的社会关系。社会关系涉及政治关系、法律关系、经济关系等，而经济关系即生产关系。生产关系涉及各种制度安排，要将与劳动合作相关的制度因素纳入货币创新范围。这是由于有效的劳动合作才能增加价值量，合作是有条件的，合作需要秩序，而制度让劳动合作变得有序，为增加价值量提供了保障。可见，货币的完整性需要添加劳动合作的制度因素。货币是固定地充当一般等价物的特殊商品，并体现一定的社会生产关系。生产关系涉及各种制度安排，而制度构建、运行、维护都是通过人的劳动来完成的，制度性劳动推动生产性劳动生成增加值。货币的本质就是劳动的凝结，持有一定量的货币其实是获得了一份社会劳动的贡献凭证。因此，货币创新要与劳动形成对应关系，也就是货币需要锚定人类的劳动而不是锚定商品或信用等。

价值规律主要包括，商品的价值量是由生产商品的社会必要劳动时间决定的；商品交换以价值量为基础实行等价交换。马克思劳动价值论强调了人的劳动在价值创造中的核心作用，那么，人的价值创造活动就会与价值规律之间存在必然联系。

## 二、与制度相关的价值判断

经济学中的收入分配是个制度性问题，经济制度分析的核心是公平、正

---

① 徐晋.后古典经济学原理：离散主义、量化理性与制度价值论[M].北京：中国人民大学出版社，2015：19.

义、效率问题。我国实行公有制为主体、多种所有制经济共同发展的基本经济制度，在我国社会主义公有制组织内的分配方式是按劳分配，除了按劳分配以外，非公有制组织内的其他分配方式主要以按劳动要素分配为主。这一制度的确立，是由社会主义性质和初级阶段国情决定的。分配问题要处理好分配与生产之间的辩证关系，通过分配正义形成有效激励，从而解决社会经济发展的动力问题。《反杜林论》一书指出："在目前的社会中，工人没有获得他的劳动的全部'价值'，而社会主义的使命就是要纠正这种情况。"[①]完成这一"矫正"的使命，就要在马克思劳动价值论的逻辑下，按照公平正义的劳动贡献原则来建立分配制度。而在资本主义私有制条件下，收入分配是由市场机制来决定的，往往没有从劳动贡献原则出发，在缺乏社会正义制度关怀的条件下，纯粹依靠市场力量决定收入分配必然具有掠夺性的一面。完成这一"矫正"的使命，要让社会主义制度充分发挥其优越性，这不仅是一个理论问题，更是一个实践问题。在探讨制度价值问题时，人们往往会从狭义的角度想到制度收益问题。到底这项制度给我们带来了什么好处、这个好处怎样进行描述等问题，涉及价值的主观评价和实证主义的科学评价方法。主观评价比较模糊，虽然主观评价有成本方面的优势，但是对客观存在的解释力或预测力是有限的。这就需要通过科学的评价方法，清晰地表达某项制度能够带来的可预期利益。

社会主义制度决定了国家利益要与人民群众利益保持高度一致。充分发挥社会主义制度的优势是有条件的，制度是协调利益的工具，具有价值属性。制度是责任的基石，就要考虑为制度运行的主体建立责任，通过对主体的责任定位和贡献定位来衡量制度运行的质量。为了能够对制度运行的质量给出客观的评判，需要以投入产出与结果之间的关系来加以说明。客观的责任定位需要有与之相匹配的组织治理结构，治理理论所描述的治理实践场景需要在共同制度的引导下，通过上下互动、协调、合作、伙伴关系来完成共同目标。治理实践运行机制需要制度信息传递畅通，它是实现制度面前人人平等的基础。制度与责任落实存在内在联系，要想厘清这种内在联系，就要

---

① 恩格斯.反杜林论[M].北京：人民出版社，1975：307.

在治理共同体内营造人人有责、人人尽责的问责氛围。

以人民为中心的价值追求,体现了社会主义制度人民当家作主的本质要求。按劳分配制度是社会主义制度优越性的一个重要方面,深入发掘按劳分配制度的内在价值,对于推进共同富裕、增强全民财富创造力和社会凝聚力具有重要意义。按劳分配原则倡导给予劳动者公平的福利与待遇,能够调动更多社会群体的积极性。这取决于制度的有效性和社会道德伦理水平的提高。制度的有效性与制度运行、制度维护中的道德水平有关。这种与制度相关的道德与制度诚信相关。在群体中,与制度相关的诚信能力不会自动生成,需要在相关的群体中发展与制度相关的诚信能力。

在群体中培育诚信文化和增强成员之间的诚信意识,可以在社会治理理论的指导下,通过有效的组织治理实践来实现。组织治理不仅需要正义制度,还需要通过实践检验来确认制度的正义性,涉及制度构建、制度运行、制度维护等。制度是责任的基石,要想确定制度能否发挥其价值,就要对责任、贡献进行定位以及进行相关的评估与评价,可能会涉及效率指标的量化计算和效能产出成果的评估等。

价值现象的评价性的认识活动与知识性的认识活动不同。评价性的认识活动以客体和主体之间的价值关系为反映内容,以获得关于客体对主体的有用性的认识为目的。知识性的认识活动的对象是客体,以客体本身的状态为反映内容,以获得关于客体的"真""事实"的认识为目的。价值评价一般是指主体对客体的价值以及价值大小所做出的评判或判断,因而也被称为价值判断。价值评价的特点:第一,评价以主客观的价值关系为认识对象,从客体对主体是否有意义入手。第二,评价结果与评价主体直接相关,并受到主体意志的影响。第三,评价结果的正确与否依赖对客观状况和主体需要的认识。这就要求对主体和客体都要有一个正确的认识。第四,价值判断可以分为科学评价与非科学评价。正确的价值判断需要排除主观随意性,用科学方法对客观事实的特征进行描述。"根据马克思的观点,价值评价是一种客观性而非主观性的理解活动,只有正确评价价值关系才是正确的价值判断。"[①]

---

① 陈臆妃.论事实描述与价值评价的关系[J].人力资源管理,2018(9):110.

没有科学的世界观，就不会有科学的方法论。要在实践中坚持实事求是、理论联系实际，在实践中检验真理和发展真理。劳动价值论认为，劳动是价值的唯一源泉，劳动创造的价值量的大小是以社会必要劳动时间来衡量的。而劳动创造价值是依靠制度来推动的。可以将制度分为两部分，一部分是制度条例，另一部分是制度运行。制度作为共同遵守的条例具有强制性，当被执行主体认为制度不合理时，制度的强制性可能会存在它的负面性，最终会影响合作质量，导致双方利益的互损。治理理论强调了合作的重要性，合作能够提升制度效率，解决责任界限模糊性问题，通过组织治理结构创造畅通制度信息运行，让治理主体与被治理主体在共同制度的引导下进行良性互动与合作，从而最大限度地增进共同的利益。

哲学上的价值是指人的需要与事物属性之间的一种特定关系，即事物对人的积极意义具有高度的概括性和普遍性，这种价值评价是一种主观评价。经济学上讲的价值一般都与人的目的相关，就是对实现某种目的（目标）所体现出来的贡献程度进行度量，可以用货币来度量。经济学价值评价有些在构建模型时需要将科学数据与数学相联系。经济学中的价值内涵十分丰富，对某些价值进行评价时需要结合自然科学方法论。制度作为推动创造价值的必要条件，涉及经济制度、政治制度和意识形态制度等。制度经济学是把制度作为研究对象的一门经济学分支，用于解决与资源稀缺相关的问题以及不同主体之间与利益相关的问题。20世纪中叶以来，信息技术的快速发展让原本的社会管理模式日益显示出其在运作上的僵化与迟钝，为了适应社会发展的新变化，社会治理理论兴起。在社会治理理论中，在制度引导下，成员相互协作来实现组织的目标、任务和宗旨。治理活动依照制度规则来运行各项治理事务，治理者和被治理者需要服从制度规范的具体规定，制度面前人人平等，个体通过专业组织参与与制度相关的诚信治理来维护制度的权威性，这种权威性是建立在远离个人利益而存在于制度规则秩序之上的。依据制度关系建立起来的权威，更能够增进组织与成员之间的合作意愿，提高劳动合作质量，带来更多的增加值。诚信是道德的基石，与治理行为相关的制度诚信治理让制度变得有效，可以形成合作需要的信任环境。某些粗糙的管理模式往往将脱离贡献的利益许诺或脱离责任的惩罚威胁作为工具来控制他人，造成群体内部很难凝聚人心和建立共同利益。

### 三、货币之锚——劳动贡献

2022年，党的二十大报告中提到了坚持按劳分配为主体以及关于规范财富积累机制、保护合法收入等内容，按劳分配为保护合法收入提供了根本性制度保障。按劳分配制度的本质是实现社会正义，分配行为是否符合正义性的要求，不能完全依靠逻辑推演来确定，通常以科学方法来获得客观而准确的结论。当然，分配正义涉及法律与制度、道德与伦理、贡献与能力、责任与义务等各种复杂问题。这里主要是围绕分配的制度问题展开的，只有用制度的力量去实现正义的分配，通过规范分配行为使分配结果朝着正义的方向发展，从而对相关主体形成有效激励，才能提高人们的劳动积极性，为经济增长提供动力。

资本主义财富分配制度是围绕"资本"展开的，从对相关主体的激励方式上看是点状的，而社会主义财富按劳分配制度是围绕"劳动"展开的，从对主体激励的层面上看是由无数个点形成的面，能够激励更多群体、个体贡献社会。这正体现了社会主义公有制条件下按劳分配制度的优越性。虽然说社会主义相比资本主义具有制度上的优势，但是对制度运行的规范性要求更高，需要运用更为先进的技术来运行更为进步的按劳分配制度。为了更好地提升该项分配制度的效能，不仅要发展符合社会主义需要的新组织架构理论，改造伴随资本主义发展而完善起来的科层制组织形式，而且要知道货币的本质就是劳动的凝结，而伴随资本主义发展而完善起来的货币制度是围绕"资本"建立起来的，需要在对资本主义货币制度进行深刻批判的基础上对其进行改造。资本主义国家要想进入社会主义和发展社会主义，为了扫清社会主义发展道路上的阻碍，首先要研究出符合社会主义发展需要的与劳动紧密结合的原创性货币。

构建符合人类社会可持续发展需要的内含人性价值的正义货币，这种货币不仅对社会个体自身有价值，而且对社会群体有价值。正义是社会制度的首要价值，货币是一种制度性安排。社会渴望找到正义货币已经成为人们津津乐道的话题。当货币不再构建在"资本"逻辑上，而是围绕服务"劳动"贡献时，就能够释放社会生产力和促进社会消费，人类社会必将进入持续繁荣时期。

随着社会数字信息技术的快速发展，抓取信息的成本大幅降低，为构建更为理性的货币体系提供了物质基础和技术支持。货币是一种制度性安排，需要事先对该项制度的正义性进行探讨。货币的交换媒介性质是其基本属性之一，货币交换内容不仅有私人物品，还有公共物品。货币不仅服务于社会个体，还服务于社会群体。货币制度设计的目标是要满足公共利益最大化，这样的货币才能为社会可持续提供一种良好的稳定的基础。

货币的本质是劳动价值的凝结，价值是价格的基础，价格是价值的货币表现，价值是凝结在商品中的无差别的人类劳动。而目前的货币价值尺度只能体现商品价值的外在尺度，而不能体现商品生产和交换活动中人与人之间的合作关系。劳动需要制度维持合作秩序，而制度运行需要道德范畴的诚信来发挥制度的价值功能。然而，伴随资本主义制度发展而来的货币制度，没有发展出货币自身应该具有的人性价值中的德性部分。而社会主义按劳分配制度正弥补了这种人性价值中的德性上的缺失，但是没有直接与货币本身相结合，一旦它与货币相结合，就能够让货币具备完整性。

按劳分配是客观存在的，具体劳动以各种不同的形态存在，具体劳动创造使用价值，抽象劳动创造价值。要想让按劳分配走在科学道路上，就要以具体劳动为起点。当具体劳动创造的产品和提供的服务被有需求的使用者接受后，产品或服务的价值得以实现。使用价值向价值转换是由市场价格来完成的，而按劳分配的具体执行不是由国家来完成的，而是由生产和服务的组织来完成的。然而，与劳动相关的生产与服务的市场价格是能够从财务报表中找到的。为了观察按劳分配制度与激励机制的互动关系，可以将抽象劳动价值以市场价格来代替。

社会新增财富是由活劳动所创造的，通过对接劳动者的"活劳动"时间价值，将每个劳动者所提供的个人劳动时间与他创造的商品与服务的质量与数量相对应作为分配依据。从理论上说，这种劳动财富的分配制度直接对应财富创造者来解决个体、群体激励的有效性问题。这种激励方式与围绕"资本"激励最大的不同之处在于，可以在兼顾效率和公平的前提下，对劳动个体、群体形成大范围的有效激励，为经济增长提供动力。

资本主义的经济增长主要依靠的是对一小部分控制资本的资产阶级形成有效激励，然而，对按劳分配制度来说，是要对更大的社会群体进行有效激励。我们要搞清楚的是，要想形成对劳动者的大规模有效激励与分配制度之间的关系、激励与分配之间的互动关系，需要收集大量的客观性数据信息，构建与收集数据相关的指标体系。

恩格斯指出："社会主义自从成为科学以来，就要求人们把它当作科学看待，就是说，要求人们去研究它。"[①] 将社会主义当作科学来看待，就要以社会科学理论与技术方法为工具来观察社会主义建设中的关键因素。一直以来，西方发达资本主义国家为了维护资产阶级的利益，不断发展有利于维护资本利益的各种经济理论和管理技术，其中心目标就是用更加隐蔽的手段强化对劳动者的劳动剩余剥削。因此，社会主义就要围绕按劳分配原则对一系列问题进行科学研究，围绕服务"劳动"的概念到农村、工厂去采集数据样本，充分利用社会科学已经发展起来的多种科学研究方法，将按劳分配具体运行机制构建在科学之上，构建社会主义建设需要的货币制度和货币体系。

要想让货币具有完整性，就要揭示货币以物的形式掩盖下的劳动社会性质和社会关系。这里从与制度性劳动相关的制度价值入手，将劳动分为生产性劳动和制度性劳动，将两者形成价值（价格）进行合并作为货币之锚。由于生产性劳动创造价值依赖制度价值功能的发挥，也就是制度性劳动是生产性劳动的必要条件，制度性劳动虽然没有直接创造价值，但为生产性劳动创造了条件，因此制度性劳动间接地创造了价值。这种价值是在生产组织中，通过协调人与人之间的合作关系形成的，协调的工具主要是制度，提取制度价值需要对组织治理进行规范。

---

① 中共中央马克思恩格斯列宁斯大林著作编译局.马克思恩格斯全集：第18卷[M].北京：人民出版社，1972：567.

组织中制度与人员之间的互动，并不都是单向的线性的、单一变量，而是纵横交错的、多维度的、动态的多变量复杂系统。按照架构理论处理复杂系统的相关文献认为："传统线性和简单权变思维越来越难以处理不断复杂化的现实世界，需要新的理论和方法来指导研究者对现象的考察。架构理论与方法也许正逢其时。"[①] 文献所说的"传统线性和简单权变思维"可以理解为科层制以上对下运用权力命令下属的这种方式。而组织架构理论就是对科层制金字塔结构进行分解。研究架构理论的相关文献认为，组织决策系统将有一个从普适到权变再到架构的过程。目前的组织正在经历从组织权变向架构方向发展的过程。随着时代的进步和发展，组织权变的不足已经引起了很多研究者的关注。总的来看，权变研究得到的结论是权变不能解决（解释）存在于组织内外的整体性问题。对科层制组织形式来说，学习组织架构理论，将组织整体功能分解为若干分支，将不同的分支组织与它需要的制度进行对应，就能够科学地考察制度的运行情况，这也为制度价值提取创造了条件。

要想充分发挥社会主义按劳分配制度的价值功能，就要通过组织架构理论来回答组织治理的整体性问题。科层制组织结构让信息传递不对称，分层决策和总决策所需要的各种信息质量必将存在问题，这就无法让组织在面对不确定因素时，及时调整相关政策和进行制度创新。

制度有它服务的特定对象，在不同的等级组织结构上发挥它特定的作用。由于主导人们行为方式的主要是个体理性，在围绕制度与之相关的利益博弈时，某些人往往会站在利己一方来理解制度，或者希望制度的解释能够有利于自己。所以，就会涉及组织诚信治理问题。对制度的解释要尊重制度的本意，要抛弃含糊不清的制度。另外，对于制度的解释权问题，在尊重和维护制度的本意和客观性方面，需要有个公开透明的平台。制度是众人的制度，每个利益相关者都有权纠正践踏公平正义制度的行为。所以，从技术上要疏通制度信息传递渠道，以确保与制度相关信息的传递和获取客观真实。然后，就要对制度功能能否满足分工合作秩序和效率的需要进行分析；开发

---

① 龚丽敏，江诗松，魏江.架构理论与方法回顾及其对战略管理的启示[J].科研管理，2014，35（5）：44-53.

和构建计算机软件系统，考虑制度流动和与之相关的资源要素。从组织治理的角度来看，组织上下互动协调合作、确立共同目标等，需要有完善的制度运行环境，制度信息传递必须畅通，但这种畅通也是需要有制度条件和技术条件支持的。只有这样，才能分析制度与生产（服务）劳动之间的互动关系，贡献利益和责任成本之和的劳动价值才能被客观测度，最终让劳动贡献成为货币之锚。

## 四、劳动共同体与数字货币

马克思指出："货币本身就是共同体，它不能容忍任何其他共同体凌驾于它之上。"[①] 其实，货币的背后是一种制度性的设计，制度具有强制性的一面。货币转化为货币资本需要满足一定条件，这时货币资本就拥有了剥削的权力。货币共同体是一个综合体，存在着人与人之间的社会联系。就社会联系而言，共同体必须是一个集体而非个体，将合作劳动的集体作为劳动共同体来对待。货币共同体是从劳动共同体中衍生出来的，没有劳动共同体也就没有货币共同体。

"马克思主义政治经济学的深刻性与正确性，正是通过劳动二重性原理，揭示了经济权力是如何通过劳动生产出来的，指出了货币权力的本质与来源，进而指出了资本权力的来源与本质，在此基础上，进一步指出了资本主义社会的全部经济政治权力的本质与来源。所以，抓住劳动价值与货币权力这个根，就能够从根本上理解马克思主义政治经济学和唯物史观。"[②] 货币的本质是劳动价值的凝结，为货币填充价值的应该是劳动共同体中共同劳动的时间价值。货币代表着与劳动贡献所对应的社会财富索取权。而目前资本主义的货币制度没有将货币资本权力排除在社会财富索取权之外，并且这种权力也没有完全与劳动时间价值贡献大小建立联系。货币资本作为资本主义的

---

① 中共中央马克思恩格斯列宁斯大林著作编译局.马克思恩格斯全集：第46卷[M].北京：人民出版社，1979：172.

② 本刊记者.货币权力体系的发展与当代历史进程：访上海财经大学资深教授鲁品越[J].马克思主义研究，2018（12）：19-28.

一种制度安排,将资本置于劳动之上,资本家利用资本权力剥削雇佣劳动者的剩余价值。

发展马克思劳动价值论,首先要认识资本主义货币制度的局限性和非正当性,并以马克思劳动价值论为依据,探索和构建符合时代进步和发展需要的新货币制度。资本主义围绕"资本"建立起来的货币制度具有非正义性,形成了劳动与资本的对立关系,雇佣劳动者处在被奴役的地位。雇佣劳动者要想摆脱这种被奴役的地位,就需要将"劳动"置于"资本"之上,建立起围绕"劳动"的货币制度。

货币权力源于劳动时间价值,不过需要对劳动时间价值的概念进行进一步细分。制度价值论认为,劳动创造价值必须依附于制度。这里将制度这个概念分成两部分来理解:一部分将制度构建作为信息,具有知识秉性,是推动社会经济发展的理论层面;另一部分利用制度知识来运行制度,成为推动社会经济发展的实践层面。制度运行涉及依据制度知识与制度实践相结合的能力,制度构建与制度运行都需要劳动投入,以知识为元素来构建的制度条例到了实际使用时,这种劳动已经被物化,而制度运行是一种制度性劳动的现代进行时,体现活劳动运行制度的能力。这部分活劳动能不能创造价值即新增货币量?在制度正义的前提下,这个问题要由其他相关的专业分工合作来解答。

在一个劳动共同体中,劳动的分工与合作能够增加价值,分工与合作的秩序维护需要制度,生产性劳动增加价值,依赖制度性劳动的推动。制度性劳动是生产性劳动的必要条件。制度性劳动效率需要体现制度价值的实现程度,制度性劳动的价值创造动力源于对制度的信念、尊崇、服从等。而制度性劳动对制度的信念、尊崇、服从等,需要在劳动共同体中发展个体对制度诚信的潜能来获取力量,它能够为社会经济发展提供驱动力。然而,共同体中的个体存在个体理性的局限性,因此个体走向有利于合作的集体理性是有条件的,需要在劳动共同体中构建起系统性的与制度相关的诚信治理机制。劳动共同体有组织结构之别、群体大小之别,制度价值也各有差异。而劳动共同体的价值贡献值的大小,最终由市场价格来决定。那么,产品和服务价值（价格）是由谁创造的呢？这需要通过一系列的治理制度（契约约定）与治理相关技术相结合，来揭示劳动共同体中个体与集体产出间的因果关系。劳动共同体与制度诚信相关的治理，需要有一个制度面前人人平等的合作环境来定位劳动者的贡献收益和责任成本。将不同共同体的劳动合作总市场价格累加作为劳动合作共赢货币，再从共同体的劳动合作中分离出个体劳动贡献作为制度来推动劳动合作的贡献货币。

共同体劳动的合作秩序维护所建立起来的制度规则是生产性劳动的必要条件。将共同体劳动形成的劳动时间价值作为货币，这种货币可以以数字货币形式存在，分成两个部分，即劳动合作共赢货币和制度劳动贡献货币。

将劳动共同体名称用组织代替，提取货币的顺序如下。

### （一）确保组织（包括企业和行政事业单位等，下同）中的制度信息传递通畅

组织等级层次越多，制度信息传递越不通畅，需要将原本的组织管理模式切换到组织治理模式，也就是将传统单向的自上而下的线性传递模式，切换到多维度线性双向传递模式（参阅与治理相关的理论）。每个组织成员都是制度性劳动的一部分，对制度运行、维护等制度诚信鉴定需要专业组织或人员介入。生产性劳动和制度性劳动创造增加值的部分，需要在参与合作的劳动者之间进行责任成本与贡献收益分配。利用计算机区块链技术，为维护合作秩序需要的各项制度（契约）建立指标体系，分门别类地与组织、岗位对应，建立区块链分布式账户。对于制度诚信治理相关的职能部门或岗位人员，需要进行专业化的培训；建立制度诚信治理制度和鉴定诚信行为的流程；利用区块链相关技术将各岗位成员的责任成本与贡献收益进行公示。

### （二）制度劳动贡献货币

组织内部主要考核与组织内部制度相关的责任；对于组织外的管理主体，就要考核国家级的相对于该组织来说的外部制度（如宪法、法律、标准和契约）。考核相关组织应承担的社会责任，这也是世界各国通行的做法。

社会责任重点关注按劳分配制度、按生产要素分配等方式，以及分配后所引发的对社会效益的影响问题，也就是分配结果是否解决了激励与社会经济增长的动力问题。从组织治理角度来看，组织为了完成目标和任务，必然会涉及外部制度和内部制度，将制度与经济建立联系，就可以依据会计制度、信用管理制度来执行与制度诚信治理相关的任务。

在组织劳动合作中，成员首先要对制度负责，承担相应的责任。劳动合作创造价值必须依靠制度的推动。将制度性劳动分成制度构建、制度运行、制度维护三个组成部分。制度构建，要对老旧的制度进行检测，对不合格的制度进行清理和销毁，并补充和重构新制度等；制度运行，管理人员在运行制度时，通过发挥自己的技能推动生产性劳动的合作效率提升，以充分发挥制度的价值功能；制度维护，指参与劳动合作的每个成员都有维护制度权威的责任和义务。管理人员的制度运行效率源于生产性劳动成员的合作，所以制度维护也是制度性劳动的一部分。上述三部分劳动有效性的鉴定，需要专业组织及人员背书确认。与制度性劳动相关的成本费用从生产性劳动会计信息中分离进行独立核算，它也是生成制度劳动贡献货币的数据来源。

### （三）劳动合作共赢货币

结合西方学者和我国学者对马克思劳动价值论"新解释"的研究成果，"新解释"对每小时劳动的单位价值用劳动时间的货币表现。"新解释"的西方学者对马克思劳动价值论的解读和发展，使得对马克思劳动价值论的探讨从理论性命题拓展到经验性命题，随即引发了学术界的大讨论。为此，笔者认为马克思劳动价值论是资本主义的宏观货币理论，货币理论的基础是劳动价值论。对"新解释"的某些争议，正如马克思所说的，资本主义发展起来的货币制度是以物的形式掩盖了私人劳动的社会性质和私人劳动者的社会关系，而社会性质和社会关系是与社会制度安排相关的，也包括货币、货币制度等，制度涉及与制度诚信相关的人性价值因素，也就是说，与商品世界并存的货币不仅包含物的价值，也包含人性价值因素。因此，在讨论货币时要将制度价值因素考虑进去，以"活劳动"时间价值来进行货币表现，而"活劳动"不仅包含生产性劳动价值，而且包含合作劳动所需要的制度形成的价值，制度价值是通过制度性劳动价值来表达的。

劳动合作共赢货币由制度性劳动和生产性劳动两部分组成，将制度性劳动独立出来作为制度劳动贡献货币。这部分制度性劳动的费用需要纳入商品成本，而生产性劳动费用本来就应该纳入商品成本中。计算劳动合作共赢货币，需要用事后的价格来得到劳动时间价值。这也意味着劳动合作共赢货币和制度劳动贡献货币的计提与核算，是在价值转化为价格事后的既成事实的基础上进行的，提取它需要结合组织治理技术及区块链技术。

### （四）劳动合作共赢货币的提取条件

（1）分工与劳动合作，将两个以上合作劳动者作为最小的合作单位。关于合作劳动生产（服务）价值的形成，是不同劳动个体之间"活劳动"的交互叠加形成了商品（服务）的价值，创造商品价值的同时也创造了货币价值。

（2）为了使制度信息传递通畅，根据实际情况，可以对组织架构虚拟重塑，不影响原有的组织结构。将组织层次结构假设为不多于四个层次，将组织分为四个等级、三个等级、二个等级的层次结构，由高向低分别为最高决策层（也可能是组织中的领导集体，如董事长、厂长、校长、院长等）、科级（科长、主任、大组长等）、小组长、具体的作业层（普通的员工）。上三层多数会涉及制度性劳动群体，而最底层主要是维护制度的群体。通过对组织架构进行分解，将制度相关内容填充到组织治理结构中。制度相关信息包括组织目标、任务、责任、贡献等信息要素，建立标准化的信息数据目录。

（3）组织治理结构与各层次组织中的制度信息相匹配并建立独立账户，结合计算机区块链软件，将相关信息输入分布式电子账户。

（4）不同层次的组织在整个组织中承担着不同的任务和目标，使得不同组织、员工之间的责任、贡献的内涵也不同，与各项制度之间就会存在权重匹配的问题，就要给与之对应的制度（法规、标准和契约等）建立指标与计算机区块链账户进行连接。

（5）生产性劳动和制度性劳动成本费用，指的是可以被纳入商品（服务）成本的部分。

（6）不同层次的组织按照公平公正、公开透明原则，结合具体制度，将个体劳动者的劳动贡献份额从合作剩余中分离出来，并记录在对应账户之中。当社会主义按劳分配宏观理论进入微观的实践层面时，就需要利用科学技术相关的工具，对贡献分配的客观性、激励效应等进行测量。

（7）分配理论和方法涉及与分配对应的制度（契约）问题，还涉及技术性问题。制度（契约）问题需要检测其公平公正的情况，技术性问题的关键是有能力解决客观性问题。对合作剩余的形成和分配，一般围绕制度（契约）展开合作博弈。制度（契约）的设计符合合作博弈的需要，可以按照博弈论中的合作博弈分配理论进行分配（目前没有统一分配公式），也可以根据公开透明会计制度、组织内部制度、契约管理制度或事先制度规范下的契约方式，结合区块链上的共识机制进行分配。

（8）从产权视角来说，由于经济活力来自产权激励有效性，体现在商品（服务）中的"活劳动"价值是最原始产权。"活劳动"提供给商品（服务）的新增价值部分所对应的索取权，也是劳动贡献与产权对应的所有权。从"活劳动"为社会提供的价值贡献中，客观公正地提取原本属于劳动者贡献的部分，是获得完整的产权制度的前提。产权制度的完整性能够为人类社会不同群体、个体带来整体性激励效应。产权制度完整性的信息来源，不仅包含生产性劳动形成的价值，还包含制度性劳动形成的价值。

（9）劳动时间的货币表现最终需要与市场价格建立联系，通过市场价格来实现与劳动时间货币价值的统一。对于劳动者提供劳动时间价值的质与量的认证，要以事后实际的劳动价值转换为价格的结果来证明。因此，合作剩余分配要以市场价格为基础。

（10）不同层次的组织和岗位承担不同的目标和任务，应分别建立组织和岗位的数字化货币账户，岗位汇总到岗位所在的组织账户中，组织账户再从低层次向高层次组织账户汇总，经过自下而上的层层汇总得到整个组织的总货币账户。这样将各个组织的总账户再汇总成为行业组织总账户，从而得到各行业组织的货币总账户，以此类推就会得到整个国家的总账户。

### 五、命运共同体和劳动合作共赢货币的计提

世界拥有190多个国家，目前使用的货币大概有180种，再加上近年来出现的各种加密货币，货币的种类非常之多，还有世界各国央行或相关金融机构储存的具有货币属性的黄金、白银等，这些为经济活动服务的现金和实物需要投入高昂的成本。另外，在国际贸易中主要有美元、日元、人民币、英镑以及欧元五大货币用于国际结算，为了进行国际结算需要外汇交易市场，供各国金融组织和个人对货币进行买进或卖出，但外汇交易会造成汇率波动从而引发汇率风险。货币工具的多样性让全球经济运行也变得非常复杂，各种高昂的开支不利于全球经济的可持续发展。废除国家主权货币，建立起由国际社会主导的全球货币共同体的呼声由来已久。世界单一货币使得贸易自由化以及投资便捷化，促进了人员往来等，可以促进世界经济一体化，有利于全球经济的可持续发展。但是，在促进全球经济一体化发展的同时，将涉及主权国家的财富分配权问题，货币的发行权关系到国家主权的核心利益问题，也让货币合作问题上升为一个国与国之间的政治制度性问题。政治是为经济和人服务的，就需要有一个能够造福各国人民的共同货币。

20世纪美国经济学家罗伯特·特里芬（Robert Triffin）提出想让美国的美元成为国际货币，存在一个难以化解的内在矛盾，也被称为"特里芬难题"。他认为，要成为国际货币，首先该货币必须保持汇率稳定，实现这个目标就必须保持该国的国际收支平衡。但事实并非如此，实际上美元的国际收支的逆顺差是不可控的。当使用美元增加进口时，美元流出增加会导致国际收支逆差；当出口增加时，情况正好相反，导致国际收支顺差。这样的话，希望承担国际货币职能的美元的总账里，美元数量或多或少存在着不平衡。事实证明特里芬的观点是正确的，也说明了一个国家的主权货币不可能担当国际货币的重任，需要另辟蹊径。直至今天，还没有找到一种能够真正服务全人类的共同货币。因此，创新世界单一货币备受世人关注。

特里芬寄希望于人类货币制度上的创新，他认为"必须强调这件事的值

得一试和困难,都是政策性而非经济的"①。制度确立合作和竞争的关系,通过具体的决策来实施制度所确立的目标。这也说明货币背后有一个制度性问题,或者直接将货币本身看作制度。共同货币认同的先决条件,即这种货币本身具有正义性,能够直接服务于价值的创造者,在此基础上,各成员国代表各国劳动者的利益进行合作沟通,共同参与货币制度相关正义性问题的探讨,在广泛认同的基础上就能够取得实质性的进展。特里芬认为,"如果统一货币的制度性先决条件已经事先具备的话,这样一种改革的许多实质性内容,早已由货币委员会和共同体储备基金会实施了"②。制度是国际货币形成的先决条件,如果货币制度本身是非正义性的,也会成为世界货币构建上的拦路虎。这就告诉我们,要想构建世界共同货币,首先需要解决的是货币制度的正义性问题。

马克思说:"商品世界的这个完成的形式——货币形式,用物的形式掩盖了私人劳动的社会性质以及私人劳动者的社会关系,而不是把它们揭示出来。"③ 可见,讨论货币制度的正义性,需要从劳动价值论开始,揭示货币以物的形式掩盖起来的人与人之间的关系。劳动创造了丰富多彩的商品世界,没有劳动就没有货币世界,只有从人与人的劳动合作中才能寻找到货币制度的正义性需要的证据。不仅要体现劳动的过去时,即体现劳动价值的物化部分,还要体现劳动的进行时,即体现人性价值的聚合力和创造力。对货币正义性的探索,要与劳动者向社会的贡献与付出以及社会向奉献社会劳动者的回馈联系起来。在逻辑正确的基础上,还需要从实践中获得实际证据来支持和解释货币的正义性。当货币能够全面服务于人的"劳动"时,人类将进入永久繁荣和祥和的新纪元。

然而,今天的信用货币仍然是围绕着资本关系展开的,没有将货币内含

---

① 特里芬.黄金与美元危机:自由兑换的未来[M].陈尚霖,雷达,译.北京:商务印书馆,1997:147.
② 特里芬.黄金与美元危机:自由兑换的未来[M].陈尚霖,雷达,译.北京:商务印书馆,1997:149.
③ 中共中央马克思恩格斯列宁斯大林著作编译局.马克思恩格斯文集:第5卷[M].北京:人民出版社,2009:93.

价值与劳动价值对应起来。如果能够将社会贡献主体创造的价值量与货币价值量进行对接，就能让抽象劳动和具体劳动形成统一。当社会财富贡献主体有了明确的指向，就可以对社会财富分配正义进行认证。为了能够对社会财富贡献来源进行溯源，就要对劳动价值创造主体进行贡献定位。社会劳动以劳动合作形式存在，社会劳动是财富的源泉。社会财富贡献主体分为劳动者的个体（个人）和群体（组织），个体劳动价值贡献要从群体中分离。公平公正的贡献分配是有条件的，就是要有能力获得与贡献相关的客观性信息。因此，要发展先进的组织治理架构，疏通制度传递信息的渠道，在共同制度关系的引导下对分配行为进行引导、控制和规范，以最大限度地实现公平正义。

财富分配制度上的公平公正及制度运行上的有效性，能够大幅增加劳动合作群体内部的信任度。信任度能够提高群体合作的水平；同时，良好的合作水平也从另一个侧面说明了公平分配必将与激励的有效性存在正向关系。经济增长的动力源于激励的有效性，激励的有效性的基础就是能够精确定位劳动者的贡献度。劳动合作效率的提升，需要在劳动合作群体中开展与制度相关的诚信治理活动，推动群体中个体的德性成长，它能够为劳动合作提供经济增长所需要的动力。

根据马克思的两个总量不变的命题，即总价值等于总价格和总剩余价值等于总利润，得到产品的价格总和等于产品的价值总和。运用马克思劳动价值论以及"新解释"等相关理论，对劳动贡献进行货币化计算。在马克思劳动价值论中，没有为劳动价值转换为价格提供确切的公理化框架。西方"新解释"的相关学者指出，在马克思价值理论中，任何货币体系在某一时期的社会劳动时间和货币单位都存在等同关系，凝结在商品世界中的货币价值都是由生产中耗费的活劳动所创造的。西方学者提出的马克思劳动价值论"新解释"，撇开带有意识形态色彩的各种争论，将劳动价值论的理论命题转化为经验命题，试图提供一个公理化框架来实现劳动价值与价格的统一。然而，西方"新解释"的相关学者没有将制度推动生产性劳动作为重点加以阐述，使得价值与价格之间的转化的内在联系存在断链。可以说"新解释"货币量输出关系为"黑箱"方法，这也表明MELT计算方法遗漏了一些关键信息。不过"新解释"还是为劳动价值论从理论走向实践提供了一种思路。沿着"新解释"的思路进一步拓展，能够让"活劳动"的劳动时间的货币表现的具体应用走向实践。将劳动合作货币分为制度劳动贡献货币和劳动合作共赢货币两种，制度劳动贡献货币是镶嵌在劳动合作共赢货币之中的，提取它们要先从制度劳动贡献货币开始。

### （一）制度劳动贡献货币提取思路

（1）制度劳动贡献货币的提取需要区块链账户技术的支持，将制度费用分为三个部分，即制度构建、制度运行、制度维护。

（2）对进入商品（服务）成本的制度性劳动费用从生产性劳动费用中进行分离。

（3）不同的劳动合作组织有不同的制度（法律、法规、标准和契约），并与组织、岗位、个人对应。将相关制度条例输入区块链分布式组织账户、个人账户。

（4）按照现行的管理会计制度（或与之相关的诚信制度），将制度运行客观情况的信息记录到区块链账户中。

（5）对进入商品（服务）成本的制度性劳动贡献进行分配，大部分可以从制度性劳动工资记录中得到。制度性劳动涉及组织中的每个成员，制度性劳动贡献程度需要与生产性劳动贡献程度结合起来分析。

（6）制度性劳动与组织资源配置效率有关，制度体系的整体性运作必须投入成本费用，需要根据投入成本费用后所产出的生产（服务）的数量与质量情况来考核制度性劳动的有效性。

（7）根据（6）将劳动生产率比例表达式列出，即制度性劳动生产率＝实际产出／投入的劳动时间总量（可以用制度性工资代替）。

（8）输入各项制度性费用与产出的数据进行计算，得到的结果可以与相同行业、相同组织的数据进行对比，也可以与该组织单元或员工个人与上级共同签订的任务目标的契约对比，得到与贡献相关的优劣程度。

（9）对决策层、所有者、管理者、被管理者，根据事后的实际贡献情况，确定激励货币金额数量（任务没有完成应该没有奖励）。

（10）按照事前约定（契约）发放制度劳动贡献货币。

（11）对相关的历史数据进行汇总整理，对下一轮制度劳动贡献货币进行规划。

### （二）劳动合作共赢货币提取思路

（1）与商品世界并存的货币，其是在分工与劳动合作的组织中形成的。

（2）劳动合作共赢货币锚定的是活劳动时间价值。

（3）分工与劳动合作的效率取决制度效率，在制度推动劳动价值创造的同时，制度劳动也在间接创造价值。

（4）组织管理模式需要向组织治理技术模式切换，以便让制度信息传递畅通。

（5）制度劳动涉及制度构建、制度运行、制度维护三个部分，每一部分对应不同的劳动群体。

（6）根据科层制多层次组织的实际情况，按一定的技术要求对组织架构进行分割，分门别类地构建与制度相关的各责任中心，将每个组织层次上的责任中心（组织和员工个人）分别与区块链分布式账户进行连接。

（7）组织劳动合作的最小单元人数为三人。

（8）区块链分布式账户分主要为组织（集体）和员工个人账户。分割后的组织作为一个责任中心，而该组织下的每个员工也有自己的责任中心。

（9）区块链分布式账户记录的主要内容分为劳动贡献收益和责任成本费用账户以及责任中心下的货币总账户。

（10）在对应于组织治理结构的区块链分布式账户上，建立各制度条例等相关信息、劳动贡献收益信息、制度责任成本费用信息的目录栏等（注意，对部分内容的查阅可以设立相关权限）。

（11）在已经明示的制度（契约、协议、标准）框架下，将制度性劳动的有效性程度信息记录到区块链账户中。

（12）通常情况下，劳动贡献量和成本费用账户需要与市场价格建立联系。

（13）在分工与劳动合作中，个体劳动价值量相互叠加在群体劳动合作的总量中，对员工个人来说，应得份额需要从组织劳动合作总量中分离。可以在合作博弈分配理论的指导下或直接以契约形式来事先约定，构建合作剩余的分配方案并以契约或协议的形式确定下来。但是，契约或协议需要与激励形成对应关系。

（14）将个体劳动应得份额的分配数量等信息，在区块链分布式账户上公布。在不违反公平公正原则的情况下，可以设置查阅权限。

（15）分工与劳动合作实现价值创造，将最终形成的劳动时间的货币分别记录到组织货币账户和员工个人的货币账户上。

（16）将在一个独立的劳动合作组织内的员工个人货币账户进行汇总，就能够得到该独立组织的组织货币账户。

（17）劳动合作共赢货币的形成过程，也是一个有组织的治理活动的过程。治理的特征是上下互动、协调、合作、互助、制度规则的认同等，因此需要在组织中构建制度面前人人平等的法治环境。

（18）劳动合作共赢货币的形成过程，也是组织治理民主化的理性过程。在认同组织治理中的各项制度的同时，普通员工也有对不合理的制度提出异议的权利。

（19）劳动合作共赢货币的形成过程，也是组织治理确认自我责任范围的过程。制度是责任的基石，组织治理有效性源于每个成员之间的普遍责任。

（20）劳动合作共赢货币的数据累加，是从员工个人的货币账户开始，逐步汇总到各自的组织账户中，各级组织再向高一级的组织账户进行累加，当这种货币的累加遍布全世界所有的国家及其所有的劳动合作组织时，就能成为世界性统一的劳动合作共赢货币（不过也可以成为一个区域内的货币体系，用于区域内经济的循环使用）。

（21）各项计算可以参照相关章节的 MELT 测算方法，从而进一步理解劳动合作共赢货币的创新逻辑。

# 参考文献

[1] 才凤玲，冷丽莲．货币银行学 [M]．北京：清华大学出版社，2012.

[2] 罗斯巴德．为什么我们的钱变薄了：通货膨胀真相 [M]．陈正芬，何正云，译．北京：中信出版社，2008.

[3] 王晓朝，李磊．宗教学导论 [M]．北京：首都经济贸易大学出版社，2011.

[4] 崔欣欣．汉武帝外儒内法的治国思想 [J]．中国民族博览，2019（1）：88-89.

[5] 吴毓江．墨子校注 [M]．孙启治，校注．北京：中华书局，1993.

[6] 艾布拉姆森．弗洛伊德的爱欲论——自由及其限度 [M]．陆杰荣，顾春明，译．辽宁：辽宁大学出版社，1987.

[7] 李根蟠．中国"封建"概念的演变和"封建地主制"理论的形成 [J]．历史研究，2004（3）：146-172.

[8] 齐涛．中国通史教程古代卷 [M]．济南：山东大学出版社，2015.

[9] 张震，康肃丽．浅析中国古代城市的特征 [J]．民营科技，2009（1）：68.

[10] 高立迎．浅析中国封建城市的经济特点 [J]．山西财经大学学报：高等教育版，2004（3）：75-76.

[11] 苏淮．虚拟资本与虚拟经济概论 [M]．珠海：珠海出版社，2010.

[12] 韦伯．新教伦理与资本主义精神 [M]．阎克文，译．上海：上海人民出版社，2010.

[13] 中共中央马克思恩格斯列宁斯大林著作编译局．马克思恩格斯文集：第3

卷[M].北京：人民出版社，2009.

[14] 中共中央党史研究室.中国共产党简史[M].北京：中共党史出版社出版，2001.

[15] 王福生.马克思对黑格尔的四重批判——以"颠倒"问题为核心[J].吉林大学社会科学学报，2010（3）：75-81.

[16] 袁庆明.新制度经济学教程[M].北京：中国发展出版社.2012.

[17] 尚昕昕，田园.OECD国家资本流动自由化的管理特点[J].中国外汇，2020（23）：22-23.

[18] 中共中央文献研究室.改革开放三十年重要文献选编 上册[M].北京：中央文献出版社，2008.

[19] 米歇尔，福柯.规训与惩罚[M].刘北成，杨远婴，译.北京：生活.读书.新知三联书店，2019.

[20] 胡鞍钢.中国国家治理现代化的特征与方向[J].国家行政学院学报，2014（3）：4-10.

[21] 国家经贸委青年理论研究会"社会信用体系建设"课题组.社会信用体系建设研究背景资料[J].经济研究参考，2002（44）：17-20.

[22] 袁庆明.新制度经济学教程[M].北京：中国发展出版社，2012.

[23] 周飞跃.制度经济学[M].北京：机械工业出版社，2016.

[24] 高传胜，高春亮.劳动经济学：理论与决策[M].武汉：武汉大学出版社，2011.

[25] 刘秋华.技术经济学[M].北京：机械工业出版社，2015.

[26] 布劳，梅耶.现代社会中的科层制[M].马戎，时宪民，译.北京:学林出版社，2001.

[27] 李朝前，刘楠，温玉卓.中国MELT的测算与分析[J].金融评论，2019（5）：102-115，118.

[28] 薛宇峰.劳动价值论"新解释"的批判[R].中华外国经济学说研究会第19次年会暨外国经济学说与国内外经济发展新格局，2011-10-29.

[29] 周飞跃.制度经济学[M].北京：机械工业出版社，2015.

[30] 康德. 道德形而上学原理[M]. 苗力田, 译. 上海: 上海人民出版社, 1986.

[31] 钟光亚. 马克思所说的"私人劳动"是商品经济存在的依据[J]. 社会科学研究, 1986(4): 32-35.